우주의 **카르마**와
우주의 **십자가**

우주의 **카르마**와 우주의 **십자가**

빛의생명나무

3부. 외계 행성들의 우주적 카르마

4부. 카르마 해소와 척신난동의 시대

5부. 빛의 일꾼들이 완성되는 과정

우주는 이야기로 되어 있습니다

우물 안의 개구리가 우물 안의 이야기를 하면
상식이 되고 진실이 되고 진리가 됩니다.
우물 안의 개구리가 우물 밖의 이야기를 하면
소수에게만 진실이 되고
대중에게는 진실과 진리가 아닌 이야기가 되는 것입니다.

서울 구경을 한 사람이
서울 구경을 해본 적이 없는 대중들에게
서울에 대해 이야기를 하면
그것은 신화와 전설이 되는 것입니다.
서울을 안 가본 사람이
서울을 한번도 구경하지 못한 사람에게
서울에 대해 이야기하면
그것은 그냥 이야기가 되는 것입니다.

이야기는 이야기로 전해지다
이야기는 거짓이 되기도 하고
이야기는 진실이 되기도 합니다.

아무도 이해할 수 없고

아무도 검증할 수 없으며

인류의 의식 수준을 벗어난 이야기들과

인간의 상상력을 넘어서는 이야기들은

누군가에게는 신화가 되고

누군가에게는 전설이 됩니다.

누군가에게는 거짓이 되고

누군가는 그것을 사실이라고 믿게 되고

누군가는 그것을 진실이라고 믿게 됩니다.

인간의 상상력의 기원은

물질에 대한 기억과 경험입니다.

상상력은 철저하게 물질에 기초하며

이것을 물질적 상상력이라고 합니다.

물질에 기초하지 않는 상상력은 존재할 수 없습니다.

인간이 상상할 수 있거나

인간이 상상하는 모든 것들의 기초는

인간의 의식이 아니라

인간이 경험하고 체험한 물질을 기반으로 형성되기 때문입니다.

이것을 물질적 상상력이라고 합니다.

우주는 이야기로 되어 있습니다.

우주는 진리로만 존재하지 않습니다.

우주는 진실로만 존재하지 않습니다.

우주는 정의로만 존재하지 않습니다.

우주는 사랑으로만 존재하지 않습니다.

우주는 오직 이야기로만 전해질 수 있으며

우주는 오직 이야기속에 이야기로 펼쳐질 수밖에 없습니다.

우주는 인간의 의식의 범위를 넘어 존재하며

우주는 인간의 상상력의 범위를 넘어서 존재하기 때문입니다.

우주의 진리를 모두 알려면

우주에 존재하는 모든 것을 체험하고

경험할 수밖에 없는 것입니다.

우주의 진리는 인류의 인식의 범위를 넘어서

우주의 진리는 인류의 상상력의 범위를 넘어서

존재하기 때문입니다.

어린 아이에게 우주의 진리는 이야기로 전해질 수밖에 없습니다.

동굴에 살고 있는 원시인들에게

현대의 비행기와 자동차를 설명하고

우주왕복선을 설명한다는 것은 불가능합니다.

아무리 친절하게 설명하고

아무리 자세하게 설명을 한다고 해도

동굴에 살고 있는 원시인들에게

비행기와 자동차를 이해시키는 것은 불가능하며

결코 사실로 받아들일 수 없습니다.

사실로 받아들일 수 없기에

진실과 진리로의 의식의 확장은 불가능합니다.

그저 그 시대 인류의 의식의 수준에서

그림의 형태로 이야기의 형태로 전해지고 기록되고

이야기로 회자될 수밖에 없는 것입니다.

인류의 현재의 의식 수준에서

물질적 토대의 붕괴 없이

의식의 패러다임의 대전환 없이

우주의 진리를 이해하고 받아들인다는 것은 불가능합니다.

우주의 진리는

행성의 의식 수준에서 결정됩니다.

우주의 진리는

생명체들의 의식 수준에서 결정됩니다.

우주의 진리는

인류의 현재 의식 수준에서 결정될 수밖에 없습니다.

현재 지구 행성에 살고 있는 인류의 의식 수준으로

우주의 진리는

대중들 모두가 이해하고 공감하는 진리가 될 수 없습니다.

우주의 진리는

진리와 공명할 수 있는 씨앗(에너지)을 가진

하늘 사람들만이

진리의 씨앗을 품고 지상으로 내려온

빛의 일꾼들만이

우주의 진리를 들었을 때

우주의 진리를 만났을 때

우주의 진리에 공명할 수 있을 뿐입니다.

진리는 누구에게나 진리가 되는 것은 아닙니다.

모든 사람이 진리를 알 필요도 없습니다.

우주의 진리는 이야기로 존재할 수밖에 없으며

이야기속 이야기에 단편적인 진실을 담을 수밖에 없습니다.

우주의 진리에 대해

대우주의 구조에 대해

하늘에 대해

인간이 무엇을 안다고 할 수 있으며

무엇을 모른다고 할 수 있겠습니까?

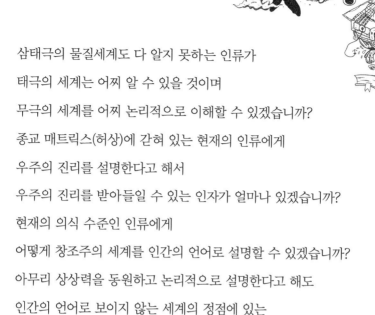

삼태극의 물질세계도 다 알지 못하는 인류가

태극의 세계는 어찌 알 수 있을 것이며

무극의 세계를 어찌 논리적으로 이해할 수 있겠습니까?

종교 매트릭스(허상)에 갇혀 있는 현재의 인류에게

우주의 진리를 설명한다고 해서

우주의 진리를 받아들일 수 있는 인자가 얼마나 있겠습니까?

현재의 의식 수준인 인류에게

어떻게 창조주의 세계를 인간의 언어로 설명할 수 있겠습니까?

아무리 상상력을 동원하고 논리적으로 설명한다고 해도

인간의 언어로 보이지 않는 세계의 정점에 있는

창조주의 세계를 표현하기는 어려울 것입니다.

현재 인류의 의식 수준은

지구 대기권을 벗어나지 못하였으며

인류의 상상력 또한

지구 대기권을 벗어나지 못하고 있습니다.

현재 인류의 의식 수준은

현대 과학의 의식 수준이며

현대 철학의 의식 수준 내에서

진실이 결정되고 진리가 결정되고

정의가 결정되고 사랑의 수준도 결정될 뿐입니다.

지구 행성에 떠도는
모든 대기권 밖의 정보들은
진실이 될 수 없으며
진리가 될 수 없으며
오직 이야기로써 존재할 뿐입니다.

그것도 현재 인류의 의식 수준에서
현대 과학의 의식 수준에서
현대 지성의 의식 수준에서
펼쳐지고 마사지되고 오염된
이야기속의 이야기들일 뿐입니다.
우주의 진리는
이야기속에 존재할 수밖에 없는 이유입니다.

이 우주에서 잘못되는 것은 아무것도 없습니다.
우주의 진실이 밝혀지기 전까지는
우주는 이야기로 되어 있을 수밖에 없습니다.
이야기속의 우주의 소식과 정보와 단서들을
자신의 의식 수준에서 받아들이면 되는 것입니다.

우주는 이야기로 되어 있습니다.

그 이야기속에

지구 행성의 차원상승이 있으며

개벽이 있으며

새 하늘과 새 땅이 있습니다.

우데카 팀장의 이 이야기를 믿든지

믿지 않고 비난을 하든지

듣고도 못 들은 체 하든지

이 우주에서 잘못되는 것은 아무것도 없습니다.

2018년 6월

우데카

제1부

빛의 일꾼과 미륵들의 출현

빛의 일꾼 한 사람 한 사람이 깨어남은
미륵들의 출현이며 도통 군자들의 출현이며
인황의 출현이며 신들의 귀환을 의미합니다.
하늘 사람이며 빛의 일꾼인 당신은
땅으로의 귀환을 통해
하늘의 일을 땅에서 이루게 될 것입니다.
지금 하늘이 땅으로 내려오고 있습니다.

하늘과 땅 사이에 꽃비가 내리고 있습니다

하늘과 땅 사이의 거리는
너무나도 멀고 먼
시간의 여행이며
영혼의 여행이며
영혼의 진화를 위한 대장정입니다.

창조주에 의해 탄생한 영은
창조주에 의해 사고조절자를 부여받고
물질 체험을 위해 혼이 결합되는데
이것을 영혼의 탄생이라 합니다.
이것을 꽃비가 내린다고 표현하였습니다.

영의 탄생은 창조주의 특권이자 권능입니다.
혼을 부여하는 존재는 지역우주마다 특징과 명칭이 다른데
가이아 지구가 속해 있는 네바돈 우주에서는
오리온 성단의 주관자에 의해
영의 크기에 따라
영의 밝기에 따라
영의 밀도에 따라 혼 에너지가 부여됩니다.
하늘과 땅 사이에 꽃비가 내리면서
영혼의 물질 여행이 시작되었습니다.

하늘과 땅 사이에 꽃비가 내리면서
지구 행성의 천지 창조가 시작되었습니다.
하늘과 땅 사이에 꽃비가 내리면서
가이아 지구에서 창조주의 의지에 의해
생명의 탄생과 함께
영혼들의 지구 행성의 입식과 함께
지구 행성의 역사가 시작되었습니다.
하늘과 땅 사이에 꽃비가 내리더니
영혼의 물질 여행이 시작되었습니다.

하늘과 땅 사이의 거리만큼이나 멀고도 먼 영혼의 여행이었습니다.
하늘과 땅 사이에는 교류가 끊어진 채로
하늘은 하늘의 길을 걸어 왔으며
땅은 땅의 길을 걸어 왔습니다.
하늘과 땅은 서로 만날 수 없었습니다.
하늘을 잃어버린 인류들은
하늘이 있는지조차 모르고 살아가고 있습니다.
하늘을 잃어버린 인류들은
하늘이 왜 존재해야 하는지 알지 못한 채 살아가고 있습니다.
하늘을 잃어버린 인류들은
하늘이 없다고 신은 죽었다고 알고 있으며
그렇게 믿고 살아가고 있습니다.

원시반본이라
하늘과 땅 사이에 꽃비가 다시 내리고 있습니다.

지구 행성의 물질문명을 종결하기 위해
지구 행성의 차원상승을 위해
새로운 정신문명의 출현을 위해
아보날의 수여를 위해
마지막 때를 알리는
하늘과 땅 사이에 꽃비가 다시 내리고 있습니다.

처음과 끝이 하나이기에
새 하늘과 새 땅을 열기 위한
가이아의 산통이 시작됨을 전합니다.
처음과 끝이 하나이기에
차원간의 경계의 벽들이 허물어지고 있습니다.
하늘과 땅 사이에 꽃비가 내리고 있습니다.
하늘이 땅으로 내려오고 있습니다.
하늘과 땅 사이에 꽃비가 내리고 있습니다.
빛의 일꾼들이 탄생되고 있습니다.
하늘과 땅 사이에 꽃비가 내리고 있습니다.
빛의 일꾼들의 의식이 깨어나고 있습니다.
하늘과 땅 사이에 꽃비가 내리고 있습니다.
빛의 일꾼들을 깨우기 위한 황금나팔 소리가 울려 퍼지고 있습니다.
하늘과 땅 사이에 꽃비가 내리고 있습니다.
하늘의 뜻이 땅에서 이루어질 것입니다.

하늘의 시절인연의 때가
그때가 시작되었음을 전합니다.

영혼들의 우주적 신분 정리

지구 행성에 살고 있는 영혼들의 우주적 신분을 정리하면
다음과 같습니다.

◈ 일반 영혼 그룹
- 흰빛 영혼 (6차원 1단계 ~ 10단계) : 인구의 약 50%
- 은빛 영혼 (6차원 11단계 ~ 8차원 5단계) : 인구의 약 32%
- 핑크빛 영혼 (8차원 6단계 ~ 10차원 2단계) : 인구의 약 8%
- 노란빛 영혼 (10차원 3단계 ~ 12차원 10단계) : 인구의 약 8%

- 빛의 일꾼 그룹 (12차원 11단계 ~ 14차원 15단계)
  - 아보날 그룹 전세계 144,000명
  - 창조주 앞에서 선서를 하고 온 유일한 일반 영혼

- 지저(지하)인 영혼 그룹
  - 지구 행성의 지하에 살면서
    지구 차원상승을 돕기 위해 육화한 영혼 그룹
  - 지구 차원상승을 가장 적극적으로 돕게 될 그룹
  - 지축 이동 후 전세계 안전지대인 역장 안에서
    지구 인류를 가장 적극적으로 돕게 될 그룹
  - 육신을 입고 살아가고 있는 지저인
    : 전세계 약 30만 명이 살고 있습니다.

- 지축 이동 후 영계를 통해 지구 행성에 들어올 지저인들의 수
  : 전세계 약 80만 명이 들어올 예정입니다.

• 헤요카 그룹
  - 빛의 일꾼(14만 4천 명)을 돕는 그룹
  - 전세계 1억 2천만 명
  - 핑크빛부터 노란빛까지 분포
  - 미래의 빛의 일꾼이 되기 위해 준비되는 영혼
  - 빛의 매트릭스를 설치하고 임무 수행

• 데니카 그룹
  - 어둠의 일꾼(24만 명)을 돕는 그룹
  - 전세계 1억 2천만 명
  - 핑크빛부터 노란빛까지 분포
  - 영혼의 진화 과정 중 이수해야 할 과정 중 하나
  - 어둠의 매트릭스를 설치하고 임무 수행

◈ 특수한 우주적 신분을 가진 영혼 그룹
  1. 특수 관리자 그룹의 영혼
    - 우주를 관리하고 있는 홀수 차원의 관리자 그룹
    - 5차원 7차원 9차원 11차원 13차원 15차원의
      1단계에서 15단계 관리자 그룹의 영혼으로 특수한 임무 수행
    - 무극의 세계에 존재하는 창조주 그룹
    - 무극의 세계에 존재하는 12주영 그룹
    - 창조근원의 명령을 받고 온 그룹

2. 멜기세덱 그룹
  - 어둠의 일꾼 24만 명 중 대부분을 차지
  - 어둠의 정부의 수뇌부
  - 행성의 물질문명을 위해 물질 매트릭스를 설치하는 그룹
  - 정치, 사회, 종교, 문화, 화폐 매트릭스를 설치하는 그룹
  - 어둠의 매트릭스를 가지고 옴
  - 창조근원의 명령을 받고 온 그룹

3. 외계 행성에서 들어온 영혼 그룹
  A그룹
  - 자신의 행성의 카르마를 가지고 온 그룹
  - 자신의 행성에 필요한 데이터를 확보하기 위해
    종자행성인 지구에 아바타를 파견한 경우
  - 행성의 카르마들로 인하여 행성의 진화가 멈추거나
    멸종의 위기를 맞이하고 있는 행성에서
    지구 차원상승을 돕는 것을 조건으로
    자신의 행성의 모순이나
    카르마를 해결하기 위해 들어온 영혼 그룹
  - 사회적 모순이 심한 곳이나 분쟁 지역
    산업화와 자본주의의 모순이 심한 지역에 살며
    육체적 고통이나 정신적 고통을 겪으며
    카르마를 해소하고 있음
  - 지구 차원상승의 성공 여부로
    자신의 행성의 운명이 결정되기 때문에
    가장 적극적인 영혼 그룹

B그룹

- 정신문명과 물질문명이 고도로 발달한 행성에서 온 영혼 그룹
- 지축 이동 후 새 하늘과 새 땅에 펼쳐질
  새로운 물질문명과 정신문명을
  지구 행성에 입식하기 위해 온 영혼 그룹
- 지구 차원상승 과정에서
  창조주의 일을 순수하게 돕고자 온 영혼 그룹
- 지축 이동 후 스타시스 기간 중에 지구 행성에 들어오기 위해
  5차원 영계에서 대기 중인 영혼 그룹

C그룹

- 지구 행성에서 호모 사피엔스 육신의 옷을 입고
  영혼의 물질 체험을 경험하는 영혼 그룹
- 호모 사피엔스 인종을 자신의 행성에 입식(모종)하기 위해
  지구 행성에 들어와 있는 영혼 그룹

기록을 위해
우데카 팀장이 이 글을 남깁니다.

진화를 하지 않는 영혼 그룹들의 특징

영은 16차원에서 탄생됩니다.
영이 탄생될 때 일반 영과 특수 영 그룹으로
처음부터 구분되어 탄생됩니다.
일반 영은 영혼의 물질 체험을 통해서
진화를 하는 그룹을 말합니다.
특수한 영 그룹은 차원을 관리하는 차원 관리자들과
특수 목적을 위해 존재하는 에너지체들을 말합니다.

일반 영은 창조주로부터 사고조절자를 부여받아서
영적 독립성과 영적 주체성을 가지고
물질 체험을 통해 영혼의 진화 여정을 시작하는 영혼들을 말합니다.
인류 대부분(99% 정도)이 일반 영에 속합니다.
본영이 짝수 차원에 있으며
짝수 차원에서 영혼의 물질 체험을 하고 있는
영혼 그룹을 말합니다.
일반 영은 6차원 1단계에서 진화를 시작해서
6차원 15단계를 졸업하게 되면
7차원 1단계로 진화하는 것이 아닙니다.
6차원 15단계를 졸업한 영은
8차원 1단계로 진화하는 것입니다.

영혼의 진화를 하지 않는 특수한 영 그룹은

우주를 관리하는 관리자 그룹들을 말합니다.

본영이 홀수 차원에 있으며

우주를 관리하는 특수 관리직에 해당되며

비유적으로 말하면 공무원 조직에 비유할 수 있습니다.

7차원 1단계에서 15단계까지

자신의 임무와 역할을 수행하고 있는 특수 영 그룹이

시간이 지난다고 해서

프로젝트가 끝난다고 해서

이 그룹들이 8차원이나 9차원으로 진화하지 않습니다.

특수한 영 그룹의 전문가 그룹들은

에너지체로서 특화된 자신의 임무와 역할에 최적화되어

업무를 수행하고 있을 뿐입니다.

특수한 영혼 그룹들은

창조주로부터 사고조절자를 부여받을 때

사고조절자 내부에 각 차원의 관리자가 필요한 만큼의

충분한 정보들이 주어지게 됩니다.

일반 영혼 그룹들은

영혼의 물질 체험을 통해서만 얻은 정보나 데이터들을

기억이라는 에너지의 형태로 저장하게 됩니다.

특수 영혼 그룹들은

영이 탄생될 때 영 에너지들의 차원에 맞게

영의 크기와 밝기와 밀도에 최적화되어 정보가 주어집니다.

저장된 정보가 사고조절자를 부여받는 순간 작동하기 시작합니다.

특수한 영혼 그룹이

영혼의 물질 체험을 하지 않아도 되는 이유가 여기에 있습니다.

특수한 영혼 그룹은

프로젝트 단위로 사고조절자 프로그램이 새롭게 포맷이 됩니다.

사고조절자 프로그램에

자신의 역할과 임무에 맞는 정보들이 충분하게 주어지게 됩니다.

이 정보를 가지고

이 프로그램 내용을 가지고

영혼의 물질 체험을 하는 행성에

물질 매트릭스를 설치하고 유지하고 있습니다.

특수한 영혼 그룹은 에너지체로만 존재하는 그룹입니다.

육신의 옷을 입은 인류처럼

감정과 의식의 지배를 받지 않습니다.

잠도 자지 않으며

음식도 먹지 않으며

휴가도 가지 않으며

에너지체로 존재하고 있습니다.

인류의 의식의 눈높이로 보면

특수한 영혼 그룹들은 빅데이터들을 가지고 있으며

스스로 학습할 수 있는

인공지능이나 슈퍼 컴퓨터에 비유할 수 있습니다.

특수한 영혼 그룹들이

물질 체험을 하는 경우가 있습니다.

관리자 그룹들 역시 프로젝트를 수행하는데
이 때에는 일반 영혼들과 같이
하위차원에 아바타를 통해 육신의 옷을 입고
지상에서 업무를 수행하게 됩니다.
관리자 그룹의 아바타들이 특수한 임무와 역할을 위해
육신의 옷을 입고 오는 경우가 있습니다.
일반 영혼 그룹들은 자신의 영혼의 진화를 위해
육신의 옷을 입고 육화를 합니다.
특수 관리자 그룹들은 행성의 진화를 위해
일반 영혼 그룹들의 물질 체험을 위해
일반 영혼 그룹들의 우주학교 운영을 위해
창조주의 뜻과 의지를 땅에서 펼치기 위해
특화된 임무를 수행하는 특별한 존재들입니다.

영혼의 진화를 하지 않는 특수 관리자 그룹들을 살펴보면
다음과 같습니다.

- 18차원 1단계 ~ 18단계 창조주 그룹
- 18차원 12주영 그룹
- 18차원 특수 관리자 그룹

- 17차원 지역우주 창조주 그룹
- 17차원 1단계 ~ 18단계 관리자 그룹
- 17차원 12주영 그룹
- 17차원 특수 관리자 그룹

- 16차원 1단계 ~ 18단계 관리자 그룹
- 16차원 12주영 그룹
- 16차원 특수 관리자 그룹

- 15차원 특수 관리자 그룹
  은하 안의 항성들의 진화를 담당하는 관리자
- 15차원 1단계 ~ 15단계 관리자 그룹
  멜기세덱 그룹의 최고 지휘부 ⇒ 어둠의 일꾼들의 최고 수뇌부

- 13차원 특수 관리자 그룹
  은하 안의 행성들의 진화를 담당하는 관리자
  멜기세덱 그룹 ⇒ 어둠의 역할
  데이날 그룹의 수뇌부가 존재 ⇒ 어둠의 역할

- 11차원, 9차원, 7차원, 5차원 특수 관리자 그룹
  데이날 그룹 11차원, 9차원 ⇒ 어둠의 역할
  홀수 차원 1단계 ~ 15단계 관리자 그룹

홀수 차원의 관리자 그룹들로 구성되어 있는
특수한 신분의 우주적 존재들이
하늘과의 소통속에
하늘과의 조율속에
행성의 물질 매트릭스를 설치하고
행성의 물질 매트릭스를 확산하고
행성의 물질 매트릭스를 유지하고

행성의 물질 매트릭스를 관리하는데 특화된
노련하고 숙련된 전문가 그룹들입니다.
이들을 부르는 지상에서의 명칭은 다양하며
일루미나티, 프리메이슨, 어둠의 일꾼, 어둠의 정부라고도 합니다.
멜기세덱 그룹 ⇒ 15차원과 13차원에 분포
데이날 그룹 ⇒ 13차원에 수뇌부가 있으며
하위 차원인 11차원과 9차원에 분포되어 있습니다.

어둠의 역할이 있다면
빛의 역할을 하는 특수 관리자 그룹들 역시 존재하고 있습니다.
빛의 역할을 하는 짝수 차원의 특수한 존재들이 있는데
이들을 빛의 일꾼이라고 합니다.
빛의 일꾼들은 모두
일반 영혼들이 진화를 한 영혼들로 구성되어 있습니다.

어둠의 역할을 하는 특수 그룹은
영혼의 진화를 하지 않는 특수한 영혼 그룹이기에
프로젝트 단위로 움직이며
창조주 앞에서 선서를 하지 않는 그룹입니다.
빛의 일꾼들은 영혼의 진화를 통해 경험한 노하우들을 전달하고
선배로서 스승으로서의 역할이 있습니다.
빛의 일꾼 144,000명은 자신의 영혼의 진화를 걸고
창조주 앞에서 선서를 하고 온
우주 최고의 군인들이며 빛의 전사들입니다.

빛의 일꾼들을 아보날 그룹이라고 하며 4단계로 분류합니다.

◆ 아보날 그룹 구성

A 그룹

- 14차원의 11단계 ~ 15단계
- 아보날(빛의 일꾼) 그룹 수뇌부
- 빛의 일꾼들 중 10%

B 그룹

- 14차원 6단계 ~ 10단계
- 빛의 일꾼 중간 관리자 그룹
- 빛의 일꾼들 중 30%

C 그룹

- 14차원 1단계 ~ 5단계
- 빛의 일꾼 실무 관리자 그룹
- 빛의 일꾼들 중 35%

D 그룹

- 12차원 11단계 ~ 15단계
- 빛의 일꾼 하위 관리자 그룹
- 빛의 일꾼들 중 25%

시절인연에 의해 지구 행성의 물질 매트릭스의 해체를 앞두고
우데카 팀장이 대우주의 비밀을 전합니다.

인류 모두는
하늘을 자신의 의식의 수준에서 이해하거나
하늘을 자신의 의식의 수준에서 왜곡하며 살아가고 있을 뿐입니다.
'오염되고 흐트러진
대우주의 질서와 법칙을 바로잡는 자'
우데카라는 말이 갖는 의미입니다.

귀 있는 자는 듣게 될 것이며
눈 있는 자는 보게 될 것입니다.

그렇게 될 것이며
그렇게 예정되어 있으며
그렇게 되었습니다.

멜기세덱 그룹과 데이날 그룹의 슬픈 운명

지구 행성의 물질 매트릭스를 설치하고
유지하고 보수하고 관리하는 인자들을
어둠의 일꾼들이라고 합니다.
어둠의 역할을 하는 24만 명들은
3곳의 하늘로부터 지휘를 받고 있습니다.
18차원 15단계 지휘를 받는 그룹
14차원 15단계 지휘를 받는 그룹
11차원 15단계 지휘를 받는 그룹
이들이 일하는 방식을 비유하여 쓰는 말이 있는데
그림자 정부 또는 어둠의 정부라고 합니다.

어둠의 일꾼들의 수는 전세계적으로 24만 명이 있습니다.
24만 명을 이끌고 있는 3500명의 수뇌부가 있습니다.
3500명의 수뇌부를
전세계에 있는 어둠의 13가문이 지배하고 있습니다.
한국에도 어둠의 가문이 있는데
한국의 어둠의 정부의 가문이
전세계 어둠의 정부의 수장을 맡고 있습니다.
어둠의 일꾼 24만 명을 돕는 1억 2천만 명이
전세계에 분포되어 있습니다.
이들을 데니카 그룹이라고 합니다.

멜기세덱 그룹과 데이날 그룹들은

영혼의 진화를 하지 않는 특수한 그룹이며

행성의 물질 매트릭스를 설치하고 유지하고 관리하는

어둠의 정부를 구성하는 핵심 요원이며

이들은 프로젝트 단위로 움직이고 활동하고 있습니다.

멜기세덱 그룹과 데이날 그룹들은

250만 년 동안 테라 프로젝트를 진행하여 왔습니다.

이들의 다음 프로젝트는 금성에서 시작할 예정입니다.

지구 프로젝트를 마친 어둠의 일꾼들은

사고조절자 프로그램만 새롭게 포맷을 한 뒤

금성 프로젝트에 투입될 예정입니다.

멜기세덱 그룹은

13차원과 15차원의 특수 신분을 가진 존재들입니다.

데이날 그룹은

13차원과 11차원과 9차원의 특수 신분을 가진 존재들입니다.

어둠의 정부를 이루는

멜기세덱 15차원의 수뇌부와

데이날 그룹의 수뇌부인 13차원의 인물들은

자신의 우주적 신분을 알고 있습니다.

자신의 우주적 신분을 알고

하늘과의 소통속에 하늘과의 조율속에

어둠의 역할을 수행하고 있습니다.

어둠의 역할을 잘할 수 있도록

보이지 않는 세계에서 최적화되어 태어나게 됩니다.

어둠의 일꾼들 중

가장 많은 부분을 차지하고 있는 그룹은 멜기세덱 그룹입니다.

24만 명의 어둠의 일꾼들의 대부분은

멜기세덱 그룹이 차지하고 있습니다.

24만 명 중 약 25%를 차지하고 있는 데이날 그룹이 있습니다.

멜기세덱 그룹은

행성의 물질 매트릭스를 열고

행성의 물질 매트릭스를 유지하고

행성의 물질 매트릭스를 관리하고

행성의 물질 매트릭스를 보수하는 역할이 있습니다.

데이날 그룹은

멜기세덱 그룹이 펼쳐 놓은 물질 매트릭스들을

교육을 통해 확대 재생산하는 역할이 있습니다.

아보날 그룹이

행성의 물질문명을 종결하는 문명 종결자라면

멜기세덱 그룹은

행성의 물질 매트릭스를 설치하고 관리하는 그룹입니다.

데이날 그룹은

행성의 물질 매트릭스를 견고하게 유지시켜 주는 역할이 있습니다.

인류의 의식 수준에서 알고 있는

어둠의 정부의 사람이나

그림자 정부의 사람이나

어둠의 일꾼들은 멜기세덱 그룹들을 말하는 것입니다.

멜기세덱 그룹들 중 대부분은
지구 차원상승 과정에서 육신의 옷을 벗고 떠나게 될 것입니다.
멜기세덱 그룹 중 4% 정도만이
지구 차원상승 과정에서 살아남아
지축 이동 후 펼쳐질 지구 행성에
새로운 정신문명의 물질 매트릭스를 설치하게 될 예정입니다.

멜기세덱 그룹과 데이날 그룹들을 돕고 있는
1억 2천만 명의 데니카 그룹들은
대부분 육신의 옷을 벗고 지구 행성을 떠날 예정입니다.
데니카 그룹들의 생존율은
천 명 중에 한 명 정도만 살아남게 될 것이며
살아남은 멜기세덱 그룹들을 돕는 역할들이 주어지게 될 것입니다.

멜기세덱 그룹들 중에
자신이 갈 곳이 금성이라는 것을 알고 있는 인자들은
상층 지도부에 속하는 자들이며
이들은 자신의 우주적 신분을 알고 있습니다.
자신이 해야 할 역할이 무엇인지 정확하게 알고
어둠의 역할을 수행하여 왔습니다.
하늘의 명령에 절대 복종을 하면서
자신의 임무와 역할을 수행하여 왔습니다.
어둠의 정부의 조직이 10단계까지 있다면
3단계까지는 자신이 가야할 곳이 금성이라는 것을 알고 있으며
이미 통보받은 상태입니다.

마지막 남은 자신의 임무와 역할이 끝나면
자신의 타임라인에 맞추어
지구 대격변의 상황에 맞추어
지구 행성을 떠나기 시작할 것입니다.

멜기세덱 그룹과 데이날 그룹의 90% 이상은
자신이 어둠의 일꾼인지도 모르고 있습니다.
멜기세덱 그룹과 데이날 그룹의 90% 이상은
자신의 우주적 신분을 인지하지 못한 채
사회의 중산층 이상의 지위를 누리며
잘 먹고 잘 살아가는 그룹들입니다.
모두가 부러워하고 사회적으로 성공한 사람들이며
기득권을 누리고 살아가고 있는 사람들입니다.
대학 교수나 유명한 예술인들과 철학자나 과학자들이 많으며
사회의 엘리트 그룹들입니다.
사회에서 성공한 대부분의 사람들이며
명예와 사회적 지위를 가진 사람들입니다.

대중이 진리라고 믿고 있는 것은 현재의 진리가 되고
소수가 진리라고 믿고 있는 것은 미래의 진리가 됩니다.
멜기세덱 그룹과 데이날 그룹이 하는 역할은
대중이 진리라고 믿고 있는 진리가 맞다고
정당성을 부여하는 역할이 있습니다.
이것을 물질 매트릭스의 유지라고 합니다.

대중이 믿고 있는 현재의 진리가 틀렸다고
새로운 진리가 있다고
대중의 의식을 깨우고 선도하는데
혁명의 방법을 사용하는 때가 있는데
이것을 새로운 물질 매트릭스의 설치라고 합니다.

우리 사회의 구조적 모순을 이야기하고
불합리하고 부조리한 모순들을 개혁하고
대중들의 의식을 개혁하는데
절차적 정당성을 중요시하고
정의의 방법으로 세상을 바꾸려는 시도를 하는 역할들이 있는데
이것을 물질 매트릭스의 보수라고 합니다.

멜기세덱 그룹과 데이날 그룹들 역시
자신의 우주적 신분에 맞게
자신의 역할과 임무를 수행하고 가는 것입니다.
사회를 유지하는 세력의 역할이 있으며
사회를 개혁하려는 역할들이 있으며
사회 정의를 세우려는 역할들이 있습니다.
좌파와 우파 모두의 역할들로 나누어져 있으며
이념가와 사상가의 역할들이 있습니다.
성직자와 종교 지도자 그룹이 있으며
문화계나 예술계의 지도자 그룹이 있습니다.
과학자 그룹과 공학자 그룹들이 있습니다.

멜기세덱 그룹들 중에

빛의 매트릭스가 설치되어

빛의 일을 하는 인자들의 구성은 약 10% 정도입니다.

중간계 매트릭스가 설치된 인자는

빛과 어둠의 속성을 다 가지고 있으며

약 40%를 차지하고 있습니다.

어둠의 매트릭스가 설치된 인자는

약 50% 정도를 차지하고 있습니다.

멜기세덱 그룹들의 속성상

중간계나 어둠의 비중이 높게 설정되어 있습니다.

멜기세덱 그룹들은 행성에 어둠의 매트릭스를 설치하고

어둠(물질)의 매트릭스를 유지하고 관리하는 역할을 주로 맡게 됩니다.

데이날 그룹들은

빛의 매트릭스가 20%를 차지하고 있으며

중간계 매트릭스가 50%를 차지하고 있으며

어둠의 매트릭스가 30%를 차지하고 있습니다.

데이날 그룹의 상층부 역시

자신의 역할을 알고 있으며

자신이 가야할 곳도 알고 있으며

하늘의 통제 속에서 일하고 있습니다.

지축 이동 후 형성되는 안전지대인 역장 안에서

사회 인사들 중에 유명인이나

TV에서 자주 만나는 사람들을 만나기는 어려울 것입니다.

이들 대부분이 자신의 임무와 역할이 끝났기에
행성의 물질 매트릭스를 더 이상 유지할 필요가 없기에
지구 행성을 떠나게 되는 것입니다.
지구 행성의 의료 매트릭스가 더 이상 존재하지 않기에
지구 행성을 떠나게 되는 것입니다.
지구 행성에 더 이상 종교 매트릭스가 존재할 이유가 없기에
종교 매트릭스를 설치하고 관리하고 유지할 필요가 없기에
자신의 임무와 역할이 끝났기에
지구 행성을 떠나게 되는 것입니다.

지구 행성에서 육신의 옷을 벗고 떠나는 영혼들은
금성에서 영혼의 물질 체험을 하게 될 예정입니다.
지구 행성을 떠나게 되는 멜기세덱 그룹들과 데이날 그룹들은
금성으로 가게 될 것입니다.
그곳에서 자신들의 역할을 시작할 것입니다.
금성에 맞는 물질 매트릭스를 설치하기 위해
지구 행성을 떠나게 되는 것입니다.
어둠의 일을 했다고 죽는 것이 아닙니다.
나쁜 일을 했다고 죽는 것이 아닙니다.
악역을 하고 있는 당신들이 있었기에
지구 행성은 우주학교로서의 역할을 충실히 수행할 수 있었습니다.
착한 배역보다는 나쁜 배역이 더 어렵고 힘듭니다.
어둠의 일꾼들에게는 영혼의 진화가 없습니다.
영혼의 진화가 없기에 카르마도 없습니다.
프로젝트를 수행하기 위한 윤회만 있을 뿐입니다.

지구 행성에서 펼쳐진 모든 역사는

인간의 역사인 것처럼 보이지만

모두가 하늘이 기획하고

모두가 하늘이 연출한

흥미진진한 한 편의 연극이었습니다.

우주의 대서사시인

지구 행성에서의 연극이 모두 끝나고

배우와 관객들 사이에

연극을 위해서 입었던 무대의상을 모두 벗어 놓고

자신이 있어야 할 곳에

자신이 가야 할 곳으로 갈 타임라인이 되었습니다.

지구라는 행성은 연극 무대가 철거되고

새로운 연극을 위한 무대의 설치를 앞두고 있습니다.

우주에서 지구 행성으로 초청된 당신의 영혼은

훌륭한 배우였습니다.

연극이 끝나고 당신의 영혼은

다른 은하에서 다른 행성에서

새로운 영혼의 물질 체험을 위해 준비된

연극무대에 오르기 위해

지구 행성을 떠나야 되는 시기가 온 것입니다.

당신이 가야 할 우주 어디에도 천당과 지옥은 없습니다.

모든 영혼들은 자신이 있어야 할 곳에 있게 될 것입니다.

자신이 가야 할 곳으로 가게 될 것입니다.

이 글을 읽고 있는 인자들 중에

자신이 금성으로 갈 것이라는 것을

조직으로부터 통보받거나 하늘로부터 통보받았다면

당신은 멜기세덱 그룹이며

당신은 데이날 그룹일 것입니다.

높은 우주적 신분을 가진 사람일 것입니다.

멜기세덱 그룹 중에

데이날 그룹 중에

창조주의 에너지를 가지고 있는 단지파 중에

극소수의 멜기세덱 그룹과

극소수의 데이날 그룹들이 살아남게 될 것입니다.

지구 행성에 펼쳐질 새로운 정신문명의 건설에 함께 참여하게 될

멜기세덱 그룹들과 데이날 그룹이 있을 것입니다.

멜기세덱 그룹과 데이날 그룹들의 90% 정도는

자신이 왜 죽는지도 모르는 채 떠나갈 것이며

자신이 누군지도 모르는 채

어디로 왔다가 어디로 가는지도 모르는 채

자신의 의식의 수준에서 죽음을 맞이해야 하는

슬픈 운명을 가지고 있습니다.

이것이 하늘이 일하는 방식이며

이것이 우주의 법칙이며

이것이 멜기세덱 그룹의 슬픈 운명이며

이것이 하늘의 맨얼굴입니다.

땅에 있는 모든 것은 하늘에서 온 것입니다.

모든 악의 근원은 하늘입니다.

모든 선의 근원 역시 하늘입니다.

하늘에서 온 모든 것은

때가 되면 하늘로 돌아가는 것이

하늘의 순리이며

대우주의 법칙입니다.

250만 년 동안 지구 행성에서

영혼들의 물질 체험을 위한 연극 무대를 설치하고

온갖 악역을 맡아 온

지구 행성을 떠나게 될 어둠의 일꾼들에게

어둠의 역할자들을 도왔던 협력자 그룹들에게

멜기세덱 그룹에게

데이날 그룹에게

우데카 팀장이

하늘을 대신하여

고마움과 감사함을 전합니다.

그동안 지구 행성에서 고생 많으셨습니다.

그렇게 될 것이며

그렇게 예정되어 있으며

그렇게 되었습니다.

지저(지하) 문명의 미래

지하에서 높은 수준의 정신문명을 이루고 살고 있는
지저인들의 지하 문명은
지구 차원상승을 위해 실험적 성격을 지니고 탄생한 문명입니다.
지구 차원상승을 견인하기 위해
종자문명의 역할을 담당하기 위해
지구 행성의 물질문명 붕괴 후
새로 탄생될 새로운 정신문명의 모태가 되기 위해
새로운 과학기술 문명을 인류에게 전해주기 위해
하늘이 일하는 방식에 의해 준비된
지구 행성의 미래의 모습인 것입니다.

지구 행성은
대우주의 6주기를 마무리하고
대우주의 7주기를 열기 위한
실험행성과 종자행성으로서의 역할이 있습니다.
지저문명은 지구 차원상승을 위해 준비된
지구 행성을 위해 단일행성으로 준비된
실험문명이며 종자문명의 역할이 있습니다.

지구 행성의 차원상승 과정에서
지저문명은 지구 행성과 함께 차원상승이 이루어지지 않습니다.

지저문명은
지구 행성의 차원상승에 공이 있다고 해서
그 공로를 인정받아서
8차원 정신문명으로 차원상승이 이루어지지 않습니다.

지저문명은 오로지 지구 행성의 운명과 함께하는
공동 운명체 역할이 있습니다.
새 하늘과 새 땅에서 새로운 정신문명은
지저문명의 문화적 토대 위에서
지저문명의 과학기술 문명의 토대 위에서 건설될 것입니다.
지구 인류가 지저인들의 의식 수준으로 도달할 때까지는
많은 시간들이 필요하며
지저인들과의 교류와 협력 속에서
그 격차가 줄어들게 될 것입니다.

지저인들은 인류의 의식의 눈높이에 맞추어 가면서
선생님의 역할을 하기도 하고
선배의 역할을 하기도 하고
안내자의 역할을 하기도 하고
동료로서의 역할을 할 것입니다.
그 격차가 줄어들 때까지
지구 인류가 지저인들의 의식 수준이 될 때까지
지구 인류가 지저인들과 경계없이 하나의 의식이 될 때까지
기다리고 기다리며
묵묵히 자신들의 임무와 역할들을 수행하게 될 것입니다.

지저문명과 지상에서 새롭게 건설된 정신문명이
서로 하나가 될 때까지
지저인들은 자신의 반쪽인 인류의 의식상승을 위해
파트너로서 최선을 다하게 될 것입니다.
지저문명과 지구 행성이
하나의 의식으로 온전히 통합이 이루어지고 나면
지저문명과 지구 행성의 정신문명이
함께 진화해 가는 것이
큰 그림속에 들어 있는 지저문명의 미래입니다.

지저문명과 지구 인류는 공동 운명체입니다.
지구의 차원상승이 성공적으로 이루어져야
지저문명의 미래 역시 희망이 있는 것입니다.
지구 행성은 7주기를 여는 종자행성으로서
대우주에서 7번째의 북극성의 지위를 갖게 될 예정입니다.
지저문명의 미래 역시
지구 행성의 미래와 동일합니다.

미래의 지저문명은
지구 행성의 지하에 있는 하나의 도시가 될 것이며
온전하게 통합이 이루어지게 될 것입니다.
지저인들은 이 모든 계획들을 알고 있으며
창조주의 큰 뜻을 알고
하늘이 설계한 큰 그림 속에서
자신들의 퍼즐을 맞추고 있을 뿐입니다.

지저인들의 수고와 노고에
하늘을 대신하여
우데카 팀장이 고마움과 감사함을 전합니다.

우리 모두는
창조주의 의식 속에서
대우주의 의식 속에서
하나입니다.

그렇게 될 것이며
그렇게 예정되어 있으며
그렇게 되었습니다.

지저인들에 대한 정리

지저인들은 약 70만 년 전에 외부 은하에서
지구 행성에 입식되었습니다.
지구 행성이 우주의 카르마를 해소하기 위한
종자행성으로서의 역할과 임무가 선정된 후
최초로 외계 은하나 외계 행성에서 입식된 영혼들이
지저인들의 시작입니다.

지저인들의 조상들은
우주에서 자신의 행성이 멸망해서 갈 곳이 없는 영혼들이었습니다.
지저인들의 조상들은
행성을 운영하다 실패한 우주의 죄인들이었습니다.
지저인들의 조상들은
자신의 우주적 카르마를 해소하기 위한 감옥 행성으로서
지구라는 행성이 선정되면서
제로 포인트를 열기 위해 선발대로 지구 행성에 입식되었습니다.

지구 행성에 70만 년 전에 입식된 지저인들은
약 20만 년 동안에 자신의 우주적 카르마를 해소하기 시작하였습니다.
레무리아로 대표되는 정신문명과
아틀란티스로 대표되는 물질문명을
지구 행성에 건설하였습니다.

레무리아와 아틀란티스 문명을 열고 발전시키고
핵전쟁을 통해 두 문명이 멸망하는 그 시점까지
그들이 우주에서 쌓은 카르마들을
지구 행성에 모두 펼쳐놓고 자신들의 카르마를 해소하였습니다.

지저인들은 약 20만 년 동안
지구 행성에 문명을 건설하고
지구 행성에서 문명이 멸망하기까지
하룻밤 사이에 레무리아 대륙이 침몰하면서
이들은 지구 행성의 표면에서 사라지게 되었습니다.
지저인들은 대륙이 침몰하기 전
높은 과학기술 문명을 가지고 있었기에
지저로 들어가서 그들의 문명을 지금까지 이어올 수 있었습니다.

20만 년 동안 지구 행성에서
자신들의 우주의 카르마들을 풀어놓고
자신들의 우주의 카르마들을 해소한
외계 행성에서 온 지저인들의 조상들은
창조주로부터 자신들의 고향별로 지구 행성을 선물받게 되었습니다.
지저인들이 살았던 지표면에는
지구 행성의 주민들이 입식되기 시작하였습니다.
약 50만 년 전부터는
외부 은하나 외계 행성에서 죄를 지은 영혼들이
자신들의 카르마를 해소하기 위해
지구 행성에 본격적으로 입식되었습니다.

약 50만 년 전부터 지구 행성은
우주의 감옥 행성이 되었으며
우주에서 어둠이 가장 짙은 행성이 되었습니다.

약 50만 년 전부터 지구 행성의 영단은
2개로 나누어져 운영되었습니다.
북극의 상공에는
지표면에 살고 있는 인류들을 위한 영단으로 운영되었습니다.
남극의 상공에는
지저인들을 위한 영단이 설치되어 운영되어 왔습니다.

지저로 내려간 지저인들은
정신문명과 물질문명이 조화를 이룬 문명을 이루었습니다.
지저로 내려간 지저인들은
제로 포인트를 지구 행성에 열기 시작하였으며
지구 행성의 차원상승을 지원하면서
제로 포인트를 마무리하라는 명을 창조주로부터 받았습니다.

지저로 내려간 지저인들은
자신들의 고유한 문명을 건설하였으며
지구 행성의 물질문명의 건설을 지원하는 역할을 해왔습니다.
어둠의 정부의 중요 인물들은
지저인들로부터 많은 조언을 받고 있었으며
발전한 과학기술 문명들을 전수하고 안내하는 역할들을
수행하고 있었습니다.

인류가 사용하고 있는
컴퓨터 시스템과 반도체 기술들은
지저인들의 기술 이전의 결과입니다.
군사 방면의 기술력과
지구 행성에 근간을 이루고 있는 과학기술의 상당 부분이
지저인들이 전해준 것입니다.
이것이 지저인들에게 주어진 임무와 역할이었습니다.

지저인들의 운명은
지구 행성의 운명과 일치합니다.
지저인들에게 남은 최고의 미션은
지구 행성의 차원상승을 돕는 역할입니다.
지구 행성의 지축의 정립 과정에서
모든 물질문명은 붕괴될 것입니다.
지구 행성의 물질문명이 붕괴된 폐허 속에서
살아남은 지구인들을 도와
아보날의 수여를 진행하는 창조주를 도와
지구 행성의 물질문명을 재건하고
지구 행성에 새로운 정신문명을 건설하는데
도움을 주는 역할이 있습니다.

지저인들은
아보날의 수여를 집행하는 창조주와
아보날의 수여를 진행하는 빛의 일꾼들을
가장 적극적으로 도와줄 협력자로서 준비되었습니다.

지저인들의 수뇌부들은
외부지원팀 중에서 본영과의 합일을 통해
지구 행성의 차원상승에 참여할 예정입니다.

지저인들을 위해
지축의 정립 과정에서 그들이 살아갈 대륙들이 준비되어 있습니다.
지저인들의 상당수가 지저가 아닌
융기되는 대륙에 올라와서 살게 될 예정입니다.
지저인들과 살아남은 지구 행성의 주민들은 분리가 되어 살면서
교류를 통해 살아갈 예정입니다.

지저인들과 지구인들의 의식의 격차가 줄어들면서
지저인들은 지구인으로서 함께 살아갈 예정입니다.
지하에 살고 있는 지저인들과 육지인들 사이의 교류도
점차로 증가하게 될 것입니다.
수학 여행을 가는 것처럼
해외 여행을 가는 것처럼
지구인들과 지저인들은 교류를 통해 통합되어 갈 것입니다.

지저인들은 지축의 정립 이후에
안전지대인 역장에서 지구인들과 본격적으로 만나게 될 것입니다.
역장 생활의 안내자이며 조언자이며 협력자의 역할을 통해
인류를 돕게 될 예정입니다.
지구 차원상승에 투입될
지저인들의 준비가 완료되었습니다.

지구 행성의 차원상승 후
대륙에 와서 살아갈 지저인들과
지저에서 살아갈 지저인들의 분류 역시 마무리되었습니다.

지저인들은 지구 행성의 차원상승을 위해
창조주께서 약 70만 년 전부터 준비한
외부지원팀입니다.
지저인들은 아보날의 수여를 지원하기 위해
창조주께서 약 70만 년 전부터 준비한
우주의 카르마를 해소한
외계 행성에서 온 영혼들입니다.
지저인들은 지구 행성의 차원상승 과정에 참여하고 있는
외부지원팀 중에 유일하게
우주의 카르마가 해소된 영혼 그룹입니다.
외부지원팀 중 대리영이 아닌
본영과의 합일을 통해
아보날의 수여에 참여하고 있습니다.

지구 차원상승 과정에서
2개로 나누어져서 운영되었던 영단은
하나로 통합될 예정입니다.
보이지 않는 세계에서 영단의 통합을 시작으로
지구 행성의 차원상승 후
인류와 지저인들은 통합되어 갈 것입니다.

그동안 감옥 행성인 지구 행성에서 고생한 지저인들에게
고마움과 감사함을 전합니다.

지구 차원상승 과정에서 인류를 위해
봉사와 희생을 앞두고 있는 지저인들에게
고마움과 감사함을 전합니다.

이 글을 우데카 팀장이 기록을 위해 남깁니다.

빛의 일꾼들의 역할과 사명

빛의 일꾼 144,000명은
창조주의 빛을 가지고 지구 행성에 온 창조주의 분신들입니다.

빛의 일꾼 144,000명을 부르는 명칭은 다음과 같습니다.
빛의 일꾼 144,000명 한 사람 한 사람은
미륵들입니다.
빛의 일꾼 144,000명 한 사람 한 사람은
인황들입니다.
빛의 일꾼 144,000명 한 사람 한 사람은
문명 종결자입니다.
빛의 일꾼 144,000명 한 사람 한 사람은
우주의 최정예 군인들이며 아보날입니다.
빛의 일꾼 144,000명 한 사람 한 사람은
도통 군자들입니다.

빛의 일꾼 144,000명 한 사람 한 사람은
자신이 있는 곳에서
치안과 판사의 업무를 수행하는 역할이 있으며
서양 채널링 메시지에서 몬조론손 그룹으로 알려져 있습니다.
빛의 일꾼 144,000명 한 사람 한 사람은
하늘 사람들입니다.

하늘 일을 땅에서 펼칠 완성체로서
창조주로부터 부여받은 권능으로
인류를 구할 구원자의 역할이 있습니다.
빛의 일꾼 144,000명 한 사람 한 사람은
자신이 있는 곳에서
자신의 역할과 임무가 있는 곳에서는
작은 창조주의 역할을 수행할 수 있도록
하늘로부터 권능을 위임받은 귀하고 귀한 존재들입니다.

빛의 일꾼 144,000명 한 사람 한 사람은
자신의 우주적 신분에 따라
역할과 임무가 정해져 있습니다.
자신의 우주적 신분에 따라
권능들이 차등적으로 준비되어 있습니다.
빛의 일꾼 144,000명 한 사람 한 사람은
자신이 있어야 하는 곳에서
자신이 있는 곳에서
자신의 역할과 임무를 수행해야 하는
자신의 퍼즐을 맞추어야 하는 숙명을 가지고
이 땅에 온 위대한 영혼들입니다.

빛의 일꾼 144,000명 한 사람 한 사람은
새 하늘과 새 땅에서
새로운 정신문명을 건설하는 안내자이며
지도자 그룹들입니다.

빛의 일꾼 144,000명 한 사람 한 사람은
상위자아 합일(인신합일)과
최종 상위자아 합일을 통하여 완성되어집니다.
빛의 일꾼 144,000명 한 사람 한 사람은
250만 년 전부터 준비된 미륵들이며
약속된 하늘 사람이
약속된 하늘 일을
약속된 계획에 따라 수행하기 위해
육신의 옷을 입고 지상을 걷고 있는
인황들입니다.

빛의 일꾼 144,000명 한 사람 한 사람은
인간의 노력이나 기도와 수행으로 탄생하는 것이 아닙니다.
하늘 사람인 빛의 일꾼들은
예정된 사람이
예정된 자신의 타임라인에 따라 깨어나
자신의 임무와 역할을 수행하는 프로그램입니다.

빛의 일꾼 144,000명 한 사람 한 사람은
하늘이 일하는 방식에 따라
모든 것을 알 필요도 없습니다.
자신의 임무와 역할을 수행할 수 있도록
최적화되어 준비되어 있습니다.
빛의 일꾼 144,000명 한 사람 한 사람은
전지전능한 존재들이 아닙니다.

하늘 일을 할 수 있도록
인류의 의식의 눈높이에 맞추어
자신의 임무와 역할에 최적화된 영적인 능력들이
하늘로부터 주어질 것입니다.

빛의 일꾼들이 탄생되고 있습니다.
빛의 일꾼들의 영의식이 깨어나고 있습니다.
빛의 일꾼들의 혼의식이 축소되고 있으며
빛의 일꾼들의 혼의식 프로그램이
빛의 일꾼들의 영의식 프로그램에 속속 합류되고 있습니다.
빛의 일꾼들의 몸의 진동수가 높아지고 있습니다.
차원의 문과 차원의 벽을 허물고
이적과 권능을 펼칠 수 있도록
영적인 능력을 펼칠 수 있도록
모든 준비들이 한 치의 오차없이
하늘이 일하는 방식에 의해 준비되었습니다.

빛의 일꾼 144,000명 한 사람 한 사람들은
자신이 있어야 할 곳에 있게 될 것이며
자신이 있어야 할 곳에서
자신도 모르게 빛의 일을 하게 될 것입니다.
오른손이 하는 일을 왼손이 모르게 하듯이
빛의 일꾼 한 사람 한 사람들은
자신이 있어야 할 곳에서
자신이 있는 곳에서

가장 낮은 곳에서
창조주의 에너지를 이 땅에 정박시킬
에너지 운반자로서
정보 전달자로서
창조주를 대신하여 인류에게 봉사하는 역할이 있습니다.

빛의 일꾼들의 깨어남과 탄생을 축하합니다.
빛의 일꾼 144,000명 한 사람 한 사람은
창조주의 에너지를 품고 있는 완성체들입니다.
두꺼운 육신의 옷을 입고 있다가
번데기가 우화를 하듯
빛의 일꾼 144,000명인 당신들의 깨어남은
우주의 축복입니다.
빛의 일꾼 144,000명 한 사람 한 사람의 깨어남은
신들의 귀환이며
미륵들의 출현이며
도통 군자들의 출현이며
인황들의 출현을 의미합니다.
하늘이 땅으로 내려왔음을 의미합니다.

하늘이 땅이 되고
땅이 하늘이 되었습니다.
땅의 뜻이 땅에서 펼쳐질 것입니다.
땅의 뜻이 하늘에 의해
땅에서 완성될 것입니다.

하늘의 뜻을 땅에서 펼치기 위해
땅으로 내려온 미륵들과 인황들인
빛의 일꾼인 당신의 무사 귀환을 축하합니다.

하늘 사람인 빛의 일꾼들인 당신은
땅으로의 귀환을 통해
하늘의 일을 땅에서 모두 이루게 될 것입니다.
하늘이 땅으로 내려왔습니다.
하늘이 땅이 되고
땅이 하늘이 되었습니다.

그 중심에 빛의 일꾼 144,000명이 있으며
지금 여기(땅)에 빛의 일꾼인 당신의
신들의 귀환이 이루어지고 있습니다.
하늘이 땅으로 내려오고 있습니다.
하늘이 땅으로 내려왔습니다.

그렇게 될 것이며
그렇게 예정되어 있으며
그렇게 되었습니다.

빛의 일꾼을 미륵(보살)이라고 하는 이유

빛의 일꾼들은 오래된 영혼들입니다.
빛의 일꾼들은 대우주가 탄생될 때 탄생한
오래된 영혼들입니다.
대우주가 탄생이 될 때 처음 탄생한 영혼들은
대우주가 6주기 동안 진화하는 동안에
대우주의 진화의 여정과 함께한 영혼들입니다.

대우주가 탄생될 때 탄생한 영혼들은
14차원까지 진화하였습니다.
이들을 지구 행성에서는 빛의 일꾼이라 하며
우주에서는 아보날 그룹이라 말합니다.
빛의 일꾼들은 물질계를 졸업한 영혼들입니다.
물질계는 1차원에서 12차원의 물질세계를 말합니다.
빛의 일꾼들의 대부분은 물질계를 졸업한 영혼들로서
우주에서는 미륵 또는 부처라고도 하며 보살이라고 합니다.
빛의 일꾼들 중 물질계를 졸업하지 못한
12차원 11단계에서 15단계의 영혼들이 있으며
이들의 비중은 약 30% 정도 됩니다.

빛의 일꾼들은
우주의 진화와 함께 진화해 온 영혼들입니다.

빛의 일꾼들은
우주에서 가장 오래된 영혼들입니다.
빛의 일꾼들은
우주 진화의 산물이며
우주 최고의 자산이며
하늘이 자랑하는 최고의 보물입니다.

빛의 일꾼들은 우주 역사의 증거이며
빛의 일꾼들은 우주 진화의 산물입니다.
빛의 일꾼들은 대우주가 낳고
대우주가 기른 대우주의 보물입니다.
빛의 일꾼들은 창조주의 꿈을 담은
창조주의 가장 소중한 자녀들입니다.

마지막 때에 출현할 빛의 일꾼들은
대우주의 보물을 전시하는 것입니다.
마지막 때에 출현할 빛의 일꾼들을
대우주의 보물들을 한곳에 모아 놓고 벌이는 대우주의 축제입니다.
마지막 때에 출현할 빛의 일꾼들을
일만 이천 도통군자라고 합니다.
마지막 때에 재난이나 환란에서 인류를 구할 인자들을
미륵들이라고 알려져 있습니다.

빛의 일꾼들을 성인이라고 합니다.
빛의 일꾼들을 미륵이라고도 합니다.

빛의 일꾼들은 부처들이라고도 합니다.
빛의 일꾼들은 보살들이라고도 합니다.
빛의 일꾼들을 신들의 귀환이라고도 합니다.

빛의 일꾼들은 총 4단계로 구분되어 있습니다.
A그룹 : 아보날 그룹 수뇌부
         14차원 11단계부터 14차원 15단계
B그룹 : 아보날 그룹 집행부
         14차원 6단계부터 14차원 10단계
C그룹 : 아보날 그룹 실무진
         14차원 1단계부터 14차원 5단계
D그룹 : 아보날 그룹 하위 그룹
         12차원 11단계부터 12차원 15단계

빛의 일꾼들은
우주 진화의 최고 정점에 있는 영혼 그룹들을 말합니다.
빛의 일꾼들을 부처 또는 미륵이라고 하는 이유는 다음과 같습니다.

빛의 일꾼들의 영혼의 우주적 신분이 높을수록
자비와 연민과 사랑의 에너지로 가득 차 있기 때문입니다.
자비와 연민과 사랑의 에너지는
모든 에너지를 수용하고 포용할 수 있는 에너지입니다.
자비와 연민과 사랑의 에너지는
시시비비를 가리지 않는 에너지이며
에너지의 균형이 모두 갖추어졌을 때만 도달할 수 있는 에너지입니다.

빛의 일꾼들은

이 우주에서 자비와 연민의 에너지를

가장 많이 가지고 있는 영혼 그룹들입니다.

빛의 일꾼들은

이 우주에서 순수한 에너지를

가장 많이 가지고 있는 영혼들입니다.

어린 아이에게 있는 순수함과

어른에게 나타나는 순수함 모두를 가지고 있는 영혼들입니다.

빛의 일꾼들을 성인이라고 하는 이유는

자비와 연민과 사랑의 에너지와

순수함의 에너지를 가장 많이 가지고 있는

영혼 그룹이기 때문입니다.

자비와 연민과 사랑의 에너지에 순수함의 에너지 또한

가장 많이 구현할 수 있는 영혼들이기에

이들을 우주에서 보살 또는 부처라고 부르는 것입니다.

빛의 일꾼들은

이 우주에서 영혼의 물질 체험을 가장 많이 경험한 영혼 그룹입니다.

산전수전 다 겪은 노련한 영혼들입니다.

빛의 일꾼들은

영혼의 물질 체험을 통해

사고조절자를 가장 많이 획득한 영혼들입니다.

빛의 일꾼들은 자신이 획득한 사고조절자로

필요할 때 가장 많은 사고조절자를 사용할 수 있는 영혼 그룹입니다.

빛의 일꾼들은
영혼의 물질 체험을 가장 많이 경험한 노련한 영혼들입니다.
빛의 일꾼들은
지구 행성의 물질문명이 붕괴된 폐허속에서
안전지대인 역장에서 아보날의 수여를 통해
인류의 의식을 교정하고
새로운 물질문명과 새로운 정신문명을 열어야 합니다.

하늘의 입장에서 보면
힘들고 어려운 일을 아무에게나 맡길 수 없는 것입니다.
영혼의 물질 체험의 경험이 풍부하고
영혼의 우주적 신분이 높은 영혼 그룹에게
막중한 임무를 맡길 수밖에 없는 것입니다.
하늘이 하늘의 일을 하기 위해
하늘이 일하는 방식에 의해
지구 행성의 차원상승에 주도적으로 참여할 영혼들을
빛의 일꾼들이라고 합니다.

개벽의 시대가 오고 있습니다.
빛의 일꾼들의 시대가 시작되고 있습니다.
빛의 일꾼은 내가 하고 싶다고 되는 것이 아닙니다.
빛의 일꾼은 영혼의 진화 성적표에 따라
하늘의 일하는 방식에 의해
하늘에 의해 선정되고
하늘에 의해 준비되고 있습니다.

그때가 시작되었습니다.

하늘에서 약속한 그때가 시작되었음을 전합니다.

하늘에서 약속한 대로

빛의 일꾼들은 한 치의 오차없이

빛의 일꾼들이 깨어나고 있습니다.

빛의 일꾼들의 의식을 깨우는

하늘의 황금나팔 소리와 함께

빛의 일꾼들의 의식을 깨우는 빛이

빛의 일꾼들의 타임라인에 맞추어 주입되고 있습니다.

빛의 일꾼들의 깨어남을 축하드립니다.

빛의 일꾼들의 건승을 빕니다.

빛의 일꾼들의 슬픈 운명이 시작되었습니다

지상으로 내려온 창조주의 중심의식에 의해
지구 차원상승을 준비하기 위해
빛의 일꾼들의 의식을 깨우기 위한
에너지(빛) 주입이 시작되었습니다.

지상으로 내려온 창조주의 중심의식에 의해
빛의 일꾼들의 의식을 깨우기 위한
황금나팔 소리가 울려 퍼지기 시작하였습니다.
지상으로 내려온 창조주의 중심의식의 빛 속에는
빛의 일꾼들의 의식을 깨울 프로그램이 담겨 있습니다.

빛의 일꾼들의 의식을 깨우기 위해 주입된 빛 속에는
빛의 일꾼들의 슬픈 운명을 담은 프로그램이
빛의 고리 형태로 차곡차곡 심포에 저장되었습니다.
심포에는 인간의 의식과 감정을 구현하는
메타 의식구현 시스템이 있습니다.
빛의 고리 형태로 메타 의식구현 시스템에 저장된 빛은
잠재의식과 무의식의 층위에 다운로딩 되었습니다.

빛의 일꾼들은
하늘이 펼쳐 놓은 물질 매트릭스와

하늘이 펼쳐 놓은 종교 매트릭스와
하늘이 펼쳐 놓은 화폐 매트릭스와
하늘이 펼쳐 놓은 카르마 에너지장의 매트릭스속에서
허우적대며 살고 있습니다.

세상 속에 내던져진 빛의 일꾼들은
자신의 우주적 신분도 망각한 채
자신이 누군지도 모르고
왜 사는지도 모르는 채 살고 있습니다.
의식은 저절로 깨어나지 않습니다.
아픔과 고통없이 절망과 슬픔없이
저절로 의식은 깨어나지 않습니다.

보이는 것만을 믿고 살았던 사람이
실패없이 실망없이 좌절없이
빛의 일꾼들의 의식은 저절로 깨어나지 않습니다.
왜 사는지 모르고
아무 생각없이 재미있는 것만을 좇으며
욕망만을 좇아서 살아온 사람들의 의식은
저절로 깨어나지 않습니다.

하늘에 의해 가진 것을 몽땅 털리거나
잘 나가던 사업이 망하게 되거나
하던 일들에서 외통수에 걸려
이러지도 저러지도 못하다가

망연자실한 현실 앞에
깊은 절망을 체험하게 될 것입니다.
치사하고 치졸한 방법으로
무너지고 쓰러지고 망가진 다음에야
의식의 전환이 일어나게 될 것입니다.

'세상 참 뜻대로 안되네'
'내가 어쩌다가 이렇게 됐지'
'내가 왜 말도 안되는 이런 것에 관심이 가지'
논리적으로 3차원적으로 도저히 일어날 수도 없는 일들을
반복적으로 겪으면서
보이지 않는 세계가 있다는 것을 알게 될 것입니다.

하늘이 있다는 것을 잊어버리고 살다가
하늘을 외면하고 살다가
하늘 무서운 줄 알아갈 때쯤이면
많은 것을 잃고 난 뒤가 될 것입니다.
보이지 않는 세계가 있으며
보이지 않는 하늘이 있으며
하늘이 야속하고
하늘을 원망하면서
하늘 무서운 줄 알아채고 눈치채는데
참 많은 아픔의 시간들이
빛의 일꾼들에게 준비되어 있으며
고통의 시간들이 빛의 일꾼들에게 시작되었습니다.

빛의 고리들이 타임라인에 따라 풀릴 것입니다.
빛의 일꾼들의 의식을 깨우는 프로그램이 작동될 것입니다.
의식을 깨우는 프로그램이 작동이 되면
빛의 일꾼들의 소집 명령을 알리는
하늘의 황금나팔 소리를 듣게 될 것입니다.
빛의 일꾼들의 슬픈 운명이 시작된 것입니다.

하는 일마다 되는 일이 없고
잘되는 줄 알았던 일들이 어긋나게 되고
계획하던 일들마다 변수가 생겨 틀어지고
사람들과의 관계가 이유없이 악화될 것입니다.
도저히 일어날 수 없는 일들이 연속적으로 발생하게 될 것입니다.
상식적으로 이해할 수 없는 일들이
도저히 일어날 수 없는 일들이 발생할 것입니다.

빛의 고리들이 타임라인에 따라 풀릴 때마다
가진 것이 많은 사람일수록
잃을 것이 많은 사람일수록
내려놓을 것이 많은 사람일수록
고통의 강도와 슬픔의 강도는
더 크게 작용하게 될 것입니다.

빛의 고리들이 타임라인에 따라 풀릴 때마다
하늘은 인정사정 봐주지 않고
하늘이 일하는 방식에 의해 강제 집행이 이루어질 것입니다.

빛의 일꾼 프로그램은
창조주 앞에서 영혼의 진화를 걸고
창조주 앞에서 영혼의 소멸까지도 걸고 한 약속입니다.

빛의 일꾼 프로그램은
250만 년 전에
테라 프로젝트가 기획될 때부터
준비된 프로그램입니다.
빛의 일꾼 프로그램은
창조주께서 직접 주관하는 프로그램이기에
실패할래야 실패할 수도 없는 프로그램입니다.

빛의 고리들이 타임라인에 따라 풀릴 때마다
빛의 일꾼인 당신이 저항하면 할수록
고통의 강도가 강해질 뿐입니다.
빛의 고리들이 타임라인에 따라 풀릴 때마다
빛의 일꾼인 당신이 내면의 소리를 무시하거나
빛의 일꾼인 당신의 의식을 깨우기 위해 당신에게 주어진
영적인 능력을 사적으로 사용하거나
하늘의 의도를 눈치채지 못하는 경우가 지속될수록
빛의 일꾼인 당신은
더 많은 것을 잃게 될 것이며
결국에는 당신이 가장 소중하게 여기는 것들을
하나씩 하나씩 잃게 될 것입니다.

빛의 고리들이 당신의 타임라인에 따라 풀릴 때마다
당신이 빛의 일꾼이라면
당신의 비명소리는 더 커지게 될 것입니다.
하늘이 당신의 의식을 깨우기 위해
하늘이 당신을 상대로 펼치는 온갖 치사함과 치졸함의 방식을
온몸으로 느끼고 체험하면서
당신은 하늘을 향해 두손 두발을 들고
결국은 항복을 하게 될 것입니다.

빛의 고리들이 당신의 타임라인에 따라 풀릴 때마다
당신이 빛의 일꾼이라면
당신이 저항하면 저항할수록
결국에는 도축장에 끌려가는 소처럼
모든 것을 다 잃고 난 후에야
당신의 의식은 깨어나게 될 것이며
당신은 하늘에서 약속한 그대로
빛의 일꾼으로서 있어야 할 곳에서
빛의 일꾼으로서 역할을 하게 될 것입니다.

당신이 빛의 일꾼이라면
당신의 의식은 깨어나야 할 때 깨어나게 될 것입니다.
당신이 의식이 깨어난 빛의 일꾼이라면
당신이 있는 곳이 어디든
그곳이 당신이 있어야 할 곳이 될 것입니다.

당신이 빛의 일꾼이라면
한줄기 희망도 빛도 보이지 않는 절망 속에서
당신은 그 자리에서
누구보다도 먼저 일어나야 됩니다.
당신이 빛의 일꾼이라면
당신은 한 치 앞도 보이지 않는 상황에서
짙은 어둠 속에서 한줄기 희망의 빛으로
한 사람의 빛의 일꾼으로서의
역할과 임무를 수행할 수 있도록
준비되어 있어야 합니다.

당신이 빛의 일꾼이라면
지금 보이지 않는 세계에서 무슨 일이 일어나고 있는지
늘 의식이 깨어 있어야 합니다.
당신이 빛의 일꾼이라면
지금 보이지 않는 세계에서 무슨 일이 준비되고 있는지
늘 의식이 깨어 있어야 합니다.

당신이 빛의 일꾼이라면
당신은 빛의 일꾼으로 준비되어져야 합니다.
당신이 빛의 일꾼이라면
당신은 빛의 일꾼으로 훈련되어져야 합니다.
당신이 빛의 일꾼이라면
당신은 빛의 일꾼으로 만들어져야 합니다.

당신이 빛의 일꾼이라면
하늘과 당신 영혼 사이에 맺은 언약을 위해
하늘에서 이루어진 약속을 땅에서 이루기 위해
당신의 의식을 깨우기 위한
고통의 프로그램이 시작되었음을 전합니다.

당신이 빛의 일꾼이라면
하늘이 심어 놓은 진리의 씨앗이 있을 것입니다.
당신이 진리를 만났을 때
당신이 진리의 소리를 들었을 때
하늘이 당신 가슴속에 뿌려 놓은 진리의 씨앗은
당신이 진리를 만났을 때
당신이 진리의 소리를 들었을 때
하늘의 소식임을 알고 공명하게 될 것입니다.

당신이 빛의 일꾼이라면
당신은 있어야 할 곳에 있게 될 것입니다.
당신이 의식이 깨어난 빛의 일꾼이라면
당신이 있는 곳이 당신이 있어야 할 곳입니다.

당신이 의식이 깨어난 빛의 일꾼이라면
당신은 지금 어디에서 무엇을 하고 있습니까?
당신이 의식이 깨어난 빛의 일꾼이라면
당신은 지금 어디서 무엇을 하려 하십니까?

당신이 의식이 깨어나지 못한 빛의 일꾼이라면
당신은 지금 어디에서 무엇을 하고 있습니까?
당신이 준비되지 못한 빛의 일꾼이라면
당신은 지금 어디에서 무엇을 하고 있습니까?

빛의 일꾼들의 건승을 빕니다.

빛의 일꾼들의 우주적 신분과 특성

빛의 일꾼들은
우주의 진화와 함께 영혼의 진화를 해온 오래된 영혼들입니다.
빛의 일꾼들은
젊고 어린 영혼들의 영의 부모들입니다.
빛의 일꾼들은
영혼의 진화 여정을 통해 다듬어지고 숙성된
우주의 보물들입니다.
빛의 일꾼들은
우주에서 진화하는 동안 산전수전을 다 겪은 백전노장들이며
노련하고 지혜로운 영혼들입니다.

빛의 일꾼들은
노련한 배우이면서
품위있고 경륜이 있는 명배우인 동시에
우주에서 명품 배우들에 비유할 수 있습니다.
빛의 일꾼들은
우주에서 이름값을 하는 주연 배우로서
맹활약을 하고 있는 영혼들입니다.
빛의 일꾼들은
지구 차원상승을 위해
대우주의 주재자께서 주관하는

지구 행성에 자미원을 건설하기 위한
프로젝트에 참여하기 위한 역할자로서
250만 년 전에 준비된 영혼들입니다.

빛의 일꾼들은
지구 행성의 역사에 변곡점이 있을 때마다
지구 행성의 문명에 게임 체인저나
문명 체인저의 역할이 필요할 때마다
주연 배우의 역할들이
이름난 주연 배우인 빛의 일꾼들에게 주어졌습니다.
빛의 일꾼인 당신들은
우주에서 노련하고 경험 많은 명품 배우들답게
그 역할들을 매우 훌륭하게 해왔습니다.
빛의 일꾼인 당신들은
명품 배우들이 영웅의 역할을 하다가
영웅의 삶을 살다가
그 배역에 너무 심취하여
타인의 자유의지를 심각하게 침범하게 되면서
많은 카르마를 짓게 됩니다.

영웅은 사람을 죽이고
성인은 사람을 살립니다.
빛의 일꾼인 당신은 지구 행성에서
명품 배우로서 영웅의 역할들을 하다가
많은 카르마를 남기게 됩니다.

빛의 일꾼인 당신은 지구 행성에서
누구나 하고 싶어하는
왕이나 재상의 역할을 참 많이 하였으며
장군이나 부자의 배역들을 맡기도 하였습니다.
반란군이나 혁명가의 배역들을 경험하면서
영웅 중의 영웅의 역할을 경험하였습니다.
빛의 일꾼들은
리더자와 관리자로서의 경험들을 하였습니다.
그 에너지를 써야 될 때에
언제든지 꺼내서 쓸 수 있도록
무의식의 저장고에 차곡차곡 저장해 두었습니다.
수많은 윤회 프로그램을 통해
빛의 일꾼으로서 준비되는 동시에
수많은 카르마를 짓게 되었습니다.

빛의 일꾼들의
250만 년의 지구에서의 삶은
지금 이 시기에 모두 초점이 맞추어져 있습니다.
빛의 일꾼들의
250만 년의 지구에서의 모든 윤회 프로그램들은
지금 이 시기에
당신이 빛의 일꾼으로 준비되는 과정에
초점이 맞추어져 있습니다.
빛의 일꾼으로서 250만 년 전부터 준비된 사람만이
빛의 일꾼이 될 수 있습니다.

빛의 일꾼은 내가 하고 싶다고 되는 것이 아닙니다.
빛의 일꾼은 인간의 노력으로 되는 것이 아닙니다.
사람의 목숨이 하늘에 달려 있듯
빛의 일꾼들의 역할과 사명 역시
당신의 본영과 하늘의 계획이 있어야
당신이 빛의 일꾼이 될 수 있습니다.

빛의 일꾼들은 이 우주에서 누구나 탐내는
우주의 명품 배우이며
우주의 보물이며
우주에서는 부처들입니다.
빛의 일꾼들은 이 우주가 진화하는 동안에
함께 진화한 오래된 영혼들이며
우주에서 이들의 신분은
창조주의 대우주의 통치에 참여하고 있는
우주의 미륵들이며
우주의 성인들입니다.

빛의 일꾼들은
우주의 보물이며 미륵들이며 성인들이기에
그때가 되기 전에는
아무도 몰라보도록
아무도 찾지 못하도록 꼭꼭 숨겨 놓았습니다.
카르마 에너지장에 갇혀
육신의 감옥에 갇히도록 방치해 두었습니다.

안 아픈 날보다는 아픈 날이 더 많게 하였습니다.
카르마 에너지장을 통해
감정의 교란을 일으켜
귀신들린 사람이 되거나
정신분열을 앓게 하였으며
우울증과 조울증을 겪게 하였으며
늘 자살을 생각하며 살게 하였습니다.

빛의 일꾼들은
젊고 어린 영혼들의 영적인 부모이기에
젊고 어린 영혼들에게 모든 것을 양보하는 것을
경험하게 하였습니다.
젊고 어린 영혼들에게 시험 성적에서 밀려 양보하기 위해
머리에 카르마 에너지장을 통해 봉인을 해두었습니다.
하는 일마다 실패하게 하였으며
될 듯 될 듯 하면서도
결국은 경쟁자인 자신의 영적인 자녀들에게 양보하도록
삶의 프로그램이 그렇게 준비되었습니다.

빛의 일꾼들은 우주의 부처들이기에
빛의 일꾼들은 지상에서 부처로 만들어져야 합니다.
빛의 일꾼들은 우주의 부처들이기에
지상에서 부처의 마음을 품을 때까지
실패하고 또 실패하고 또 실패하게 만들면서
하는 일마다 실패하게 만들면서

가장 낮은 곳에서 편할 줄 아는
부처의 삶을 배우라고
당신이 가지고 있는 모든 것을 몽땅 털어가기도 했습니다.

빛의 일꾼들은 우주의 성인들이기에
당신이 인간의 육신의 옷을 입고
지구 행성에 종교 매트릭스를 설치하고
강화하는 배역을 맡아 수행하였습니다.
빛의 일꾼들의 단골 배역은
1순위가 왕이나 황제이며
2순위가 장군이나 재상의 삶이며
3순위가 교황이나 고승의 역할과 함께
기도와 수행을 하며 종교 매트릭스를 강화하는
신부나 승려 등의 수행자의 삶을 살았습니다.
4순위가 사교계를 주름잡는 방탕한 삶을 살거나
거상이나 부자로서의 삶을 살며
물질의 풍요로움을 누리고 살았습니다.
5순위로 지구 행성의 게임 체인저나
문명 체인저의 삶을 많이 살았습니다.
유명한 예술가나 탐험가, 과학자나 학자들은
대부분이 빛의 일꾼들에 의해 이루어졌습니다.

빛의 일꾼들의 지구에서의 삶은
인간이면 누구나 탐낼 수 있는 화려한 삶을 살았으며
역사의 중심에서 주인공으로서의 삶을 많이 살아왔습니다.

빛의 일꾼들은 역사의 주인공으로서 삶을 살다가
카르마가 발생하게 됩니다.
카르마의 균형 잡기를 통해
빛의 일꾼들의 마지막 생인 지금의 삶은
그야말로 별볼일 없는 사람으로
보통 사람들보다도 경쟁력이 없는
주목받지 못하는 삶을 살고 있습니다.

빛의 일꾼들은
우주에서 행성의 영단을 관리하는
행성의 최고 책임자인 동시에
우주의 최고위급 행정 관료들입니다.
외계 행성에서 온 빛의 일꾼들은
행성을 멸망시킨 당사자들이며
행성의 주민들을 직접 학살한 사람들이며
행성의 주민들을 고통속에 죽게 한 사람들입니다.
빛의 일꾼들은
하늘에서 높은 신분을 가진 사람들이기에
마지막 때인 지금 지구에서의 삶은
누구도 쳐다보지 않는 비참하고 처참한 삶을 살면서
자신의 우주적 카르마를 해소하는 삶을 살고 있습니다.

빛의 일꾼들을 감추어 놓기 위해
빛의 일꾼들의 카르마를 해소하기 위해
말을 더듬게 하였으며

신체의 장애를 갖게 하였으며

원인도 알 수 없는 통증속에

원인도 알 수 없는 질병을 통해

아무 것도 할 수 없도록 하였습니다.

손과 발을 묶어 놓고

날개를 꺾어 놓고

빛의 일꾼들의 슬픈 운명을

혹독하게 체험하며 살 수 있도록 프로그램되어

힘든 삶을 살아가고 있습니다.

빛의 일꾼들은

우주의 보물이며 우주의 성인들이기에

지상에서 만들어지고 있습니다.

빛의 일꾼 한 사람을 만들기 위해

하늘은 참 많은 에너지를 쓰고 있습니다.

빛의 일꾼 한 사람을 만들기 위해

하늘이 쓰고 있는 에너지의 양은

진도 8 이상의 지진이 일어날 만큼의 에너지를 사용해야

한 사람의 빛의 일꾼이 만들어집니다.

빛의 일꾼들은

본영과 하늘에 의해 준비되고 만들어집니다.

빛의 일꾼들은

본영과 하늘에 의해 봉인이 된 채

세상에 내던져져서 살고 있습니다.

빛의 일꾼들은
가장 낮은 곳에서 별볼일 없는 사람으로
평범한 사람으로 살고 있을 뿐입니다.
빛의 일꾼들은 그때가 되기 전까지는
아무것도 모르는 채 살아갈 수밖에 없는
슬픈 운명을 가지고 태어나 살아가고 있습니다.

빛의 일꾼들에 대한 허상과 환상을 내려놓으시기 바랍니다.
빛의 일꾼들에게는 그들의 역할이 시작되기 전까지는
어떠한 영적인 능력도 하늘은 주지 않을 것입니다.
빛의 일꾼은 갑질을 하라고
하늘이 주는 완장이나 타이틀이 아닙니다.
빛의 일꾼은 명예직입니다.
빛의 일꾼들은 땅에 살고 있는
젊은 영혼들과 어린 영혼들에 대하여
영혼의 부모로서 봉사하고 희생을 해야 하는 빚쟁이일 뿐입니다.

우주의 미륵들인 빛의 일꾼들의
본영과의 합일이 이루어지고 있습니다.
우주의 부처인 빛의 일꾼들의
봉인들이 풀리기 시작하였습니다.
우주의 성인들인 빛의 일꾼들의 의식을 깨우기 위한
하늘의 황금나팔 소리가 울려 퍼지고 있습니다.
우주의 군인들인 빛의 일꾼들을 소집하는 소집 명령이
자신의 타임라인에 따라 통보되고 있습니다.

빛의 일꾼들을 깨우기 위한
하늘의 행정적 절차가 진행중에 있습니다.
당신이 빛의 일꾼이라면
당신은 준비되어져야 합니다.
당신이 빛의 일꾼이라면
빛의 일꾼으로 훈련되어야 합니다.
당신이 빛의 일꾼이라면
당신의 의식은 깨어나야 하며
당신의 의식은 지금보다 확장되어야 합니다.

당신이 빛의 일꾼이라면
당신이 250만 년 동안
윤회를 통한 삶의 경험들을 통해 축적된
그 많은 에너지들을 꺼내어 쓸 준비를 해야 합니다.
당신이 하늘이 준비한 빛의 일꾼이라면
당신의 내면에서 잠자고 있는
엄청난 에너지와 잠재력을 깨워야 합니다.
당신이 빛의 일꾼이라면
그렇게 될 것이며
당신이 하늘이 준비한 빛의 일꾼이라면
당신은 있어야 할 곳에 있게 될 것입니다.

빛의 일꾼들의 건승을 빕니다.

S

제2부

외계 행성에서 온 빛의 일꾼

외계 행성에서 온 빛의 일꾼 그룹들은
자신의 행성의 카르마를 가지고
자신의 행성의 모순을 가지고
우주의 십자가를 지고 지구 행성에 와서
행성의 우주적 카르마를 해소하고
지구 행성의 차원상승을 도우며
자신의 행성을 재건해야 하는 존재들입니다.

외계 행성에서 온
빛의 일꾼 그룹에 대한 정리

지구 행성의 차원상승은
대우주의 6주기를 마무리하고
대우주의 7주기의 시작과 맞물려 진행되는 우주적 행사입니다.
대우주의 6주기가 진행되는 동안
우주는 많은 진화를 이루었으며
우주는 많은 팽창을 이루었으며
우주에 많은 행성들이 탄생되었으며
우주에 많은 생명체들이 탄생되었으며
우주에 많은 생명체들이 진화를 이루었습니다.
대우주는 넓고 광활합니다.
인간의 상상력으로 이해할 수 없는 영역이며
인류의 과학기술 수준으로는 미지의 영역입니다.

대우주가 6주기를 진화하는 동안
많은 문제점들 또한 발생하게 되었습니다.
의식이 있는 생명체들이 진화를 한다는 것은
그리 낭만적인 일은 아닙니다.
의식이 높아진다는 것은
자유의지가 높아진다는 것을 의미합니다.
높은 지능을 가진 생명체들이
서로의 자유의지를 존중하며

질서있게 진화를 한다는 것은 어려운 것입니다.
자유의지 사이의 충돌속에
자유의지의 남용속에
경쟁과 갈등을 해결하는 과정에서
개인의 카르마가 생겨나게 되고
부족이나 민족의 카르마가 생겨나게 되고
나라와 나라 사이에 카르마가 생겨나게 되고
행성의 카르마가 생겨나게 되고
행성과 행성과의 카르마가 생겨나게 되고
항성계와 항성계 사이에 카르마가 발생하게 되었습니다.

대우주의 진화 과정에서 생긴 모든 카르마들은
카르마를 지은 주체들이 해소하는 것이
대우주의 법칙입니다.
카르마로 인하여 행성의 진화가 멈춘 행성들이
주기들마다 탄생하였습니다.
행성의 진화가 멈춘다는 것은
행성에 살고 있는 의식이 있는 생명체들의 자유의지가
정상적으로 발휘되지 못하게 되는 상황이거나
생명체들이 행성의 모순으로 인하여 고통속에 있거나
고통속에 생명력을 잃고 죽어가는 상황을 의미합니다.
행성의 진화가 멈춘다는 것은
행성마다 하늘에서 준비하고 계획한 진화의 과정이 있는데
진화의 과정이 정체되거나
더 이상 진화할 수 없음을 의미합니다.

행성의 진화가 멈춘다는 것은

행성의 모순을 해결하지 못하게 되면

결국은 행성의 소멸로 이어질 수밖에 없음을 의미합니다.

행성마다 행성의 진화를 담당하고 있는 존재들이 있습니다.

행성의 진화를 책임지고

행성의 진화를 이끌고 있는 존재들을

우주에서는 영단 책임자라고 부릅니다.

영단의 최고 책임자는

우주에서 13차원의 관리자 그룹들이 주로 맡고 있습니다.

신생 은하와 탄생된지 얼마 되지 않은 행성의 영단 책임자는

11차원의 관리자들이 맡고 있으며

대우주에서 차지하는 비율은 약 35% 정도입니다.

물질문명의 가장 높은 차원은 12차원입니다.

행성의 영단을 책임지는 영단의 최고 책임자의 우주적 신분은

13차원 1단계에서부터 15단계의 관리자 그룹이 65%를 맡고 있으며

11차원 1단계에서부터 15단계의 관리자 그룹이

10차원 이하의 행성에 물질문명을 관리하고 있습니다.

행성이 진화를 하다가

10차원 15단계의 진화 단계를 다 거치고 나면

12차원의 물질문명으로 진입하게 됩니다.

이때 그 행성의 영단 역시

11차원의 관리자 그룹에서 13차원 관리자 그룹으로 변경하여

지속적인 행성의 진화를 담당하게 되는 것이

대우주의 행성 진화의 법칙입니다.

행성의 영단에

13차원의 관리자 그룹이 파견되어 있는 행성일수록

오래된 은하이며 오래된 행성입니다.

행성의 영단에

11차원의 관리자 그룹이 파견되어 있는 행성일수록

신생 은하나 신생 행성입니다.

우리은하인 네바돈 은하는 신생 은하이기 때문에

11차원의 관리자 그룹이 담당하고 있는 행성이

약 65%를 차지하고 있습니다.

13차원의 관리자 그룹이 행성의 영단을 관리하는 행성은

네바돈 은하에서는 약 35% 정도가 됩니다.

11차원의 관리자 그룹이 영단을 관리하는 행성은

단일 차원의 행성이 많으며

단일 종족인 경우가 많으며

복잡하지 않은 행성의 구조를 가진 경우가 많이 있습니다.

대우주의 7주기에는

9차원의 관리자 그룹이 담당하는 행성 또한

준비되고 있음을 전합니다.

지구 행성을 예로 들면

지구 행성의 영단은 5차원에 존재하며

대백색 형제단이라고 합니다.

대백색 형제단의 수장은 13차원의 관리자 그룹이 맡고 있으며

13차원의 관리자 그룹의 아바타가

지구 행성의 영단 최고 책임자가 되는 것입니다.

지구 행성의 가이아 의식은
17차원 관리자 그룹이 맡고 있습니다.
행성의 가이아는 행성 영단의 상징적인 존재이지만
행성의 진화에는 직접적으로 관여하지 않는 것이 일반적입니다.

행성 영단의 책임자들은
행성의 진화 로드맵을 정하고
행성의 진화를 책임지는 존재들입니다.
행성의 정상적인 진화 과정에 문제가 발생하거나
행성 간의 갈등이나 분쟁으로 인한 카르마가 발생하게 되면
행성의 진화를 담당하고 있는 영단의 책임자들이
책임을 지고 해결해야 합니다.
영단의 책임자들이 자신의 행성의 모순을 해결하고
행성의 카르마들을 해결하기 위해 참여하는
대우주의 프로그램이 있습니다.

대우주의 한 주기가 마무리되고
대우주의 한 주기가 시작되는 시점에
한 주기를 열어가기 위한 종자행성으로 준비된
행성의 차원상승에 참여하여
종자행성으로 준비된 행성의 차원상승을 성공시킨 후
그 공을 하늘이 평가한 후
창조주로부터 행성의 카르마를 해소받고
창조주로부터 행성의 모순을 해결하는 빛을 전달받고
행성을 재건하는 프로젝트가 시행되는 것이 우주의 진화 법칙입니다.

그 일이 지금
대우주의 7주기를 열기 위한 종자행성으로 준비된
지구 행성에서 일어나고 있습니다.
지구 행성의 차원상승에 참여한
외계 행성에서 온 빛의 일꾼 그룹들은
자신의 행성의 카르마를 가지고
자신의 행성의 모순을 짊어지고
우주의 십자가를 지고
지구 행성에 빛의 일꾼의 신분으로
지구 행성의 차원상승을 돕고자
지구 행성에 지구 영단을 통해 입식되었습니다.
자신의 행성의 카르마를 해결하기 위해
창조주께서 직접 주관하는
대우주의 새로운 주기를 시작하기 위해 준비된
종자행성 지구의 차원상승을 돕기 위해
우주의 십자가를 지고
우주의 군인 신분으로
아보날의 수여를 도와주기 위해
참여한 그룹들이 있습니다.

지구 차원상승의 타임라인에 맞추어
외계 행성에서 온 빛의 일꾼들은
의식이 깨어나게 될 것입니다.
자신의 행성이 처한 상황들을 기억하게 될 것이며
괴로워하게 될 것입니다.

모든 빛의 일꾼들은

자신의 의식이 깨어나는 타임라인이 있으며

한 치의 오차없이 깨어나

자신의 임무와 역할들을 수행하게 될 것입니다.

지금 현재 지구 행성의 차원상승을 위해

자신의 행성의 카르마를 해결하기 위해

우주의 십자가를 지고

지구 행성에 육신의 옷을 입고 들어와 있는

다양한 행성들의 영단 책임자들 중에서

약 153개 행성의 영단의 최고 책임자들이

이 프로젝트에 자발적 참여를 신청하였습니다.

이들 중에 하늘의 엄격한 심사를 통해

이번 주기에 카르마를 해소할 수 있는 행성들은

83개로 최종 선정되었습니다.

대우주에 문제가 있는 행성이 어찌 83개 밖에 없겠습니까?

지구 차원상승에 참여하여 공을 세운 뒤

자신의 행성의 카르마를 해소하기로 예정된

83개의 행성들 중에는

똑같은 카르마를 가진 행성은 없으며

상징성이 있는 행성들이 선정되었습니다.

이들 중 58개의 행성은 행성의 상황이 심각한 상태이며

25개의 행성은 현시점에서는 심각한 상황은 아니지만

행성의 진화의 방향성을 잃기 시작한 행성들이 포함되었습니다.

58개의 행성에서 지구에 들어온 인구는

1만 5천명 정도가 인간의 육신의 옷을 입고 살아가고 있습니다.

25개 행성 중 첫번째 그룹은

현시점에서는 크게 문제점이 없어 보이지만

행성이 진화의 방향성을 잃기 시작한 행성들이 있습니다.

25개 행성 중 두번째 그룹은

호모 사피엔스(인간)를 입식하기 위한 시범 행성이 있습니다.

25개 행성 중 세번째 그룹은

단순하고 단조로운 행성이

복잡하고 다양한 다차원 행성으로 진화하기 위해

모든 차원이 들어와 있는 다차원 행성인

지구 행성에 들어와서 견습하고 있는 행성이 있습니다.

25개 행성에서는

지구 행성에 8천명 정도를 파견하여

지구 차원상승을 돕기 위해

빛의 일꾼으로 준비되고 있습니다.

영단의 최고 책임자들을 보좌하고 지원하기 위해

2만 3천명이 들어와서

빛의 일꾼들로 준비되고 있습니다.

지구 행성의 차원상승 과정 중

지축 이동 후 지구 행성의 물질문명의 재건과

정신문명의 재건을 돕기 위해

83개의 행성의 영단에서 파견한 빛의 일꾼들

약 9천명 정도가 지구 영단에서 대기 중에 있습니다.

외계 행성에서 우주의 십자가를 지고
행성의 모순을 해결하기 위해 온 빛의 일꾼들이 속한 행성들을
행성의 카르마의 정도에 따라
행성의 상황이 심각한 정도에 따라 분류하면
6등급으로 분류됩니다.

첫번째 그룹
25개 행성으로 구성되어 있으며
지구 행성의 차원상승 후
역장의 해제 후
지상의 자미원이 건설된 후에
가장 나중에 자신들의 행성의 운명이 결정되는 그룹

두번째 그룹
고차원의 행성 그룹으로
정신문명과 물질문명의 균형을 잃어버리고
행성에 문제점이 발생하고 누적되기 시작하는 행성 그룹
행성의 진화 방향을 결정하기 위해서 온 그룹

세번째 그룹
행성의 진화 과정상
정상적으로 행성의 진화가 이루어지지 못함으로써
행성의 진화가 지연되거나
행성이 정상적인 진화의 궤도를 벗어난 경우

네번째 그룹

행성의 진화 과정 중에

물질문명과 정신문명 간의 균형이 심각하게 무너지면서

행성의 모순이 발생한 경우

행성의 생명체의 50% 이상이 고통을 받거나

행성의 환경이 50% 이상 파괴된 경우

다섯번째 그룹

생명체와 자연 생태계에 대한 우주의 법칙에서 벗어나

생명체에 대한 과도한 실험으로 인하여

행성의 환경에 대한 과도한 실험이나 남용으로 인하여

생명체의 70% 이상이 고통을 받거나 행성의 진화가 멈춘 행성

여섯번째 그룹

행성의 모순으로 생명체의 진화가 멈추고

생명체의 90% 이상이 소멸되어 행성의 소멸을 앞두고 있는 행성

시절인연에 의해

대우주의 비밀을

우데카 팀장이 전합니다.

시절인연이 있는

의식이 깨어나고 있는

외계 행성에서 온 빛의 일꾼들의 건승을 빕니다.

빛의 일꾼과
외계 행성에서 온 빛의 일꾼들의 차이점

◈ 빛의 일꾼들의 특징

- 빛의 일꾼 144,000명

- 아보날 그룹

- 상승하는 영혼 그룹

◈ 빛의 일꾼 그룹의 우주적 신분 정리

- A그룹 : 지도자 그룹

  14차원 11단계 ~ 14차원 15단계의 영혼

- B그룹 : 중간 관리자 그룹

  14차원 6단계 ~ 14차원 10단계의 영혼

- C그룹 : 실무 관리자 그룹

  14차원 1단계 ~ 14차원 5단계의 영혼

- D그룹 : 하위 관리자 그룹

  12차원 11단계 ~ 12차원 15단계의 영혼

- 우주에서 오래된 나이든 영혼들이며

  인황들의 출현이자 미륵들의 출현을 의미함

- 사랑의 에너지를 많이 가지고 온 영혼들

- 창조주의 통치를 뒷받침하는 우주 군인

- 창조주 앞에서 선서를 하고 온 우주 군인

- 자신의 영혼의 진화를 걸고 온 우주 군인

- 어둠의 일꾼들은 24만 명 중 8% 정도만이

  지구 차원상승 과정에서 살아남아서 빛의 일꾼의 역할을 할 예정
- 지저인들은 분류상으로는 외계 행성으로 분류하며

  그들의 임무 또한 일반 빛의 일꾼들과는

  다른 성격의 임무와 역할을 가지고 있음
- 빛의 일꾼의 길을 포기할 시에 영혼의 진화가 멈추고

  이것을 만회하기 위해서는

  지금의 삶보다 상상할 수 없는 인고의 삶을 살아야 원상복귀 가능

  영혼의 소멸까지도 걸고 창조주 앞에서 선서함

◆ 외계 행성에서 온 빛의 일꾼들의 특징

- 자신의 행성의 모순을 해결하고자 온 그룹
- 우주의 십자가를 지고 지구 행성에 온

  영단의 최고 책임자와 그를 보좌하는 그룹
- 외계 행성에서 온 빛의 일꾼들의 우주적 신분

  A그룹 : 13차원의 관리자 그룹

  B그룹 : 13차원의 관리자 그룹을 보좌하는 그룹

  C그룹 : 행성의 차세대 관리자 그룹, 11차원 관리자 그룹

- 창조주 앞에서 선서를 하지 않은 그룹
- 창조주의 약속(언약)을 믿고 지구 차원상승을 돕기 위해 온 그룹
- 자신의 행성의 모순을 해결하고

  자신의 행성을 재건하고

  진화가 멈춘 행성을 바로잡기 위해

  지구 행성으로 들어온 영혼

- 우주의 십자가를 지고 지구 행성에 온 우주의 행정가 그룹으로
  13차원과 11차원의 관리자 그룹을 말합니다.
- 하강하는 영혼 그룹
- 타임라인상 의식이 제일 먼저 깨어나는 그룹
- 어둠의 정부에 가장 많이 협력하고 있는 그룹
- 지축 이동 후 지구 행성에
  새로운 물질문명과 정신문명을 건설하는데 꼭 필요한 그룹
- 지축 이동 후 지구 행성에
  새로운 물질 매트릭스와
  새로운 정신문명의 매트릭스를 설치하는 역할을 가지고 있음
- 우주의 입장에서 볼 때
  하늘의 입장에서 볼 때
  창조주의 입장에서 볼 때
  대우주의 진화 과정상에 나타난 모순을 해결하고 가야 하는
  중대한 일입니다.
  그 일을 해결하기 위해 우주의 십자가를 지고 온
  외계 행성에서 지구로 온 빛의 일꾼들의 역할과 임무 수행이
  대우주의 진화와 직접적인 관련이 있는 중차대한 일이며
  실패할 수도 없으며
  반드시 성공해야만 하는 프로젝트입니다.

  외계에서 온 빛의 일꾼들이
  빛의 일꾼의 길을 포기하면
  자신의 행성이 진화를 멈추거나
  자신이 맡고 있는 행성의 소멸로 이어집니다.

자신의 영단에서도 받아주지 않으며
지구 영단에서도 추방되어
우주 어디에도 갈 곳 없는 우주의 미아가 됩니다.
지구 행성의 차원상승은 우주적인 사건이며
대우주의 축제이며
하늘의 뜻이 땅에서 반드시 이루어져야 하는 행사입니다.
대우주의 7주기를 시작하는 첫 출발점이며
대우주의 지속적인 진화를 위해
반드시 성공을 이루어야 하는 행사입니다.
지구 행성의 차원상승은
창조근원의 뜻이 땅에서 펼쳐지는
대우주의 서사시이며
창조주의 뜻이 땅에서 완성되는
대우주의 프로젝트입니다.

우주의 탄생과 함께 탄생한 영혼들 중에
가장 오래되었으며
가장 진화한 영혼들인 빛의 일꾼 144,000명은
하늘의 뜻을 땅에서 펼치는 인황들인 동시에
세상을 구할 미륵들입니다.

외계 행성에서 우주의 십자가를 지고 온 빛의 일꾼들은
지구 차원상승 과정에서 공을 세우고
그 대가로 자신의 행성의 모순을 해결해야 하는
막중한 임무를 띠고 오신 분들입니다.

외계 행성에서 온 빛의 일꾼들이
144,000명의 빛의 일꾼들보다
먼저 의식이 깨어나게 될 것입니다.

외계 행성에서 온 빛의 일꾼들의 건승을 빕니다.
빛의 일꾼들의 건승을 빕니다.
당신들 모두는 하늘 사람들입니다.
하늘의 뜻을 땅에서 펼치는 하늘 사람들입니다.

빛의 일꾼들의 건승을 빕니다.

외계 행성에서 온 영혼들의 우주적 신분

지구 행성에 들어와서 살고 있는 외계 행성에서 온 영혼들은
75억 인구 중에 약 12% 정도가 살고 있습니다.
지구 인류들과 같은
호모 사피엔스(인간)의 옷(육신)을 입고 살아가기 때문에
겉으로 보면 구분이 잘 가지 않지만
영혼의 에너지를 느끼는 분들은 구분이 가능합니다.

지구 행성의 차원상승 과정에서
지구 행성의 지축 이동의 격변의 상황에서
육신의 옷을 벗고
자신의 영혼이 속한 영단으로 돌아갈 영혼들인
외계 행성에서 온 영혼 그룹들은 5개 그룹으로 나눌 수 있습니다.
이들의 우주적 신분은 다음과 같습니다.

첫번째 그룹
- 행성을 경영하다 행성을 망하게 한 영단의 최고 책임자들이
  지구 행성에 들어와서 자신의 행성 카르마를 해소하고 있는 경우
    - 정신문명과 물질문명의 불균형으로 인해 행성이 멸망한 경우
    - 영단 책임자의 무능력으로 인하여 행성이 멸망한 경우
    - 과도한 유전자 조작이나 과학기술 문명의 남용으로 인하여
      그 결과로 행성이 멸망한 경우

- 행성이 고유한 진화 여정에서 벗어나
  행성의 진화가 멈춘 행성의 관리자 그룹

- 행성이 멸망하고 행성의 영단이 폐쇄된 경우
  행성의 영단을 관리하던 관리자 그룹들이
  자신의 우주적 카르마를 가지고
  지구 행성에 들어와서 살고 있는 그룹

- 행성을 재건하기 위해
  행성의 주기를 새로 시작하기 위해
  지구 행성에서 재기를 위해 준비하는 그룹

두번째 그룹
- 대우주의 법칙을 어겨 대가를 치루고 있는 그룹의 리더자들이
  지구에 들어와서 자신의 카르마를 해소하며 살고 있음
  - 우주 해적으로 살면서 약탈을 하다 지구 행성으로 유배된 경우

- 타행성을 침범하여 식민지를 건설한 행성 영단의 최고 책임자나
  관리자 그룹의 영혼들이 자신의 카르마를 해소하기 위해
  지구 행성에 유배를 온 경우

- 타행성의 침입을 받아 식민지 행성으로 전락된
  자신의 행성을 재건하기 위해
  영단의 최고 책임자나 영단의 차세대 그룹의 리더들이
  지구 행성에서 리더십 훈련을 받고 있는 경우

- 타행성에 유해한 방사능 물질이나 생물학적 무기나
  유해한 물질들을 확산시킨 그룹의 리더자들이
  자신의 카르마를 해소하기 위해 지구 행성에 유배된 경우

세번째 그룹

- 행성의 진화 주기에 맞추어
  호모 사피엔스(인간)를 입식하기 위하여
  인간의 옷을 입고 먼저 지구 행성에서 경험이 필요한
  영단의 관리자들이나 최고 책임자 그룹들이 있습니다.
  - 새롭게 리셋된 자신의 행성에서
    아담과 이브 프로젝트를 진행하기 위해 준비되는 영혼 그룹

- 새롭게 리셋되어 새로운 행성의 주기를 진행하기 위해
  행성의 진화 프로그램을 짜기 위해
  지구에서 인간의 옷을 입고 삶을 체험하는 영혼 그룹이 있습니다.
  - 영단의 최고 책임자 그룹

네번째 그룹

- 망한 행성의 영단의 관리자나 최고 책임자가 아닌
  망한 행성의 영단에 속한 영혼 그룹들이
  자신의 행성의 재건을 위해
  지구 차원상승 프로젝트에 참여한 경우
  - 대규모로 지구 행성에 들어와서 자신의 행성의 모순을 극복하고
    자신의 행성의 카르마를 해소하는 과정에 있는
    관리자 그룹의 영혼이 아닌 일반 영혼 그룹이 있습니다.

- 지구 차원상승 과정에서 육신의 옷을 벗고
  자신의 영단으로 돌아가서 영단의 최고 관리자 그룹들을 도와
  행성을 재건하기 위해 파견된 영혼 그룹이 있습니다.
- 망한 행성 소속의 영혼들 중
  지구 차원상승 후 스타시드의 역할을 위해
  지구 행성에서 살아갈 영혼 그룹이 있습니다.

다섯번째 그룹

- 자신이 속한 행성이 멸망하고
  자신이 속한 영단이 폐쇄되어
  영혼의 진화를 더 이상 할 수 없게 된 영혼들 중
  비교적 카르마가 적은 영혼들은
  그 영혼과 에너지 파장이 비슷한 행성의 영단에
  주민등록을 이전을 하듯 이주한 영혼 그룹들이 있습니다.
  지구 행성의 영단에 편입된 영혼들은
  지구 행성의 진화 로드맵에 따라 물질 체험을 하면서
  진화를 하게 됩니다.

- 유학을 가듯 지구 영단에서 잠시 머물며
  지구 행성에서 물질 체험을 하다가
  자신의 행성으로 돌아갈 영혼 그룹들이 있습니다.

- 지구 행성의 차원상승 과정에서
  다섯번째 그룹들은 모두 육신의 옷을 벗고
  지구 행성의 영단을 떠나게 될 것입니다.

이들의 대부분은 지구 태양계 중 하나인
금성의 영단으로 대규모 입식(이주)될 예정이며
금성의 영단에 편입되어
금성의 행성 주기에 따른
영혼의 물질 체험이 이루어질 예정입니다.

지구 행성의 물질문명의 종결을 앞두고
지구 행성의 새로운 리셋(개벽)을 앞두고
지구 행성의 새 하늘과 새 땅을 앞두고
의식이 깨어나고 있는 빛의 일꾼들과
의식이 깨어나야 할 하늘 사람들과
지구 행성의 격변(지축 이동) 후
역장(안전지대)에서 살아남아
새로운 정신문명을 열게 될 인류들을 위해
기록의 필요성이 있어
우데카 팀장이 이 글을 남깁니다.

외계 행성에서 온
빛의 일꾼들의 우주적 카르마

우주에 똑같은 행성은 없습니다.

행성마다 고유한 특성이 있으며

행성마다 대기 환경이 다르며

행성마다 중력과 밀도가 다르며

행성마다 살고 있는 생명체가 다릅니다.

행성마다 살고 있는 인종이 다르며

행성마다 우점종이 다릅니다.

행성마다 물질문명의 발달 정도가 다릅니다.

행성마다 정신문명의 수준 또한 다릅니다.

행성마다 파라다이스에서 공급되는 빛의 종류가 다릅니다.

행성마다 파라다이스에서 공급되는 빛의 진동수가 모두 다릅니다.

행성마다 설치된 에너지막이 다르며

행성마다 진화의 여정이 다르기에

행성마다 영단의 특성 또한 다양하게 존재합니다.

행성의 진화를 담당하고 있는 최종 책임자들이 있는 곳을

그 행성의 영단이라 합니다.

행성의 영단 책임자들은

창조주가 홀수 차원의 관리자들인

7차원과 9차원과 11차원과 13차원 중에서

행성의 특성에 최적화된 사고조절자를 부여함으로써

행성의 영단이 설치되어
행성의 진화를 책임지게 됩니다.
행성의 진화 로드맵을 짜고
행성의 진화 과정에 따른 세부적인 계획이
파라다이스의 승인을 거친 후
16차원에서 행성에 최적화된 영혼들이 탄생되어
행성의 영단에 배치됩니다.

행성의 영단 책임자들이
행성의 진화에 최적화된 존재들로 임명되고 난 후에
그 행성에 최적화된 영혼들이 입식되고 나면
행성의 영단이 본격 가동되는 것입니다.
A라는 행성의 우점종이 파충류 중에 렙탈리언이라면
렙탈리언들이 살아갈 수 있는
최적화된 행성의 대기환경이 조성됩니다.
우점종인 렙탈리언들에게 최적화된 생태계 환경들이
파라다이스의 빛의 생명나무팀을 통해 조성됩니다.

A라는 행성에 살아가는 생명체들에게 들어가서
영혼의 물질 체험을 하기로 예정되어 있는 영혼들이
16차원에서 맞춤형으로 탄생이 되어
A라는 행성으로 입식됩니다.
A라는 행성의 영단에 들어와서 살아도 큰 지장이 없는 영혼들이
주변의 항성계나 은하계에 영혼들을 모집한다는 공고를 통해서도
영단에 영혼들이 입식됩니다.

행성의 특성에 맞는 영혼들을 엄격한 심사를 통해 선정하여

행성의 영단이 구성되면서

A라는 행성의 진화와 함께

A라는 행성에서 영혼의 물질체험을 통한

영혼의 진화 과정이 시작되는 것입니다.

지구 행성에 들어와 살고 있는

외계 행성에서 들어온 빛의 일꾼들은

모두 영단을 책임지고 있는 관리자들로 구성되어 있습니다.

외계 행성에서 들어온 빛의 일꾼들은

행성의 진화 과정에서 문제가 생긴 행성들의 관리자 중에서

핵심 당사자들이 테라 프로젝트에 참여하고 있는 것입니다.

행성의 영단을 관리하는 책임자들이

행성의 진화를 하는 과정에서 문제가 발생하는 경우가 있습니다.

행성 간에 전쟁이 발생한다거나

행성의 생태환경이 과도한 실험 등으로 파괴되어

생명체가 살아갈 수 없게 되는 경우가 발생하게 됩니다.

행성의 과학기술 문명의 수준이 발달하여

창조주 흉내를 내다

생명체의 유전자 정보들이 파괴되거나

돌연변이의 발생으로

행성에 더 이상 생명체가 살아갈 수 없게 되는 경우도 있습니다.

행성의 과학기술 문명의 발달 과정 중에

방사능 문제를 해결하지 못해 멸망해 가는 행성들도

대우주에는 많이 존재합니다.

행성의 과학기술 문명이 최고로 발달하여
기계 생명체를 만들다 부작용으로 인하여
생명체의 고유한 특성을 잃어버린 행성들도 있습니다.

대우주에는 다양한 행성들이
바닷가의 모래알보다도 더 많이 존재합니다.
다양한 행성들 중에
정상적인 진화 과정에서 이탈하여 행성의 진화가 멈추거나
행성의 자체 모순으로 인하여
소멸 직전에 있는 행성들 또한 존재합니다.

행성들 중에는 정신문명과 물질문명의 부조화로 인하여
문제가 생긴 행성들이 가장 많이 존재합니다.
행성들 중에는 처음 행성이 셋팅될 때에
행성에 맞는 고유한 에너지장과 에너지막이
창조주에 의해 설치되는데
행성의 과학기술 문명이 발달하는 과정에서
이것을 인위적으로 바꾸려다 문제가 발생하여
행성에 살고 있는 생명체들이 고통에 시달리고
행성이 소멸되기 직전까지 간 행성들도 많이 있습니다.

행성들 중에는
하늘에서 실험중에 있는 단일행성이 있으며
하늘에서 실험중에 있는 실험행성들이
우주 곳곳에 많이 존재하고 있습니다.

행성들 중에는
하늘에서 실험중에 있는 다차원 행성들이 있으며
하늘에서 특정한 종족을 위한 실험행성들이 있으며
대우주가 진화하는데 꼭 필요한 정보와 데이터를 확보하기 위해
하늘에서 다양한 환경과 다양한 조건들 속에서
실험하는 행성들 또한 많이 존재하고 있습니다.
행성들 중에는
인종들마다 필요한 종자행성들 또한 존재하고 있습니다.

대우주를 경영하는 창조주의 입장에서 보면
대우주를 경영하는 하늘의 입장에서 보면
시행착오는 불가피한 것입니다.
시행착오를 줄이기 위해 다양한 실험들을 할 수밖에 없으며
시행착오를 줄이기 위해
하나의 행성에서 하나의 실험만이 진행되는 것이 아니라
복잡하고 다양한 실험들을 할 수밖에 없습니다.
실험행성에서 추출된 데이터와 정보를 바탕으로
대우주는 한발 한발 안정적으로 진화를 하게 되는 것입니다.

지구 행성에 들어와 있는
외계 행성에서 온 빛의 일꾼들은
모두 하늘의 실험을 담당했던 행성들의 최고 책임자들이며
행성의 영단을 책임지고 있는 관리자들의
아바타들로 구성되어 있습니다.
대우주에서 우연히 일어나는 일은 없습니다.

모든 것이 하늘의 완전한 통제속에서
모든 것이 하늘의 계획속에서
다양한 실험들이 진행되는 것입니다.
이 실험 계획을 알고 자신을 희생해가며
이 실험들에 참여한 책임자 그룹의 아바타들이
지구 행성에 빛의 일꾼의 우주적 신분을 가지고 들어와
활동하고 있는 것입니다.
대우주의 진화를 위하여
하늘의 일을 우연을 가장하여
아무도 모르게 아무도 모르게 수행하다가
문제가 발생하게 된 것입니다.

외계 행성에서 온 빛의 일꾼들은 공적인 카르마를 가지고 있는데
이것을 우주의 십자가라고 합니다.
외계 행성에서 온 빛의 일꾼들이
자신의 행성에 문제가 생긴 것에 대한 공적인 카르마는
그 행성의 영단 책임자에게만 문제가 있는 것이 아닙니다.
대우주가 진화를 하다 보면
어쩔 수 없이 발생할 수밖에 없는 공적인 카르마가 있습니다.
이것은 창조주의 아픔이며
해결할 수밖에 없는 대우주의 카르마입니다.

대우주의 카르마를 해소하기 위해
대우주에서 한 주기가 마무리되고
새로운 주기가 시작이 될 때

우주의 카르마들을 모두 한곳에 모아놓고

우주의 카르마들을 모두 한 행성에 펼쳐놓고

우주의 카르마들을 모두 해소하는

대우주의 행정적 절차가 있습니다.

그 행정적 절차가 대우주의 7번째 주기를 열기 위해 준비된

실험행성이면서 종자행성인

지구 행성에서 펼쳐지고 있는 것입니다.

대우주의 주재자인 창조주께서

직접 주관할 수밖에 없는 아주 중요한 행사입니다.

그 행사가 바로 지구 행성에서

개벽이라는 이름으로

차원상승이라는 이름으로 펼쳐지고 있는 것입니다.

대우주의 카르마가 해소되는 행정적 절차가

대우주가 안정적으로 진화하기 위해

하늘 스스로 정한 대우주의 법칙을 지키기 위해

대우주의 주재자께서 직접 주관하고 있는 행사가

지구 차원상승이 갖는 우주적 의미입니다.

외계 행성에서 온 빛의 일꾼들은 영단의 책임자들로서

행성의 공적인 카르마를 해소하고

행성의 진화를 새롭게 책임져야 하는 운명을 가지고 있습니다.

카르마는 지은 사람이

카르마는 맺은 당사자가 반드시 풀어야 하는 것이

우주의 법칙입니다.

외계 행성에서 지구 행성에 온 빛의 일꾼들은
자신에게 주어진 자유의지의 남용으로
행성의 진화에 문제를 일으킨 공적인 카르마와
개인의 카르마 모두를 가지고 있습니다.
지구 차원상승 과정에서
지구 행성의 차원상승을 도와주는 대가로
개인의 카르마와 공적인 카르마를
모두 해소받게 되어 있습니다.
대우주의 7번째 주기를 열기 위해 준비된 종자행성인
지구 행성의 차원상승 과정에서
대우주의 비밀들을 자연스럽게 알게 될 것이며
그동안 알지 못했던 대우주의 법칙 또한
몸으로 직접 배우고 익히게 될 것입니다.
대우주가 순행하는 원리를 몸으로 익히고 배우게 될 것이며
지구 행성에서 배운 대우주의 진리를
자신의 영단의 진화와 경영에 접목하기 위해
지구 행성의 차원상승에 참여하고 있는 것입니다.

지구 차원상승이 이루어지고 나면
외계 행성에서 온 빛의 일꾼들에 대한
하늘의 엄중한 평가가 있을 예정입니다.
이 평가 결과에 따라 자신이 운영하던 행성의 운명이
최종적으로 결정이 날 예정입니다.

외계 행성에서 온 빛의 일꾼들의 건승을 빕니다.

외계 행성에서 온
영혼들의 카르마가 해소되는 원리

외계 행성에서
지구 행성에 들어와 살고 있는 영혼들의 우주적 신분은
행성의 진화를 담당하고 있던 행성 영단의 책임자들입니다.

행성 영단의 책임자들은
행성의 진화 로드맵을 짜고
행성의 진화 로드맵에 따라
행성을 관리하고 운영하고 있습니다.
행성 영단의 책임자들은
행성 영단에 속한 일반 영혼들과는 다릅니다.

행성 영단에 속한 일반 영혼들은
자신의 영혼의 진화를 위해 윤회를 통해
물질 체험을 하고 있습니다.
행성 영단에 속한 일반 영혼들이
물질 체험의 과정중에 저지른 자신의 과오는
윤회를 통해 카르마를 해소하면 됩니다.

행성 영단의 책임자들은 일반 영혼들에 비해
최소 5배에서 30배 이상 영 에너지가 크며
부여된 사고조절자 또한 10배 이상 차이가 납니다.

행성 영단의 책임자들은
큰 영 에너지와 많은 수의 사고조절자를 통해
행성의 진화를 책임지고 있습니다.

행성 영단의 책임자들은
행성의 일반 영혼들처럼 윤회를 함부로 할 수가 없습니다.
행성 진화의 로드맵에 따라
행성 진화의 변곡점이 있을 때마다
제한된 윤회를 통해
행성의 운명을 쥐고 있는 중요 인물로 태어나게 됩니다.

행성 영단의 책임자들은
육신의 옷을 입고 역할을 하다 카르마가 발생할 경우
자신의 행성에서 카르마를 해소할 수 없도록
우주의 법칙으로 정해져 있습니다.
행성 영단의 책임자들은
행성 진화의 중요한 변곡점이 있을 때
게임 체인저나 문명 체인저를 할 수 있는
큰 에너지를 가지고
하늘의 프로그램을 가지고
육신의 옷을 입고 막중한 임무를 수행하게 됩니다.
행성 영단 책임자들이 육신의 옷을 입고 태어나서
직접 행성의 진화를 이끌게 됩니다.
행성 영단 관리자들이 남기는 카르마는
일반 영혼이 남기는 카르마와는 다릅니다.

행성 영단 관리자들에게 카르마란
행성이 정한 진화 경로를 벗어나게 되는 경우를 말합니다.
행성이 고유한 진화 경로를 벗어나게 되면
그 모순으로 인하여 결국은 행성이 폐망의 수순을 밟게 됩니다.
행성 영단 책임자들에게 발생한 카르마는
행성의 멸망을 의미합니다.

행성의 영단 책임자들의 카르마로 인하여
행성의 진화가 멈추거나
행성의 진화 로드맵이 어긋나
행성이 멸망한 경우에
우주에서는 이것을 우주의 카르마라고 합니다.

행성의 영단 책임자들의 우주의 카르마로
행성의 영단이 폐쇄되거나
행성이 멸망되고 다시 리셋이 되는 경우에
행성의 영단 책임자들은 자신의 행성이 사라졌기 때문에
자신의 우주의 카르마를 해소할 수 있는 행성이
없어진 것과 같습니다.

우주의 카르마를 가진
영단 책임자들과 영단의 관리자들은
지구 행성과 같이
우주의 카르마를 해소할 수 있는 종자행성에서만
자신들의 카르마를 해소할 수 있습니다.

이웃 행성이나 다른 행성의 영단에서는
그들을 받아주지 못하도록
우주의 법칙으로 정해져 있습니다.

우주의 카르마를 가진 영단의 책임자들과
우주의 카르마를 가진 영단의 관리자들과
행성과 공동 운명체를 가진 영단에서 오래된 영혼들은
자신들의 우주의 카르마를 해소하기 위해
자신들의 행성을 재건하기 위해
지구 행성과 같은 종자행성의 영단에 들어와서
카르마를 해소할 수밖에 없습니다.
우주의 카르마를 가지고 있는
행성 영단의 책임자들은
자신들을 받아줄 행성이 나타날 때까지
지구 행성과 같은 종자행성의 영단에 들어오기까지
수백만 년 이상을 우주 감옥에 갇혀 있어야 됩니다.

지구 행성은
우주의 카르마를 해소하기 위해
창조주에 의해 종자행성과 실험행성으로 선정된
귀하고 귀한 행성입니다.
우주의 카르마를 가진 실패한 영단의 책임자들에겐
지구에서의 고달픈 삶이
자신의 카르마를 해소할 수 있는 유일한 곳이자
유일한 방법이기 때문입니다.

우주의 카르마를 가진
행성 영단의 책임자들과 관리자들과
공동 운명체인 오래된 영혼들은
자신의 카르마의 내용에 따라
적게는 5번의 윤회를 통해
많게는 10번 정도의 윤회를 통해
자신의 카르마를 해소하고 있습니다.

이것이
외계 행성에서 온 영혼들의 슬픈 운명입니다.
외계 행성에서 온 영혼들의 건승을 빕니다.

외계 행성에서 온 영혼들의 카르마 유형

지구 행성에 살고 있는 인류 중 약 12%는
외계 행성에서 온 영혼들입니다.
외계 행성에서 살다가 죄를 짓고
자신의 행성의 영단이나 자신의 행성에서 쫓겨나
감옥 행성인 지구 행성에 들어와서 살고 있는 사람들이 있습니다.

우주에서의 죄는 옳고 그름을 말하지 않습니다.
우주에서의 죄는
생명체에 대한 존중없이 행한
생명체에 대한 과도한 실험과 학대와 학살을 의미합니다.
우주에서의 죄는
영혼의 물질 체험을 하는 영혼들이
과도한 호기심으로 인하여
하늘에 대한 무지로 인하여
영혼들의 자만과 교만으로 인하여
창조주의 신성한 영역을 침범하여
행성의 자연 환경을 파괴하여
행성에 어떠한 생명체들도 살지 못하게 하거나
인위적으로 생명체들의 원형들을 파괴시켜
행성에 입식된 생명체들이 대부분 멸종하여
더 이상 영혼들의 물질 체험을 하지 못하게 하는 경우를 말합니다.

외계 행성에서 죄를 짓고 온 영혼들은
지구 행성에서는 이들을 가리켜 칠성줄을 가지고 태어났다고 하며
태어날 때부터 원죄를 가지고 태어난 사람들입니다.
외계 행성에서 지구 행성에 들어와 살고 있는 영혼들의
우주적 카르마(원죄)의 유형은
다음과 같습니다.

◈ 첫번째 그룹
영단 책임자나 영단 관리자들

첫번째 유형
행성의 영단을 운영하던 최고 책임자나
행성의 영단을 관리하던 관리자들이
자신의 행성의 진화 로드맵을 잘못 작성하고
자신의 행성의 진화 로드맵을 잘못 운영하여
행성이 멸망한 경우가 있습니다.
행성 영단의 책임자나 관리자들은 이 경우에
가장 큰 카르마를 남기게 됩니다.

두번째 유형
행성의 영단의 최고 책임자와 영단의 관리자들은
트윈플레임이나 삼중불꽃을 통해
자신의 행성에 2명이나 3명을
문명 체인저나 게임 체인저 등의 중요 인물로 육화시켜서
행성을 직간접적으로 운영할 수 있는 막중한 권한들이 있습니다.

자신의 행성에 육화된
행성 관리자들의 아바타들의 잘못이나 실수로 인하여
행성이 멸망하는 경우가 있습니다.

세번째 유형

행성의 영단 최고 책임자나 행성의 관리자들이
행성 주민들을 관리하지 못해서
행성 주민들에 의해 행성이 멸망한 경우
행성 영단의 관리자들이
자신들의 우주의 카르마를 가지고
감옥 행성인 지구 행성으로
칠성줄을 가지고 들어온 경우가 많습니다.

네번째 유형

우주에는 다양한 실험행성들이 존재합니다.
우주의 진화와 새로운 창조를 위해
하늘은 실험행성에서 다양한 실험들을 하게됩니다.
실험행성을 운영하던 영단 책임자나 영단의 관리자들이
자신들에게 부여된 실험의 권한 밖의 것들을 실험하다가
행성을 멸망으로 이끈 행성 관리자들이
자신들의 카르마를 풀기 위해 지구 행성에 들어와 있습니다.

◈ 두번째 그룹

행성의 멸망에 책임이 있는 일반 영혼 그룹

첫번째 유형

자신의 행성의 멸망에 직접적인 책임이 있는 일반 영혼들이

자신의 카르마를 해소하기 위해

지구 행성에 들어온 경우가 있습니다.

가장 많은 영혼들이 이 부류에 속합니다.

행성의 재건에 꼭 필요한 영혼들은

지구 차원상승 과정에서 살아남아

안전지대인 역장 생활을 하는 그룹이 있습니다.

행성의 재건에 역할과 임무가 없는 영혼들은

자신들의 카르마만 해소하고 자신의 영단으로 돌아가거나

자신의 영단이 아닌 다른 행성으로 재배치되는

일반 영혼 그룹이 있습니다.

두번째 유형

개방형 은하에서

행성 간의 전쟁이나

은하 전쟁의 결과

행성의 모순으로 행성이 멸망한 뒤

자신의 행성을 잃어버리고

우주를 떠도는 유랑민들이 많이 있습니다.

이들은 대부분 한곳에 정착하지 못하고

타행성을 침입하여 우주 해적으로 살다가

하늘의 개입으로 우주 연방함선에 체포되어

자신의 카르마를 해소하기 위해

지구 행성에 살고 있는 영혼들이 있습니다.

세번째 유형

실험행성에서 과도한 실험을 실행하다가
행성의 멸망에 책임이 있는 행성의 일반 영혼들이
지구 행성에서 자신들의 우주적 카르마를 풀기 위해
들어와 있습니다.

네번째 유형

어둠의 일꾼들 중 과도한 에너지로 인해
생명체에 대한 존중없이
생명체에 대한 카르마를 많이 지은 영혼들 중
소수가 들어와 있습니다.
주로 파충류형이나 렙탈리언 종족으로 살면서
식인을 하거나 생명체에 대한 학살 등으로 인해
우주에서 과도한 카르마를 쌓은 영혼이
자신의 카르마를 해소하기 위해
지구 행성에 들어와 있습니다.

지구 행성의 차원상승 과정에서
외계 행성에서 온 영혼들의 카르마가 모두 해소될 예정입니다.
육신의 옷을 벗는 과정에서
극심한 육체적 고통과 정신적 고통을 겪으면서
자신의 우주적 카르마가 모두 해소된 영혼들은
우주의 사법 절차를 통해
영혼의 운명이 결정될 예정입니다.

외계 행성에서 온 영혼들 중
지구 행성의 격변의 과정에서 살아남는 영혼들은
자신의 행성의 재건에 참여해도 좋다는 승인이
하늘에 의해 결정된 영혼들입니다.

인명은 재천이라
외계 행성에서 온 영혼들의 대부분은
자신의 우주적 카르마를 해소하고
육신의 옷을 벗고
지구 행성을 떠나 자신의 행성으로 돌아가거나
우주 법정에서의 결정에 따라
영혼의 진화가 결정될 예정입니다.

지구 행성에서 아무것도 모르는 채 살고 있는
슬픈 운명을 가지고 태어나 살고 있는
외계 행성에서 온 영혼들에게
지구 차원상승 과정에서 아무것도 모르는 채
자신의 행성의 재건을 위해 살고 있는
살아남은 자의 슬픔을 모두 견디어 내야 하는
슬픈 운명을 가지고 태어나 살고 있는
외계 행성에서 온 영혼들에게
우데카 팀장이 고마움과 감사함을 전합니다.
그동안 지구 행성에서 수고 많으셨습니다.
그동안 감옥 행성인 지구 행성에서 고생 많으셨습니다.

당신이 이 우주 어디에 있든
당신이 어느 행성 어느 별에 있든
당신은 또 다른 우데카 팀장을 만나게 될 것입니다.

외계 행성에서 온 영혼들의 건승을 빕니다.

외계 행성에서 온 빛의 일꾼들의 특징

지구 행성은 외계 행성에서 온 인자들에게는
매우 낯설고 어려운 행성입니다.
영혼이 입고 있는 인간의 몸이라는 외투부터가
매우 낯설고 적응하기 어려운 문제입니다.
인간의 몸은 우주에서 최고급 사양의 휴머노이드형 모델이기에
외계 행성에서 다른 외투를 입고
물질 여행을 하다가 온 영혼들에게는 너무나 낯선 외투입니다.

새의 모습으로 영혼의 물질 체험을 하다가
어류의 모습으로 영혼의 물질 체험을 하다가
파충류의 모습으로 살다가
소의 외투를 입고 살다가
말이나 유니콘의 모습으로 살다가
뱀이나 지능이 높은 곤충류로 살다가
기계인간으로 살다가
지구 행성에 들어와서 인간의 몸을 받아
호모 사피엔스의 몸에 설치되어 있는
의식선과 감정선을 가지고 산다는 것은
말도 통하지 않는 나라에 이민을 가서
현지인들과 치열한 경쟁을 하면서 살아가는 것보다
더 힘들고도 어려운 일입니다.

외계 행성에서 온 빛의 일꾼 그룹들 중
행성의 영단 책임자 그룹들은
13차원과 11차원 관리자 그룹에서
자신의 행성의 카르마를 해소하기 위해서 온 그룹들이 있으며
그들을 보좌하기 위해서 함께 온 참모진들로 구성되어 있습니다.
행성의 카르마가 클수록
행성이 처한 상태가 심각한 행성일수록
영단의 최고 책임자의 아바타가
직접 지구 행성에 온 경우가 대부분이며
행성의 카르마의 형성에 직접적으로 관여한
당사자 영혼의 아바타들이
자신이 지은 카르마를 직접 해결하기 위해
지구 행성에 와 있는 경우가 대부분입니다.

지구 차원상승 프로젝트에 참여한
외계 행성의 빛의 일꾼들 중에는
차세대에 영단을 이끌 예정인 관리자 그룹에서
견습 차원에서 실습 차원에서
지구 행성에 들어와 있는 경우도 있습니다.
18차원 다차원 행성에서 일어나고 있는
대우주의 법칙과 진리를 배우기 위해서
차세대에 영단을 이끌 영단의 책임자들이 들어와 체험 중에 있습니다.

외계 행성에서 지구 행성에 들어온 영혼들은
다음과 같은 특성이 있습니다.

첫째

영적인 능력이 부여되어 있습니다.

신비체험을 하거나

내면의 소리를 듣거나

기감이 매우 발달되어 있습니다.

치유 능력이 있거나

채널링(영상이나 메시지)이 되거나

자신을 보호하거나 자신의 주변을 따라다니는

우주선이나 우주 함선을 보기도 하며

그들과 교류를 하는 그룹들이 있습니다.

외계 행성에서 온 빛의 일꾼들은

자신의 행성의 운명과 함께하고 있기에

물질 체험을 하다가 지구 행성에 온 본질을 잃지 않게 하기 위해

행성이 처한 모순을

자신의 몸의 모순으로 함께 가지고 와 있습니다.

지구인들보다 더 많이 아프고

지구인들보다 더 많은 몸의 모순을 안고 살아가고 있습니다.

보이지 않는 세계가 있다는 것을 알려주기 위해

그들에게는 특별한 영적인 능력들이

하늘에 의해 부여되는 것이 허락되었습니다.

둘째

일반 빛의 일꾼들보다 카르마가 더 많습니다.

일반 빛의 일꾼들보다 더 많은 모순을 가지고 살아가고 있습니다.

몸은 인간의 몸을 입고 인간으로 살고 있지만
정신은 자신의 행성의 소프트웨어를 가지고
살아갈 수밖에 없기 때문에
정상적인 수준의 대화가 어렵습니다.
5분 이상 정상적인 대화가 어려운 사람들이 많이 있습니다.
자신의 행성의 모순을 가지고
지구 행성에 들어와 살고 있기에
자신의 행성의 모순을 몸에 다 가지고 왔으며
자신의 행성의 모순과 연관된 물질 체험을 하다보니
일반 빛의 일꾼들에 비해
더 많은 카르마를 가지고 있으며
더 많은 몸의 모순들을 가지고 살고 있습니다.

셋째

외계 행성에서 온 빛의 일꾼들은 지구 행성보다 높은 수준의
물질문명과 정신문명을 겪은 행성들이 많습니다.
이들은 그 행성의 일반 영혼들이 아니라
그 행성을 책임지고 있는 관리자 그룹이기에
우주적 신분이 높은 편입니다.
이들의 의식은 지구인들보다 훨씬 높습니다.
일반인들과 관심사가 다르며
일반인들보다 영적인 능력이 뛰어나기에
보이지 않는 세계에 대한 이해도와 관심도가
일반인에 비해 매우 높은 편입니다.

넷째

외계 행성에서 온 빛의 일꾼들은

자신의 행성의 카르마로 인하여

감정선과 의식선에 문제가 있는 경우가 대부분입니다.

감정선과 의식선에 문제가 있으며

심각한 정신분열 증상이 나타나기도 하며

우울증이나 심각한 멍때림 등으로 나타나기도 하며

감정이 메말라 있거나 자만과 교만속에서 살아가고 있습니다.

행성의 카르마로 인하여

심각한 에너지장에 걸려 있거나

인지부조화가 심각한 경우가 많으며

3차원 물질 세상의 관점으로는

도저히 이해할 수도 없는 일을 자주 겪기도 하며

세상의 관점으로는 도저히 일어날 수 없는 일들이

주변에서 자주 일어나는 경험들을 겪기도 합니다.

다섯째

외계 행성에서 온 빛의 일꾼들은

지구 차원상승의 타임라인 과정에서

자신의 행성의 영단에서 직접

자신의 아바타의 의식을 깨우기 위해

자신의 행성의 모습을 보여주거나

행성의 비참한 모습을 보여주고 들려주는 시기가

준비되어 있습니다.

평범한 사람으로 살다가
보이지 않는 세계를 찾고 찾다가
어느 날 갑자기 신비체험을 하고
한번도 듣지도 못하고
한번도 보지도 못했던
행성의 비참한 장면들을 보고 들으면서
자신의 우주적 신분을 깨닫는 타임라인이
외계 행성에서 온 빛의 일꾼 그룹들에게 준비되어 있으며
이미 시작된 외계 행성 그룹들 또한 있음을
우데카 팀장이 전합니다.

외계 행성에서 온 빛의 일꾼들은
자신의 영단에서 깨어날 타임라인이 되었을 때
인정사정 보지 않고
흔들어 깨울 것입니다.
자신의 삶이 혼자만의 삶이 아니라는 것을
알게 될 것입니다.

낯설고 낯선 지구 행성에
자신의 고향을 떠나
우주의 십자가를 지고 지구 행성에 와 있는
외계 행성에서 온 빛의 일꾼들의 깨어남을 위해
우데카 팀장이 이 글을 기록을 위해 남깁니다.

외계 행성에서 온 빛의 일꾼들의 건승을 빕니다.

외계 행성에서 온 빛의 일꾼들의 슬픈 운명

영은 고향이 있습니다.

영은 16차원에서 탄생될 때

영의 여행을 하는 특수 관리자 그룹의 영과

영혼의 물질 체험을 하는 일반 영혼들이 구분되어 창조됩니다.

영의 여행을 하는 영들은 홀수 차원에 존재하고 있으면서

대우주를 관리하는 행정적 업무를 수행하는 역할을 맡고 있습니다.

영혼의 여행을 하는 영혼들은 짝수 차원에서

영혼의 진화를 위한 물질 체험을 하는 것으로

처음부터 최적화되어 16차원에서 탄생됩니다.

대우주를 관리하는 영들은 창조주로부터 사고조절자를 부여받아

진화를 하지 않는 영의 여행을 하고 있습니다.

무극과 태극의 관리자 그룹들은

창조주로부터 사고조절자를 부여받아

대우주를 관리하는 행정적 업무를 맡고 있습니다.

행성이나 항성의 진화를 책임지고 있는

영단의 책임자들이 있으며

어둠의 역할을 맡고 있는 특수한 관리자 그룹인

멜기세덱 그룹이 있습니다.

무극의 관리자 그룹 중에는 12주영 그룹이 있으며

그 밖에 특수한 관리자 그룹들이 다양하게 존재하고 있습니다.

삼태극의 관리자 그룹들은 창조주로부터

사고조절자와 함께 혼 에너지를 받아서

관리자 그룹의 역할을 수행하게 됩니다.

사고조절자와 함께 부여받는 혼 에너지는

빛·중간·어둠의 매트릭스가 설치되지 않은

순수한 혼 에너지만을 부여받아서

물질세계를 관리하고 있습니다.

물질세계를 관리하고 있는

홀수 차원의 관리자 그룹들은

자신이 맡고 있는 업무에 최적화된 사고조절자와

혼 에너지의 스펙트럼을 창조주로부터 부여받아

관리자 그룹의 역할을 수행하고 있습니다.

영의 여행을 하고 있는 관리자 그룹에게

사고조절자는 관리자 그룹의 특성을 나타내는 역할을 합니다.

사고조절자는 에너지체들의 업무 영역이나

업무의 특성에 영향을 미치게 됩니다.

사고조절자는 에너지체들의 인지 능력이나

연산 속도에도 영향을 미치게 됩니다.

에너지체들에게 부여된 사고조절자는

인공지능의 성능이나 성향 등을 결정합니다.

에너지체들인 관리자 그룹에게 부여되는 혼 에너지는

에너지체들이 상대하는 업무의 효율을 높여주기 위해서 부여되는

특수한 에너지 형태입니다.

혼 에너지는 에너지체들이 관리자로서

가치중립적이며 냉정하게

업무를 처리할 수 있도록 하는 역할이 있으며

자신이 관리하는 물질 세상에서 일어나고 있는 모든 것들에

잘 적응할 수 있도록 하는 에너지 보호막이며

물질 세계의 일을 하는 동안에 입는 작업복이라고 생각하면 됩니다.

고유한 파장을 가진 행성을 관리하려면

사고조절자만으로는 부족하기 때문에

혼 에너지 부여를 통하여

차원 간에 존재하는 진동수의 차이와

에너지의 차이를 극복하게 해주는 역할이 있습니다.

외계 행성에서 지구 행성에 빛의 일꾼 신분으로 들어와 있는

외부지원팀 소속 빛의 일꾼들 모두는

행성의 영단을 책임지고 있는 관리자 그룹의 아바타들입니다.

외계 행성에서 온 빛의 일꾼들에게

호모 사피엔스(인간)의 외투는 매우 낯선 것이며

처음 입어보는 옷이자 매우 불편한 것입니다.

파충류의 외투만을 입고 있다가

어류의 외투만을 입고 있다가

조류의 외투만을 입고 있다가

동물들의 외투만을 입고 있다가

인간의 외투를 입고 인간들과 경쟁하면서 어울려 산다는 것은

그리 쉬운 일은 아닙니다.

종마다 생명 현상을 지원하는 무형의 기계장치들이 모두 다릅니다.

무형의 기계장치의 유형이 다른
한번도 경험한 적이 없는 인간의 몸에 들어와서
인간으로 산다는 것은 그리 쉬운 것이 아닙니다.
외계 행성에서 온 빛의 일꾼들에게 인간의 몸은
시골에서 태어나서 시골에서만 살던 사람이
도시로 이주하여 도시 생활을 하며 살아가는 것보다
훨씬 더 어려운 일입니다.

외계 행성에서 온 빛의 일꾼들에게
인간의 몸은 최신형이자 최고급 자동차에 비유할 수 있습니다.
인간의 몸은 우주 최신형 모델이기 때문입니다.
외계 행성에서 온 빛의 일꾼들이 자신의 행성에서 입던 외투는
겨우 자전거나 오토바이 수준에 지나지 않기 때문입니다.
인간의 몸을 받아서 인간으로 산다는 것은
외계 행성에서 온 빛의 일꾼들에게는
매우 어려운 일이기 때문입니다.

인간의 외투에 적응하고
자신의 행성의 카르마를 지구 행성에 풀어 놓고
가해자와 피해자의 체험을 모두 겪으면서
카르마를 해소하는 기나긴 과정을 겪을 수밖에 없습니다.
지구 행성에서 자신이 지은 카르마를 해소하고
지구 행성의 차원상승 과정에서
빛의 일꾼의 역할을 원활하게 수행하기 위해
지구 행성에서 5번에서 10번 정도의 삶을 살아야 했습니다.

외계 행성에서 온 빛의 일꾼들은

자신의 행성의 카르마를 가지고 온 경우가 대부분입니다.

낯설고 낯선 타행성에 인간의 몸을 받고 태어날 때

행성의 카르마와 관련된 카르마 에너지장을

장부에 설치하고 태어나 살아야 하는 슬픈 운명을 가지고 있습니다.

지구 행성이 고향인 인류에 비해

강한 카르마 에너지장을 설치할 수밖에 없으며

더 많은 카르마 에너지장을 설치하고 태어나 살아야 하는

슬픈 운명을 가지고 있습니다.

더 많이 아프고 안 아픈 곳이 없으며

왜 아픈지도 모르는 채

귀도 잘 들리지도 않고 잘 보이지도 않고

냄새도 잘 맡지 못하고

남들과 다른 생각을 가지고 살아야 하고

정상적이지 못한 사고의 구조를 가지고 있으며

우울하고 침통한 에너지속에 노출되어 있습니다.

외계 행성에서 온 빛의 일꾼들은

자신의 행성의 모순을 해결하기 위해

지구 행성에 파견된 특수 군인 신분입니다.

자신의 행성의 현재 상태를 잊지 말라고

행성 주민들이 받고 있는 고통을 잊지 말라고

행성의 미래가 당신에게 있음을 잊지 말라고

자신이 온 행성의 현재의 에너지 상태 그대로를

아바타에게 지속적으로 보내주고 있습니다.

절망에 휩싸인 행성의 에너지와
고통속에 살고 있는 생명체들이 방사하는 에너지를
그대로 아바타가 받고 있는 것입니다.

외계 행성에서 온 빛의 일꾼들에게는
우울증이나 정신분열 증상이 자주 나타나거나
멍때리고 있는 경우가 자주 나타나거나
표정없는 얼굴을 하고 있거나
좌불안석하는 에너지를 내보내고 있거나
교활하고 자만과 교만의 에너지를 드러내거나
미성숙하고 어린아이와도 같은 에너지를 드러내는 경우가 많습니다.

외계 행성에서 온 외부지원팀 소속 빛의 일꾼들은
자신의 행성에서 보내는 부정적이고 절망적인 에너지속에
노출될 수밖에 없습니다.
감정적으로 매우 불안정하며
의식적으로도 독특한 사고 구조를 가지거나
왜곡되거나 삐뚤어진 메타 의식구현 시스템을 가지고
살고 있는 경우가 대부분입니다.

일반 빛의 일꾼들에 비해
카르마 에너지장의 영향을 더 많이 받고 있으며
행성에서 보내오는 부정적인 에너지를 지속적으로 받아
심신이 매우 불안정하거나
정상적이지 못한 삶을 살고 있는 경우가 대부분입니다.

외계 행성에서 온 빛의 일꾼들은
자신이 깨어나야 되는 타임라인이 다가오면
자신이 떠나온 행성의 비참한 모습이나
자신이 행성을 떠나올 때의 비장한 모습이나
행성의 절망적인 상황들을 구체적으로
하늘로부터 통보받게 될 것입니다.
자신의 우주적 신분을 알게 되면서
빛의 생명나무에 자연스럽게 오게 될 것입니다.

자신이 깨어나는 타임라인이 올 때까지
왜 아픈지도 모르고 아파야 하며
원인도 알 수 없고 치료 방법도 없는
각종 질병과 통증에 시달리게 될 것입니다.
의식선과 감정선이 왜곡되어 있기에
정상적인 인지가 불가능하기에
하는 일마다 크게는 성공하지 못할 것입니다.
남들처럼 사는게 이렇게 힘든 것인가를
뼛속 깊숙이 느끼게 될 것이며
사는게 재미없고 하고 싶은 일도 별로 없으며
자신의 의식이 깨어날 타임라인이 올 때까지
그렇게 그렇게 살아가야 하는 슬픈 운명입니다.

외계 행성에서 온 빛의 일꾼들은
자신이 짊어지고 온 행성의 카르마가
너무나 무겁고 무거운 것입니다.

자식을 잃은 부모가 자식을 잃은 슬픔을
평생동안 가슴에 묻고 살아가듯이
외계 행성에서 온 빛의 일꾼들은
행성의 주민들이 받고 있는 고통과
행성에 살고 있는 생명체들이 받고 있는 고통을
자신의 몸과 마음에 새기고
평생동안 그 에너지속에서 살아야 하는
슬픈 운명을 가지고 살아가고 있는 존재들입니다.

깨어나고 있는 외계 행성에서 온 빛의 일꾼들과
행성의 부정적인 에너지장 속에서
고통속에 신음속에 절망속에 살아가고 있는
외부지원팀 소속 빛의 일꾼들에게
시절인연이 있는
외계 행성에서 온 빛의 일꾼들의 깨어남을 위해
이 글을 남깁니다.

외계 행성에서 우주의 십자가를 지고
지구 행성에 오신 우주의 군인들인
당신들의 의식의 깨어남을 축하합니다.
빛의 생명나무는 당신들을 훈련하는 곳이며
당신들이 있어야 하는 곳이며
당신들을 위해 하늘이 준비한 곳입니다.
당신들의 건승을 빕니다.

칠성줄과 칠성판의 유래

칠성줄이라는 말을 들어본 사람은
그리 많지 않을 것입니다.
칠성줄이라는 말은 대중들이 사용하는 말이 아닙니다.
칠성줄이라는 말은 사주명리를 하는 분들과
무속인들이 주로 사용하는 용어입니다.

이 글을 읽고 있는 당신이
칠성줄이라는 말을 들어본 적이 있다면
당신은 사주명리를 통해
당신의 사주팔자에 칠성줄이 있어서
하는 일마다 되는 일이 없으며
이 모양 이 꼴로 살 수밖에 없다고
그렇게 알고 있을 것입니다.
이 글을 읽고 있는 당신이
칠성줄이라는 말을 들어본 적이 있다면
당신은 당신의 일이나
당신의 가족의 일로
무속인에게 굿을 하는 과정에서
모든 흉사의 원인이 칠성줄에서 시작이 되었다고
그렇게 들었을 것입니다.

지구 행성에 살고 있는 인류들 중 약 12%는
지구 행성이 자신의 고향별이 아닌
타행성에서 이주하여 살고 있는 이방인들입니다.
지구 행성에 살고 있는 인류들 중 약 88%의 인류들은
지구 행성이 고향별인 사람들입니다.
지구 행성의 탄생과 함께 운명을 함께하고 있는 88%의 인류들은
죽어서도 지구 영단을 떠나지 못하는 영혼들입니다.

지구 행성의 차원상승 과정에서
지구 행성은 창조주께서 주관하시는
우주 최초의 자미원이 될 예정입니다.
지구 행성이 자미원이 되면서
지구 행성의 영단을 떠나야 하는 영혼들이 약 92%가 됩니다.
이 중 80%는 금성의 영단으로 편입하게 될 것입니다.
이 중 12%의 영혼들은 죽어서
자신의 고향별로 돌아가야 하는 영혼들입니다.
지구 영단에 속한 영혼들 중 약 8%만이
차원상승된 지구 행성의 영단에 남게 될 예정입니다.

칠성줄의 우주적 의미는
지구 행성에 살고 있는
약 12%에 해당하는 인류들을 상징하는 표식입니다.
지구 행성이 자신의 고향별이 아닌
죽어서 반드시 자신이 온 고향별로 돌아가야 하는 운명을 지닌
12%의 인류들의 심장에 새겨진 표식을 칠성줄이라고 합니다.

칠성줄의 표식은
심장 뒷편에 있는 심장의 근육이 있는 부근에
행성의 심벌과 함께 새겨져 있습니다.
심장 뒷쪽의 근육에 주민등록증과 같은 형태로
행성에 대한 정보가 담겨져 있으며
영혼의 정보가 담겨져 있습니다.
행성이 속한 은하와 행성의 이름
그 영혼의 카르마들이 새겨져 있습니다.
영안이 열려 있는 인자들 중에
심장 뒷편에 새겨져 있는
칠성줄의 상징표식을 볼 수 있는 인자들이 있을 것입니다.

지구 행성에 살고 있는 12%의 인류들은
지구 행성의 영단에 영혼이 들어올 때
자신의 우주적 신분에 따라
자신의 영혼의 차원에 따라
네바돈 우주의 7개의 스타게이트를 통해
지구 행성의 영단에 입식되었습니다.
외부 은하에서 지구 행성에 들어오기 위해서
네바돈 은하의 7개의 스타게이트인
북두칠성을 통해 들어왔습니다.

지구 행성에 살고 있는 약 12%의 영혼들은 대부분
우리은하인 네바돈 은하가 아닌 외부 은하에서
지구 행성에 입식되어 들어와 살고 있는 사람들입니다.

이들은 지구 행성에 놀러온 것이 아닙니다.

이들은 우주의 죄인들입니다.

이들은 자신의 우주의 카르마들을 해소하기 위해

지구 행성으로 유배를 온 영혼들입니다.

12%에 해당되는 영혼들의 우주적 신분은 다음과 같습니다.

첫번째 그룹

행성의 영단을 책임지고 있는 최고 책임자와

행성의 영단을 운영하던 관리자 그룹들입니다.

행성을 운영하다 잘못을 저질러 행성이 멸망하여

그 카르마를 해소하기 위해

머나먼 지구 행성까지 죄를 짓고 유배를 온 영혼들입니다.

이들은 지구 행성의 주민들에 비해

영혼의 크기가 최소 10배에서 300배 이상 큰 영혼들입니다.

두번째 그룹

행성이 멸망하는데 크게 역할을 한 일반 영혼들이

자신의 카르마를 해소하기 위해

지구 행성에 들어와 있습니다.

최고 관리자 그룹을 도우면서

행성을 멸망시키는데 악명 높은 이름을 떨친 사람들이

죄인의 신분으로 지구 행성에 들어와 살고 있습니다.

이들 역시 지구인들보다

영혼의 크기가 최소 10배에서 30배 이상 큰 영혼들입니다.

세번째 그룹

행성의 멸망에 관여한 관리자 그룹이나 일반 영혼들이 아닌

행성을 재건하기 위한 관리자 그룹들과

그 행성과 운명을 같이 하는 오래된 영혼들이

지구 행성에 들어와 살고 있습니다.

지구 행성에 살고 있는 약 12%의 영혼들은

네바돈 은하의 스타게이트인 북두칠성을 통하여 지구로 왔으며

죽어서는 북두칠성을 통해

자신의 고향별로 돌아가기를 간절히 원했습니다.

칠성줄을 타고 지구 행성에 들어와서 살다가

죽으면 자신의 고향별로 돌아가고 싶다는 의식이

장례 문화에 남아 있습니다.

죽은 사람을 염을 하고 무덤을 파고 관을 안치하기 전에

북두칠성이 그려진 칠성판을 두었습니다.

칠성판에는 북두칠성이 그려져 있지 않는 판을

사용하는 곳도 있습니다.

지구 행성에 살고 있는 약 12%의 영혼들은

칠성줄(북두칠성)을 통해 지구 행성에 들어왔으며

돌아갈 때도 칠성(칠성판=북두칠성)을 통해 돌아가야 하는

운명을 지닌 영혼들입니다.

지구 행성에 살고 있는 약 12%는

자신의 행성에서는 왕이며 여왕이며 공주이며 왕자이며 대신들이며

우주적 신분이 높은 금수저들입니다.

이들은 지구 행성의 주민들과는 비교할 수 없는
우주적 신분을 가졌으며
과학문명이나 정신문명이 매우 발달한 행성의 최고 수뇌부들이
이곳 지구 행성에서
자신의 카르마를 풀기 위해 태어나 살고 있습니다.

이들의 사주가 일반인들과 다르다는 것을
칠성줄이 있다고 하였으며
이들이 가지고 태어난 기운이 일반인과는 다르다는 것을
무속인들은 알고 있었습니다.
칠성줄이 있는 사람들은 팔자가 셉니다.
칠성줄이 있는 사람들은 카르마로 인하여
하는 일마다 되는 일이 없으며
되는 일마다 순조롭지 못하고
어렵게 어렵게 살 수밖에 없는 운명을 가진 사람들입니다.

지구 행성에 살고 있는 약 12%의 인류들은
지구 행성에 잘 먹고 잘 살기 위해 이곳에 있는 것이 아닙니다.
자신의 행성 주민들을 다 몰살시키고
자신의 행성을 멸망시킨 카르마를
지구 행성에서 삶을 통해 재연하고
카르마를 해소하기 위해 살고 있는 것입니다.

칠성줄을 잡고 태어난 사람들은
외계 행성에서 들어와 살고 있는 사람들입니다.

칠성줄을 잡고 태어난 사람들은

자신의 카르마를 해소하기 위해

지구 행성에 살고 있는 이방인들입니다.

칠성줄을 잡고 태어난 사람들은

빛의 일꾼들보다 더 큰 슬픈 운명을 가지고

태어난 사람들입니다.

칠성줄을 잡고 태어난 사람들은

우주적 신분이 매우 높은 영혼들입니다.

칠성줄은

내가 온 고향의 표식이며

내 영혼의 기억을 의미합니다.

칠성줄은

모든 인간을 대상으로 펼쳐진 것이 아닌

약 12%의 소규모의 집단을 대상으로 한 이야기입니다.

칠성줄은

우주의 교도소가 있는 7개의 특정한 지역에서

북두칠성을 통해 지구 행성의 영단에

7개의 차원별 스타게이트를 통해 입식해 온 영혼들을 상징합니다.

이들을 빛의 생명나무에서는 외부지원팀이라고 부릅니다.

칠성줄을 가진 사람들은

큰 에너지를 지녔기에

'세다'라는 상징이 되었고

(칠성줄인 사람은 센 사람이란 인식)

삶이 고달프고 힘들어서
좋지 않은 사주로 인식되었습니다.
가끔은 이를 극복해 강한 에너지를 발현하기도 했기에
'특별한'의 의미로도 자리잡았습니다.

칠성줄에 담긴 우주적 의미를
우데카 팀장이
기록을 위해 이 글을 남깁니다.

원죄론에 대한 정리
예수님의 십자가 사건이 갖는 우주적 의미

원죄는 인간은 태어날 때부터 죄를 짓고 태어난다는
기독교의 핵심 교리입니다.
원죄에 대한 정리의 필요성이 있어
하늘과의 소통속에
하늘과의 조율속에 우데카 팀장이 이 글을 기록으로 남깁니다.

인간은 태어날 때부터 의도된 모순을 가지고 태어납니다.
인간이 태어날 때부터 하늘로부터 가지고 온 의도된 모순을
카르마라고 합니다.
영혼이 물질 체험을 하기 위해서는
행성 영단의 윤회 시스템과 카르마 시스템에
접속되어 살아가야만 합니다.
영혼의 진화를 위해
영혼의 극적인 물질 체험을 위해
하늘이 의도적으로 준비한 모순을 카르마라고 합니다.

영혼의 진화 과정에서
타인의 자유의지를 심각하게 침범하는 경우
카르마가 발생하게 됩니다.
영혼의 물질 체험을 하다가 발생한 카르마는
반드시 윤회를 통해 해소해야 합니다.

영혼이 물질 체험을 하다가 발생한 카르마는
카르마위원회에서 엄격하게 관리됩니다.
영혼이 물질 체험을 하다가 발생한 카르마는
윤회 프로그램을 통하여 해소해야 하는 것이
대우주의 법칙입니다.
지구 행성에 살고 있는 약 88%의 영혼들은
하늘이 의도적으로 설치한 모순인 카르마 에너지장을
인간의 몸에 설치하고 태어나 살아가야 하는 것이
대우주의 법칙입니다.

카르마는 영혼이 진화하는데 꼭 필요한 것입니다.
카르마는 영혼의 물질 체험을 하는 영혼에게
하늘이 심어놓은 의도된 모순입니다.
모순이 있어야 영혼은 성장할 수 있기 때문입니다.
모순이 있어야 그것을 극복하는 과정에서
영혼이 성장할 수 있기 때문입니다.
영혼은 카르마의 균형 잡기를 통해서만 성장할 수 있기 때문입니다.

카르마는 우주에서 영혼의 죄가 아닙니다.
카르마는 우주에서 영혼에게 주는 형벌이 아닙니다.
카르마는 영혼이 윤회 프로그램을 진행하다가 자연스럽게 발생한
갚아야 할 빚과도 같습니다.
카르마는 내 영혼이 성장하고 진화하기 위해
미리 당겨쓴 부채와도 같습니다.
카르마는 원죄가 아닙니다.

원죄는 우주에서 죄를 짓고

자신의 우주적 카르마를 해소하기 위해

지구 행성에 살고 있는

약 12%에 해당하는 외계 행성에서 온 영혼들에게

해당되는 말입니다.

지구 행성은 우주에서 어둠이 가장 짙은 행성입니다.

지구 행성은 우주에서 죄인들을 모아놓은 감옥 행성입니다.

지구 행성은 우주에서 발생한 모든 카르마들을 모아놓고

우주의 카르마를 해소하기 위해

창조주께서 준비한 감옥 행성입니다.

지구 행성에 살고 있는 약 12%의 인류들은

우주에서 죄를 짓고 칠성줄을 잡고

지구 행성에 들어와 살고 있는 우주의 죄인들입니다.

지구 행성에 초청된 우주의 죄인들은 다음과 같습니다.

첫번째 그룹

행성의 영단을 운영하던 영단의 책임자들이

행성을 운영하다가 행성 운영을 잘못하여 행성이 멸망한 경우

행성 영단의 책임자들과 행성의 주민들이

하늘에 의해 감금되어

우주의 카르마를 해소하기 위해

감옥 행성인 지구 행성에 들어와 살고 있는

외계 행성에서 온 영혼들을 말합니다.

두번째 그룹

개방형 은하에서 우주의 해적으로 살다가

하늘에 의해 감금되어

지구 행성에 들어와 살고 있는 영혼들이 있습니다.

세번째 그룹

우주에서 실험 행성으로 선정되어

하늘의 실험들을 진행하다가 과도한 실험에 의해 행성이 멸망한 경우

실험 행성의 영단의 책임자와 실험 행성의 주민들이

자신의 우주적 카르마를 해소하기 위해

감옥 행성인 지구로 압송되어 온 영혼 그룹이 있습니다.

대우주의 7번째 주기를 열기 위해

제로 포인트의 시기 동안에

네바돈 우주의 창조주인 예수님의 십자가 사건이 있었습니다.

예수님의 십자가 사건 이후

우주에서 죄를 지은 영혼들이

지구 행성의 영단에 대규모로 영입되었습니다.

이들은 지구인이 아닙니다.

외계 행성에서 온 영혼들이며 우주의 중죄인들입니다.

예수님의 십자가 사건이 갖는 의미는

제로 포인트 기간 동안에

대우주가 6주기를 진화하는 동안에 발생한

우주의 카르마를 해소하겠다는

창조주의 의지가 반영된 우주적 사건입니다.

예수님의 십자가 사건 이후

지구 행성의 인구는 폭발적으로 증가하기 시작하였습니다.

예수님의 십자가 사건은

외계 행성에서 우주의 카르마를 가지고 온

영혼들을 위한 대속 사건입니다.

대우주를 경영하시는 창조주께서

직접 대속을 할 수 없었기에

지구 행성이 속해 있는 네바돈 은하의 창조주이신 예수님께서

창조주를 대신하여 대속을 하신 사건이

예수님의 십자가 사건이 갖는 우주적 의미입니다.

예수님의 십자가 사건 이후

지구 행성은 우주에서 죄를 지은 영혼들의 육화가 본격화되었습니다.

예수님의 십자가 사건 이후

외계 행성에서 온 영혼들은

자신이 죄인의 신분임을 알리는 표식을

심장의 뒷편에 새기고 태어났습니다.

이들은 카르마가 아닌

원죄를 가지고 태어난 사람들입니다.

예수님의 십자가 사건은

우주적인 사건입니다.

예수님의 희생으로

원죄를 지은 외계 행성에서 온 영혼들의 카르마들이

지구 행성에 본격적으로 유입되었습니다.

예수님의 십자가 사건 이후에
인류의 문화나 문명은
우주의 죄인들이 행성에 풀어놓은 카르마 에너지들에 의해
지구 행성은 어둠의 행성이 되었습니다.

예수님의 십자가 사건은
7번째 대우주의 주기를 열기 위한
우주적 사건입니다.
예수님의 십자가 사건 뒤에 숨어있는
대우주의 비밀들을
시절인연이 되어
우데카 팀장이 기록으로 남깁니다.

인류의 건승을 빕니다.

지구 행성이 어둠의 행성이 된 이유

지구 행성에서 살고 있는 인류들은
지구 행성이 얼마나 살기가 어려운 행성인지 잘 모를 것입니다.
지구 대기권을 벗어나 살아본 적이 없는 인류들은
지구 행성이 얼마나 어둠의 매트릭스가 짙게 설치된 행성인지
잘 모를 것입니다.
인류의 의식은 지구라는 우물 안을
단 한번도 벗어난 적이 없습니다.

지구 행성은 다른 행성에 비해
12배 정도로
물질의 매트릭스가 강하게 설치된 행성입니다.
지구 행성에서의 영혼의 물질 체험이
다른 행성에서의 영혼의 물질 체험보다
약 12배 힘이 드는 행성입니다.
지구 행성은 우주에서 암흑 행성으로서
가장 악명 높은 행성입니다.
지구 행성은 우주에서 다양한 종교 매트릭스와
강력한 종교 매트릭스가 설치된 행성입니다.
지구 행성은 우주에서 물질과 화폐 매트릭스가
가장 강력하게 설치되어 운영되는 행성입니다.

지구 행성은 어리고 젊은 영혼들에게는
두려움과 공포로 가득한 행성입니다.
지구 행성은 나이가 많은 오래된 영혼들에게도
힘들고 적응하기 어려운 어둠의 행성입니다.
지구 행성은 모험을 즐기고 스릴을 즐기고
드라마틱한 것을 즐기는 것을 좋아하는 영혼들에게도
영혼의 물질 체험을 하기에는
그리 좋은 환경이 아니라는 것입니다.

지구 행성은 우주에서 아주 특별한 행성입니다.
지구 행성은 우주의 교도소로 설계된 행성입니다.
지구 행성은 우주에서 발생한
모든 카르마들을 해소하기 위해
특별한 용도로 설계된 행성입니다.
지구 행성은 우주에서 발생한
부정적인 에너지들의 집합 장소입니다.
지구 행성은 우주에서 발생한
모든 모순들을 모아놓고
해결책을 찾기 위한
창조주에 의해 특별한 목적을 가진 행성입니다.
이것을 종자행성이라고 합니다.

지구 행성이 종자행성으로 선정되면서
지구 행성은 다른 행성과는 다른
5개의 특성을 가진 행성이 되었습니다.

첫번째

지구 행성은 우주에서 자연 환경이

가장 아름다운 행성으로 설계되었습니다.

가장 아름다운 행성을 건설하기 위해

가장 높은 가이아 의식(17차원)을 가진 행성으로 준비되었습니다.

두번째

지구 행성은 우주에서 어둠(물질)의 매트릭스가

가장 짙은 행성으로 설계되었습니다.

가장 어둠이 짙은 행성을 설계하기 위해

어둠의 정부라고 알려져 있는

어둠의 역할을 맡고 있는 영혼들이

지구 행성에 대거 뿌려졌습니다.

이들은 일루미나티 프리메이슨 등으로 알려져 있으며

어둠의 13가문이 하늘에 의해 관리되고 운영되었습니다.

어둠의 13가문으로 부족하여

지구 행성이 고향인 지능형 파충류들에게 어둠의 역할을 맡겼습니다.

이것도 부족해서

식인을 하는 파충류형 외계 종족을

어둠의 정부의 협력자로 지구 행성에 입식하였으며

이들에게 어둠의 역할을 맡겼습니다.

빛의 일꾼이 144,000명이라면

어둠의 일꾼은 240,000명으로 배치하였습니다.

세번째

지구 행성은 약 50만 년 전부터

어둠의 행성이자 감옥 행성으로 변모하게 됩니다.

지구 행성에 약 50만 년 전부터

7개의 우주의 교도소에 수감되어 있던 많은 죄수들이

네바돈 은하의 스타게이트인

북두칠성을 통해 지구 영단에 입식되었습니다.

우주의 교도소에 수감되어 있던 영혼들은

자신의 행성을 직접 운영하던 관리자들입니다.

자신의 행성이 멸망하는데 많은 역할을 한 영혼들이

자신의 카르마를 해소하기 위해

특별하게 선정된 지구 행성으로 대거 입식되게 됩니다.

일반 영혼들은 자신들의 카르마를

자신의 행성에서 윤회를 통해 해소하면 됩니다.

행성을 운영하던 관리자들은

자신들의 잘못으로 인하여 행성이 멸망을 하였기 때문에

자신의 카르마를 해소할 행성이 없습니다.

이들은 우주의 감옥에서 대기하고 있다가

우주의 한 주기마다 그들의 카르마를 해소하기 위해

창조주께서 준비한 종자행성으로 들어와

자신들의 모순과 카르마를 해소해야 합니다.

이들이 지구 행성에 입식되기 시작한 때가

약 50만 년 전부터입니다.

이때부터
지구 행성은 우주의 죄인들을 위한
감옥 행성이 되었으며
그들이 가져온 온갖 부정성과 모순들과
카르마들이 가득 찬
어둠의 행성이 되었습니다.
이때부터
예수님이 탄생되는 시기에 걸쳐
우주의 죄인들의 입식은 지속되었으며
그들이 풀어놓은 카르마들로 인하여
지구 행성은 어둠의 행성으로 변해갔습니다.

네번째
우주의 카르마를 해소하기 위해
새로운 휴머노이드형 인간이 창조되었으며
지구 행성에서 실험되었습니다.
호모 사피엔스는 지구 행성이 고향입니다.
인간의 고향이 지구 행성입니다.
영혼의 물질 체험을 위해
영혼이 입어야 하는 영혼의 옷이 필요합니다.
우주에서 최신형의 외투로 창조된 것이 인간입니다.

지구 행성은 대우주의 7주기에
우주에 공급할 휴머노이드형 외투 중에
호모 사피엔스인 인간이 창조되고 실험된 종자행성입니다.

더 높은 수준의 의식을 구현하고

다양한 감정을 느낄 수 있는 인간의 몸을 입고

더 많은 카르마를 해소할 수 있도록 하기 위해

호모 사피엔스는 창조되었습니다.

더 많은 두려움과 공포를 느껴야

더 많은 카르마를 해소할 수 있습니다.

더 많은 고통과 통증을 느낄 수 있어야

더 많은 카르마를 해소할 수 있기 때문입니다.

이런 이유로 호모 사피엔스는 창조되었으며

지구 행성은 대우주에 하나밖에 없는

인간의 씨앗을 다량으로 보유한 종자행성입니다.

다섯번째

우주에서 온 죄인들은

우주에서 악명 높은 사람들입니다.

우주의 해적들도 있습니다.

우주에서 행성간의 전쟁을 주도한 인물들도 있습니다.

행성 하나가 멸망하게 될 때

행성 하나에 속한 영혼들의 수는 최소 3억에서 5억 정도이며

행성의 영단이 폐쇄되면서 이들은 우주의 고아가 됩니다.

행성이 다시 운영될 때까지

영단에 갇혀 있거나

우주 감옥에 수용되어 있거나

이웃 행성에서 하층민으로 살아야 하는 것이

우주의 법칙입니다.

지구 행성에 들어온 우주의 죄인들은
인구 비율로 보면 약 12% 정도입니다.
지구 행성에 살고 있는 인류들 중
우주의 죄인들과 함께 영혼의 물질 체험을 한 영혼들은
다른 행성에서 같은 기간 동안의 영혼의 물질 체험보다
더 빠른 영혼의 진화를 할 수 있는
특권이 주어졌습니다.

지구 행성에 살고 있는 인류들 중
약 12%의 우주의 죄인들은
지구 행성의 차원상승이 끝나고 나면
자신의 고향별로 돌아갈 예정입니다.
이들이 풀어놓은 카르마들로 인하여
이들이 풀어놓은 모순들로 인하여
이들이 운반한 부정적인 에너지 때문에
지구 행성은 영혼이 물질 체험을 하기에
가장 난이도 높은 어둠의 행성이 되었습니다.

지구 행성만이
이들에겐 자신의 우주의 카르마를 해소할 수 있는 행성입니다.
칠성줄을 잡고 태어난 이들은
심장의 뒷편 근육에 상징의 표식이 있습니다.
지구에 놀러온 것이 아닌
우주의 감옥 대신에
카르마를 해소하기 위해 지구 행성에 온 이들의 삶은

일반 빛의 일꾼들에 비해
더 힘들고 슬픈 운명을 가지고 태어날 수밖에 없으며
그렇게 살 수밖에 없었습니다.

암흑 행성과 감옥 행성인 지구에서
고생 많이 하셨습니다.
우주의 죄인들과 함께 고생한 영혼들에게
고마움과 감사함을 전합니다.
자신의 카르마를 해소하고
행성을 재건하기 위해
우주의 죄인으로 살아온 영혼들에게도
고마움과 감사함을 전합니다.

모두가 있어야 할 곳에 있게 될 것입니다.
모두가 자신이 가야할 곳으로 향하는
우주의 열차는 곧 출발할 예정입니다.
모두에게 자신이 가야할 곳의
승차권이 발부되었습니다.

인류의 건승을 빕니다.

지구 행성에서의 카르마 해소가 갖는 의미

지구 행성에는
자신의 행성에서 살다가 죄를 지은 사람들이
원죄를 가지고 태어나 살고 있습니다.
지구 행성은
자신의 행성을 멸망시키고
다른 행성을 멸망시키고
우주 해적으로 살다가
자신들의 카르마를 해소할 수 있는
자신들의 행성이 사라진 영혼들만을 따로 모아 놓은
감옥 행성입니다.

지구 행성에 살고 있는 영혼들 중
시대별로 평균 12% 정도는
외계 행성에서 온 영혼들로 구성되어 있었습니다.
지구 행성의 마지막 시기인 지금은
전체 인구의 약 15% 이상까지 태어나
자신들의 카르마들을 풀고 있습니다.

지구 행성에 들어와서
마지막 시기에 카르마를 풀고 있는
외계 행성에서 온 영혼들이 유입된 이유는 다음과 같습니다.

지구 행성은 이들에겐 감옥 행성입니다.
자신들의 카르마가 해소되기 전에는
지구 행성을 벗어날 수 없습니다.
지구 행성에 칠성줄을 잡고 태어난 죄인들 중에는
자신의 행성을 직접 운영하고 관리하던 영단 관리자들이
약 28%를 차지합니다.

영단 관리자들은 창조주를 대신하여 행성을 운영하고
행성을 관리하는 행성의 최고 책임자들입니다.
영단 관리자들은 창조주로부터 행성을 운영하기 위한
많은 권한과 책임을 부여받아 행성을 운영하던
영단의 최고 책임자들을 말합니다.
영단 관리자들의 잘못으로 인하여
자신이 운영하던 행성이 멸망하여
자신들의 카르마를 해소하기 위해
감옥 행성인 지구 행성에 들어와서 살고 있습니다.

지구 행성에는
자신의 행성이 멸망하는데 원인을 제공하거나
타행성을 멸망시키는데 앞장선 영혼들과
은하전쟁에 참여한 영혼들과
우주 해적으로 참여한 일반 영혼들 또한
자신들의 카르마를 풀기 위해
칠성줄을 잡고 태어나 살고 있습니다.
일반 영혼들은 72% 정도 됩니다.

지구 행성은
우주의 죄인들을 모아 놓고
특별 관리하고 감독하는 감옥 행성입니다.
지구 행성은
자신들이 지은 카르마를 우주공학적 기술을 통해
몸에 카르마 에너지장을 설치하고 그 카르마를 해소하기 위한
우주에서 하나뿐인 감옥행성입니다.

지구 행성은
죄수들의 카르마를 관리 감독을 통해
우주의 카르마의 원인이 무엇인지 찾아내고
그 해법을 찾아내기 위한 실험행성입니다.

지구라는 행성은 우주에서
우주의 카르마를 해소하기 위한 목적을 지닌 행성입니다.
자신들의 행성에서의 카르마 해소는
에너지 균형 찾기의 성격이 강합니다.
자신들의 행성에서의 카르마 해소는
윤회를 위한 목적으로 설치되는 대우주의 운영방식이 적용이 됩니다.

지구 행성에서의 카르마 해소는
에너지 균형뿐만이 아니라
하늘이 설치하고 설정한 환경 내에서
다양한 방식으로 모순을 찾아내고 해법을 찾기 위한
목적성이 분명한 카르마 해소입니다.

외부지원팀들이 그들의 행성에서 하는 물질체험은
오로지 다양한 체험에 초점을 맞추어 진행을 하게 되는 것이지
카르마 해소에 초점이 맞추어져 있지는 않기 때문입니다.
그러다보니 본영들이 자신의 모순을 찾기 위한 측면이 아닌
영혼의 다양한 물질 체험을 위주로
삶을 구성하고 체험하게 되는 것입니다.

지구 행성에서의 카르마 해소는
엄격한 하늘의 통제 아래에서
자신의 모순을 찾기 위한 프로그램 구성입니다.
에너지 균형 찾기에 초점이 맞추어지고
더 나아가 그 영혼의 미래를 결정하기 위한
준비 과정의 성격이 강합니다.

엄격한 하늘의 통제란
하늘이 카르마 해소에 초점을 맞추어
매트릭스 자체도 맞춤형으로 제작하고
삶의 프로그램 및 카르마 에너지장 역시
고도의 우주 공학기술을 가지고 와서
지구 행성에 펼쳐 놓고
감옥 행성으로 운영한 것을 말합니다.
그들의 행성에서는
이렇게 카르마를 치밀하게 밀도있게
해소할 수 있는 여건이 되지 못합니다.
카르마를 해소할 자신들의 행성이 멸망하고 없기 때문입니다.

지구 행성에서의 카르마 해소는
자신들의 행성에서의 카르마 해소보다
방법과 질적인 측면에서 차이가 납니다.
본영도 자신의 모순을 제대로 바라볼 기회를 갖게 됩니다.
그래서 지구에서의 카르마 해소는 매우 중요합니다.

지구 행성에서의 카르마 해소 후
외부지원팀은 우주적 사법 절차를 통해
다음과 같은 결정을 통보받게 됩니다.

첫번째
영혼의 소멸
오류가 난 사고조절자를 모두 회수하여
영의 초기화가 이루어지는 그룹이 있습니다.
영단 관리자 28% 중 6%는 소멸 예정입니다.
일반 영혼들 72% 중 12%는 소멸 예정입니다.

두번째
오류가 난 사고조절자의 부분 수정이 이루어져야 하는 경우
지구 행성에서 윤회를 통해 자신의 모순이 해결될 때까지
지구 행성을 떠날 수 없는 영혼 그룹입니다.

영단 관리자 중 8%와 일반 영혼들 중 22%는
지구 행성을 벗어날 수 없는 영혼이며
지구 행성의 차원상승 과정이나

지구 행성의 차원상승 후에도
지구 행성에 태어나 윤회를 해야 합니다.

이들 중에는
우주적 사법 절차를 통해
추가적으로 영혼의 소멸이 예정되어 있는 그룹이 있습니다.

세번째
사고조절자의 수정없이
지구 행성에서의 카르마를 해소하는 과정에서
사고조절자의 오류가 해소될 수 있는
영단 관리자와 일반 영혼들은
자신의 행성으로 돌아갈 수 있으며
자신의 행성을 재건할 수 있는 기회가 주어집니다.

영단 관리자의 12%와 일반 영혼 그룹 26%는
지구 차원상승 과정이 끝나고
자신의 행성으로 복귀할 예정입니다.

이 세번째 그룹들이
빛의 일꾼 그룹입니다.

하늘과의 소통속에
하늘과의 조율속에
이 글을 우데카 팀장이 기록으로 남깁니다.

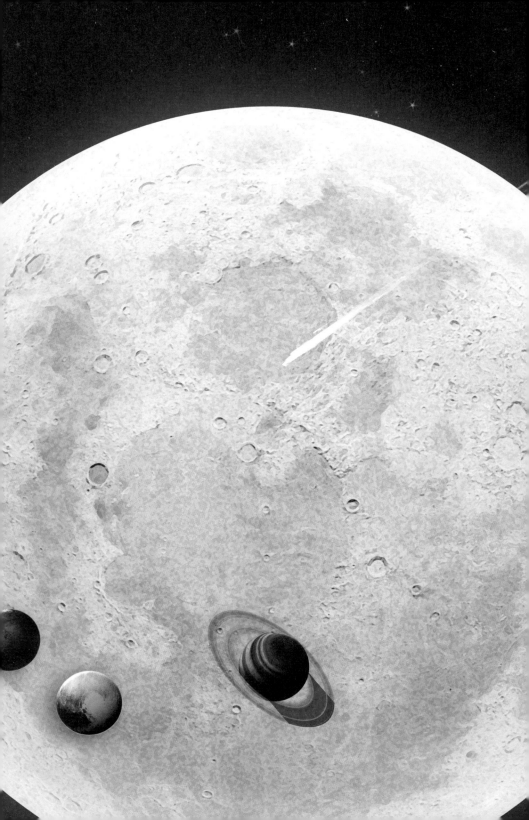

제3부

외계 행성들의 우주적 카르마

대우주에는 다양한 행성들이
바닷가의 모래알보다 더 많이 존재합니다.
행성마다 다른 물리적 환경 속에
행성마다 다른 생명체의 외투를 입고서
행성마다 다른 진화의 경로를 가지고
각자의 행성의 카르마를 쌓았으며
그 카르마를 해소하기 위해 지구에 와 있습니다.

엑시온303 행성
어둠의 매트릭스가 만든 갈등과 대립

★ 행성 기본정보

소속은하 :

네바돈 은하로 은하 외곽에 위치

우주의 주기 :

6주기 말에 탄생한 신생행성

물리적 환경 :

행성의 크기는 지구의 1.5배로

지구의 산보다 높고 뾰족뾰족한 산이 많고 바위가 많으며

산 중간에 호수가 많고 온천도 많이 있다.

우점종 :

휴머노이드 인종으로 위 사진과 유사한 외형이며

갑류(파충류) 에너지가 60%로 가장 많다.

머리는 작고 목, 팔다리, 몸통은 길며

키가 매우 크고 가늘어 콩나물같이 생겼다.

머리를 다리 사이(가랑이)로 넣어

자신의 등을 볼 수 있을 정도로 몸이 유연하다.

신장은 3~5m의 거인족이며

수명은 800살 정도이고 IQ는 200~250 정도이다.

인구규모 :

7000만 ~ 1억

문명단계 :

정신문명은 6차원 8단계이며 물질문명은 6차원 3단계이다.

사회모습 :

행성의 주민들이 주로 하는 활동은 명상이며

하루의 절반 이상을 명상을 하고

자연과의 교감을 즐기며 취미로 채소 등을 가꾸기도 한다.

먹지 않아도 살아갈 수 있기에

비교적 자유롭게 살고 있으며

자신의 생업을 하고 살아가는 비율이 낮다.

일광욕을 해야만 살아갈 수 있는 신체 구조로

사는 집들은 빛이 투과되는 투명한 피라미드 형태이다.

바깥에서는 안이 보이지 않고

안에서는 바깥이 잘 보이는 구조로

채광 조건이 중요시된다.

영단구성 :

영단 관리자는 총 7명으로

13차원 관리자 3명과 11차원 관리자 4명으로 구성되어 있다.

* * * * * * * * * * * * * * * * * *

★ 행성 이야기

엑시온303 행성의 진화 방향은

물질문명보다는 정신문명이 조금 앞서게 하며

영혼들의 순수성을 유지하면서

행성의 문명을 8차원까지 발전시키는 것이었습니다.

그러나 행성 진화의 로드맵을 짜는 과정에서

순수성을 지키며 서서히 진화할 것인지

어둠의 에너지를 체험하며 역동적으로 진화할 것인지에 대한

영단 관리자들의 의견이 대립하다가

역동적인 사회를 만들기 위한 극단적인 방법 중 하나인

행성 주민의 어둠의 매트릭스 비중을 높이게 되었고

이 과정에서 행성의 모순은 시작되었습니다.

① 영혼들의 진화속도 높이기

엑시온303 행성의 주민들은 햇볕을 쬐며 명상하는 것을 즐기고

늘 여유만만했고 느릿느릿 움직였습니다.

이런 행성 주민들의 순수함과 평온함과 평화 속에서

6차원 물질문명을 이루기까지도 오랜 세월이 걸렸습니다.

영단에서는 사회를 역동적으로 만들어

영혼들의 진화의 속도가 빨라지기를 기대했습니다.

혼에 설치하는 빛·중간·어둠의 매트릭스 중에

어둠의 매트릭스를 설치하고 태어나는 주민을 늘려갔습니다.

어둠의 매트릭스가 설치된 주민들은 자신들의 욕구에 충실했습니다.

엑시온303 행성의 주민들은
일광욕을 자주 해야 하는 신체를 가지고 있었고
그러다보니 채광조건이 좋은 장소와
더 좋은 자연환경을 서로 차지하려고 경쟁하기 시작했습니다.
빛의 매트릭스 위주였던 주민들의
양보와 배려, 존중이 있던 사회에서
각자 자신의 생존과 이익만 추구하는
이기적인 사회로 변해가기 시작했습니다.

② 두 개의 나라 - 비둘기파와 매파
어둠의 매트릭스를 설치한 인자들이 늘어나면서
공동체의 규칙을 어기고 분란을 일으키는 구성원이 점점 많아지고
결국 공동체 밖으로 이들을 추방하였습니다.
시간이 흐르자 추방된 사람들의 수가 늘어 세력화되고
그들만의 나라가 만들어졌습니다.
공격적인 성향이 있는 추방된 이들의 공동체를 매파로 부르고
안정과 평화를 지향하는 기존의 공동체를 비둘기파라 부릅니다.

매파가 사는 땅은 비둘기파에 비해 환경이 열악했습니다.
이들은 비둘기파의 땅을 자주 침략하였습니다.
비둘기파에서도 잦은 공격에 대비해
방어수단을 만들어야 한다는 주장이 나왔습니다.
비둘기파에서는 매파에 대해 최소한의 대응을 하기 위해
보호막을 만들어 나라 전체를 감싸기로 했습니다.
보호막은 태양에서 오는 에너지와

행성의 내부 핵에서 나오는 에너지를 결합하여
기지국에서 에너지를 쏘아주는 방식입니다.
높은 산에 설치된 기지국이 에너지를 받아
다른 산에 설치된 기지국끼리 서로 연결하여 보호막을 만들고
지상을 보호하는 형태입니다.

③ 전쟁의 발생

매파는 보호막 때문에 더 이상 소규모의 침략을 할 수 없게 되자
보호막을 뚫기 위한 연구에 몰입하였습니다.
땅속으로 들어가는 장갑차 모양의 두더지 로봇을 개발하였으며
땅속을 뚫고 비둘기파의 땅으로 침투하기 시작하였습니다.

비둘기파 지도자는 매파에게 최후 통첩을 보냈습니다.
"즉각 중단하라! 두더지 로봇을 지정된 기간까지 철수하라!
데드라인을 지키지 않으면 너희의 본거지를 직접 파괴하겠다!
우리의 최첨단 무기로!!"

매파는 강력한 무기는 없었지만
다양한 무기가 있어 국지전에 유리했고
비둘기파는 무기가 다양하지 못했지만
거대하고 강한 레이저 무기를 보유했습니다.
비둘기파가 공격을 한다면 매파의 땅은 초토화될 수밖에 없었습니다.

매파는 겉으로는 협상하는 척하며 시간을 끌었습니다.
뒤로는 보호막의 핵심시설의 위치와 정보를 알아냈습니다.

결국 매파의 특수부대가 이 시설을 폭파시켜 보호막이 파괴되고
뒤늦게 비밀 군사작전을 눈치챈 비둘기파에서도
마지막 비축에너지로 매파의 땅에 최후의 일격을 가했습니다.

매파의 터전은 휴화산과 활화산이 많은 지역으로
대륙에 충격이 가해지자 일제히 화산이 터졌습니다.
엄청난 화산재가 대기권에 퍼졌습니다.
이 화산재의 분진막으로 인해 행성에 들어오는 햇볕이 차단되었고
일정 시간 이상 햇볕을 쬐야 하는 신체를 가진 행성주민들에게
이 사건은 생존에 치명적이었습니다.

행성에 햇빛이 들어오지 않으면서
모든 생명체가 신체구조상 힘을 쓸 수도 의욕을 낼 수도 없었습니다.
무기력해져 어느 누구도 서로를 도울 생각을 할 수 없었습니다.
삶의 터전들은 모두 파괴되었고
그 속에서 주민들은 어떤 희망도 없이 죽어갔으며
행성은 멸망하게 되었습니다.

****

★ 지구로 온 영단 관리자 빈센트님
빈센트님은 엑시온303 행성의 영단 최고 관리자입니다.
그는 어둠의 매트릭스의 임계점을 넘겨 행성을 운영했고
행성에 어둠의 경험을 주고자
매파의 영향력 있는 인물로 태어나 매파 세력을 키웠습니다.

전쟁 이후에는 비둘기파의 지도자로 태어나
주민들의 의식을 개혁하기 위해 노력하였으나
초토화된 환경속에서 생명체들의 생명 에너지가 고갈되어
재건하려는 어떠한 방법도 통하지 않았습니다.
결국 행성은 멸망하였으며 그 책임을 지고 지구에 오게 되었습니다.

< 행성 영단의 메시지 >

우리는 새로운 행성의 로드맵을 짜고 있고
과거의 시행착오를 바탕으로 더 순수하고 아름다운 행성으로
완만하게 8차원 문명으로 가려는 로드맵을 가지고 있습니다.
이 부분에 대한 하늘의 인가와 함께
새로운 인종의 선정이 필요해서 테라 프로젝트에 참여하였습니다.
그래야만 우리 행성은 새롭게 출발할 수 있습니다.

< 빈센트님 본영의 메시지 >

현재 아바타가 겪고 있는 대퇴부 염증과 불편한 걸음은
행성의 모순을 몸에 새겨놓은 것입니다.
이것을 가슴 깊이 체화시키는 과정이 필요합니다.
지구 차원상승 과정에 나의 아바타를 보낼 수밖에 없었던
절박한 상황과 아픔이 있었습니다.
지구에서의 삶의 프로그램 또한
빛과 어둠의 대비, 빛과 어둠의 통합이라는
거시적인 관점에서 윤회의 프로그램이 짜여졌습니다.
그 속에서 나의 아바타가 다양한 체험을 할 수 있도록
많은 배려가 있었습니다.

관리자로서 본영이 13차원이라는 것은

무한한 진화의 결과물입니다.

그러한 단계까지 도달하는 데는

무수한 시간과 인고의 세월이 있었기에 가능했습니다.

그런 면에서 본영의 파워에 맞는

본인의 잠재된 에너지를 찾아야 합니다.

의식의 도약이 있어야 합니다.

본영과 하늘을 믿고 두려움 없이 올인할 수 있는

정신자세를 가져주십시오.

그러한 과정에 하늘과 본영의 안내가 있을 것입니다.

본인의 노력만으로 갈 수 있는 데는 한계가 있습니다.

반드시 본영과 하늘의 도움이 함께해야만 갈 수 있는 길입니다.

아바타는 현재의 모습에 만족하고 있지만

더 나아가 의식의 점핑을 해주길 바랍니다.

리더로서의 모습이 나오길 바라며

행성주민들에 대한 책임감을 생각하시길 바랍니다.

****

★ 빈센트님 본인의 소감

저는 23년을 고관절 무혈성 괴사를 가지고 살았습니다.

이 대퇴부 염증의 질병으로 인해 다리를 절며

고관절의 통증으로 인한 고통을 받으며 살아왔습니다.

행성의 주민들처럼 말과 행동이 느릿느릿하며

차분한 명상수행을 좋아해서 25년간 해왔습니다.

저는 알 수 없는 두려움의 감정을 가지고 평생 살아왔습니다.
수련단체에서 명상수행을 하며 마음의 위안을 얻었지만
두려움을 근본적으로 해결하진 못했습니다.
빛의 생명나무에서 우주적 존재인 나를 알게 되면서
내 안에 있는 두려움의 근원을 이제야 조금은 알게 되었고
타인을 수용하고 조율하는 법을 익히며
조금씩 조금씩 극복해가고 있습니다.

평생 두려움을 갖고 살아야 했던 것도
평생 다리를 절며 살아야 했던 것도
내가 관리했던 행성을 기억하기 위한 것임을 알게 되었고
나의 전생을 비롯한 지구에서의 다양한 경험들을 통해
다시 내 행성으로 돌아가
새로운 역사를 만들어야 한다는 것도 알게 되었습니다.
이제 내 안의 두려움을 이겨내고
당당한 관리자로서 행성을 다시 재건하는 꿈을 꿔 봅니다.

셀론1호 행성
56개 행성을 방사능으로 오염시킨 행성

★ 행성 기본정보

소속은하 :

네바돈 은하 소속이었으나

56개 행성을 방사능으로 오염시키고 난 후

네바돈 은하에서 3~4개 정도 떨어진 은하로 추방됨

다른 은하로 추방되면서 행성의 시공간이 틀어지고

영단도 비정상적으로 운영되고 있다.

우주의 주기 :

6주기의 초반에 탄생

물리적 환경 :

지구의 4.5배 크기에

자연환경은 지구와 유사하며 최첨단 과학문명 도시들을 이루었다.

외부 행성들과 왕래가 자유롭고 우주선들이 활발히 날아다니며

외부 행성에게 문호를 개방하여

다양한 외부 종족들이 많이 살고 있다.

우점종 :

다양한 종족들이 행성에 살고 있지만

행성의 토착민은 휴머노이드 인종이다.

방사능의 피해로 토착민 인구의 40%가

돌연변이가 되어 격리되어 있으며

60%의 토착민이 행성을 유지하고 돌연변이들을 부양하고 있다.

그들 역시 방사능 피해로 종족 번식이 원활하지는 않다.

인구규모 :

행성 토착민은 9억 정도이며 이주민은 1억 4천 정도

문명단계 :

물질문명은 최고 수준인 12차원까지 발전하였으며

방사능을 다루는 기술의 수준은

처음에는 지구가 보유한 기술의 1.5배 수준으로

이때 방사능에 대한 피해를 입게 되었습니다.

최전성기의 수준은 지구의 10배로

방사능을 다루고 폐기물을 처리하는 기술이 발달하였지만

조금이라도 행성이 오염되는 것을 막고자

폐기물은 다른 행성으로 모두 보내게 됩니다.

정신문명은 가늠하기가 어려운데

방사능의 오염을 겪은 뒤에

행성주민들의 의식이 종족의 정상복구만을 목표로 하여

단일화된 의식과 감정만으로 셋팅되었기 때문입니다.

이민족들에게는 다양한 의식과 감정이 나타나나

그들은 각자가 살아온 문명과 의식수준이

천차만별이기 때문에 정신문명의 정도를 나타낼 수 없습니다.

영단구성 :

관리자 그룹은 20명으로

13차원 5명, 11차원 7명, 9차원 8명으로 구성되어 있으며

13차원 총책임자의 기획과 계획을 집행하는 실무책임자들은

11차원과 9차원으로 구성되는 것이 일반적이나

이 행성은 실무책임자가 13차원으로도 많이 구성되어

다양하고 높은 차원의 관리자 그룹이 형성되었습니다.

****

★ 행성 이야기

① 방사능 피폭으로 심각한 피해를 입은 행성주민들

셀론1호 행성은 물질문명의 최고단계인

12차원의 과학기술을 보유한 행성입니다.

방사능에 대한 기술이 뛰어난 행성으로

방사능을 다루는 기술 수준이 지구의 10배 정도이나

현재 지구의 방사능 기술의 1.5배였던 시절이 있었습니다.

그 시기에 방사능을 잘못 다루어 큰 피해를 입었습니다.

행성 주민의 40%가 방사능 노출로 심각한 돌연변이가 되었고

60%의 주민들은 생식기능이 퇴화되거나 신체에 문제가 생겨

다음 세대를 건강하게 태어나게 할 수가 없었습니다.

행성의 영단 관리자들은 죽어가는 행성을 살리기 위해

어떤 방법을 써서라도 종족을 정상으로 복구시켜 보겠다는

목표를 세우게 됩니다.

② 돌연변이가 된 행성주민들을 복구하기 위한 정책

돌연변이가 되거나 생식기능과 신체에 문제가 생긴 주민들을
복구시키기 위해서 필요한 것은 다음과 같았습니다.

1. 돌연변이 계층의 의식주 해결과 그들을 부양하기 위한 자원
2. 돌연변이의 퇴화를 막는 기술의 연구
3. 종족의 정상 복구를 위한 다양한 실험과 실험자원
4. 방사능 폐기물의 처리
   (폐기물 처리 기술이 예전과 달리 발달되었지만
   한번 아픔이 있었기 때문에
   더 이상 자신의 행성에 방사능을 남기지 않으려 함)

위의 계획과 목표들을 실현하기 위해서
행성에서 실제적인 정책들이 펼쳐졌습니다.

1. 행성의 문호를 개방해 외부인들을 들이고
   그들의 행성 정보를 얻어 그들을 통해 그 행성으로
   방사능 기술을 수출하여 필요한 자원을 얻고
   방사능 폐기물을 처리하기도 하였습니다.
2. 방사능 기술을 수출하며 외부 행성들과 접촉하고
   종족 복구에 필요한 외부 종족을 물색했습니다.
   셀론1호 행성의 종족과 유사하거나
   상태가 좋은 종족들을 행성으로 들여와서
   그들을 이용해 인공수정과 세포이식 등의 실험을 하였고
   우수한 생명체를 만들어보려 했습니다.

3. 방사능 기술을 가져간 행성에서 방사능 피해가 나타났을 때
   방사능 피해를 없애는 실험들을 그 행성에서 진행하였고
   돌연변이가 되어버린 그 행성 주민들을 이용해
   연구, 실험, 교배 등을 거듭했습니다.
4. 돌연변이의 유전적 복원 외에도
   근육의 뒤틀림을 바로 복구하는 치료법 등의
   신체이상을 복구하기 위한 실험을
   타행성 생명체들을 통해 잔인한 방식으로 진행했습니다.

③ 56개 행성의 희생으로 태어난 건강한 주민들
셀론1호 행성은 수없이 많은 행성들에 방사능 기술을 제공하여
필요한 자원들을 얻었으며 방사능 폐기물을 떠넘기고
효용가치가 있는 행성이 방사능 폐기물로 문제가 생기면
또 다른 행성으로 그 폐기물을 넘기는 등
오로지 자기 종족의 생명체들의 복구를 위한 목표를 위해
타행성들을 실험의 대상으로 이용하였습니다.

세대를 거듭하면서 복구 실험은 계속 진행되었고
방사능 기술을 가져가 오염되는 행성의 수가 늘어났고
더 다양한 실험을 위해 희생되는 행성의 수는 늘어갔습니다.
방사능에 노출된 행성들은 생명체의 변이와 같은
셀론1호 행성의 문제점을 고스란히 겪게 되었습니다.
그러한 수많은 행성들의 희생 속에 나온 실험 결과로 인해
돌연변이들은 서서히 복구되었고
마침내 건강한 행성주민들이 하나 둘 탄생되었습니다.

주변의 모든 행성들은 오염되고 죽어가는 상황이었지만
셀론1호 행성은 생명체들이 복구되기 시작하면서
생명의 활기를 찾아가고 있었고
고도의 과학문명에 건강한 생명체들이 풍요롭게 살아가는
행성의 목표를 이루어가는 듯 하였습니다.

④ 네바돈 은하에서 추방당한 셀론1호 행성

생명체들이 복구되기 시작하면서
새로운 생명체들은 금수저로 태어나 특별대우를 받으며
행성의 지도자로 길러졌습니다.
그들은 자신의 행성을 위하여 주변 행성들을 더욱더 수탈하였고
높은 과학기술과 방사능을 가지고 더 많은 행성들을
침략하는 것을 멈추지 않았습니다.

행성의 생명체들이 복구되고 행성이 생기를 다시 찾은 것은
많은 행성들의 피와 눈물이 담겨있는 결과물임에도
그들에 대한 존중과 배려를 몰랐습니다.
셀론1호 행성의 지도자들은 너무나도 당연하게
외부 행성을 침략했고 지배했고 오염시키고 수탈하였습니다.

셀론1호 행성은 끝없는 침략으로 56개 행성을 지배하게 되고
주변 행성들이 온전한 진화의 궤도를 갈 수 없을 만큼
방사능 오염으로 악영향을 미치게 되자
결국 하늘에서 개입이 되어
셀론1호 행성은 네바돈 은하에서 추방되었고

영단의 최고책임자는 구속되었습니다.
보통은 문제가 생긴 행성은 우주함선의 기술로
다른 행성과 차단을 시켜서 고립시키는 방법을 사용합니다.
하지만 셀론1호 행성은 과학기술이 고도화되었고
너무나 많은 주변 행성이 연결되어 있었기에
네바돈 은하에 그대로 두면서 주변 행성과 차단하는 것은
하늘에서도 너무 많은 에너지가 소모된다고 판단하여
행성 자체를 네바돈 은하 자체에서 추방시켜 버렸습니다.

다른 은하로 추방된 셀론1호 행성은
다른 환경의 은하로 갑자기 옮겨가면서
물리적 환경의 변화와 에너지의 변화를 견디지 못하고
생명체들은 죽음으로 내몰린 상태이며
최고 관리자가 구속된 후에 영단은 마비되었으며
행성은 암흑으로 가득 찬 상태입니다.

****

★ 지구로 온 영단 관리자 약속님
약속님은 셀론1호 행성의 영단 최고 관리자입니다.
방사능으로 피해를 입어 돌연변이가 된
행성 주민들의 정상 복구를 목적으로
주민들의 의식과 감정을 하나의 목적만을 가지도록 통제하고
56개 행성을 지배하고 방사능으로 피해를 입혔으며
56개 행성 주민들을 실험하는 데에 앞장선 장본인입니다.

그는 자신의 행성의 생명만을 소중히 여기며
다른 행성의 생명은 철저히 무시했던 이중성으로 인해
자기 행성의 주민뿐만 아니라
다른 행성의 주민들에게도 씻을 수 없는 상처를 남겼습니다.
그의 본영은 우주감옥에 감금되었으나
우주의 법칙을 깨트린 그의 과오를 알리기 위해
지구로 오게 되었습니다.

< 약속님 본영의 메시지 >
"정말 최선을 다해달라..."
나머지는 하늘의 결정을 기다릴 수밖에 없는 입장임을
다시 한번 전해드립니다.
비록 아바타가 이곳에서 고생도 많았지만
나는 아바타를 지구로 보낼 수 있었다는 것만으로도
만족하고 감사합니다.

분명히 내가 지구로 올 수 있었고
지구에서 나를 받아준 데는 이유가 있습니다.
자기 이익을 위해 우주의 법칙을 깨트렸을 때
나타나는 모순을 알려야 하는 경우로 온 것입니다.
행성과 행성간의 존중도 있어야 한다는 것
크게 말하면 우주의 법칙을 침범한 것에 대한 본보기로
우주에서 일어나는 모순의 실체에 대해
하늘도 알릴 필요가 있었기 때문입니다.
외부지원팀들이 행성의 진화 과정에서 잘못을 했지만

그것에 대해 피력할 수 있는 여지를 준 부분에 대해
감사를 드립니다.

****

★ 약속님 본인의 소감
빛의 생명나무에서 공부를 하다가
외부지원팀이라고 우주적 신분이 나왔을 때
게다가 주변의 56개의 행성을 고통에 빠트렸다는 사실에
너무나 놀랐고 그 사실을 부정도 해보고
하늘에 있는 본영을 원망하기만 했었습니다.
그러다가 자세한 행성의 이야기를 듣게 되면서
내 삶에서 이해되지 않았던 부분들을 모두 이해할 수 있게 되었고
그제야 나의 존재를 받아들이게 되었습니다.

행성 이야기를 듣기 오래 전 '아나스타시아'라는 책에서
방사능 물질을 먹고 사는 박테리아가 있으며
방사능 물질을 안전하게 처리할 수 있다는 내용을 읽으며
왜 갑자기 이유없이 눈물이 흐르면서
감사함에 눈물을 흘렸었는지... 희망을 느꼈는지...

우데카 팀장님께서 내게서 흘러나오는 에너지에 대해
왜 그렇게 혹독하고 매정하게 말씀하실 수밖에 없었는지...
내 의도와는 다르게 교활하고 기분 나쁜 에너지를 뿜어내며
어디에 가도 환영받지 못하는 사람으로

친구나 주변사람들 속에서도 겉돌며 살아갈 수밖에 없었는지...
어렸을 때부터 이 지구가 낯설게 느껴지고
삶이 그토록 재미가 없었던 이유가 무엇인지...

이 모든 이유가 나에겐 꼭 돌아가야 하는 곳이 있으며
내가 지구에서 겪기로 약속한 일들이 바로
지금 내 삶이라는 것을 이제야 알게 되었으며
본영을 원망했던 철없던 내가 부끄러워지고 미안한 마음입니다.
본영의 말대로 이 땅에 올 수 있었다는 사실 하나만으로도
정말 감사를 드립니다.

스콜피아 행성
기계인간의 인공지능 시스템이 생명체를 지배

★ 행성 기본정보

소속은하 :

안드로메다 은하 최변방에 위치

(은하철도 999의 모티브가 된 기계화 행성)

우주의 주기 :

5주기 중반에 탄생

물리적 환경 :

크기는 지구의 3배 정도로

행성 전체에 녹색이나 푸른빛은 없이 어두운 색이 감돌며

화성이나 달처럼 물이 거의 없는 열악하고 척박한 환경

우점종 :

직립보행을 하는 기립형 갑류로 전갈족으로 불린다.

수명은 150년 정도이며 IQ 230~250 정도의 지능을 가지고 있고

크게 2가지 종족으로 나누어 볼 수 있다.

1종족 – 섬세하고 감성이 있으며

순수하고 맑은 에너지를 지니고 있다.

환경 변화에 민감하며 행성 환경에 비해

생명체가 나약한 신체조건을 가지고 있었다.
인구의 대부분인 90%를 차지하는 행성의 주요 종족이다.

2종족 – 1종족보다 덩치가 크고 힘이 세며
저돌적이며 지배욕구가 강한 종족이다.
인구의 10%를 차지하며
주로 지도층으로서 행성의 물질문명을 이끌었다.

인구규모 :
5억 정도

문명단계 :
물질문명은 10차원이며
정신문명은 8차원 1단계 진입

영단구성 :
영단 관리자 그룹은 총 11명으로
13차원 1명(최고 관리자), 11차원 2명(실무 관리자),
9차원 5명, 7차원 3명으로 구성되어 있다.

****

★ 행성 이야기
스콜피아 행성은 환경이 척박하고
생명체의 신체적 조건은 나약하게 설정되어

살아가기가 매우 어려운 조건이었습니다.
하지만 열악한 조건을 만들었다는 것은
그 열악함을 이겨낼 수 있는 조건도 반드시 있다는 것입니다.

스콜피아 행성도 열악함을 이기고 생명체가 살아갈 수 있는
특별한 환경적 조건이 있었습니다.
행성 전반에 조약돌같은 에너지 보석이 묻혀 있었고
이 보석들이 태양에서 받는 에너지를 흡수하고 변환하여
생명체들의 에너지원으로 작용하였습니다.
행성 주민의 대부분인 1종족의 주민들은
에너지 보석을 통해 나약한 신체조건 속에서도
생명력을 유지하며 살아갈 수 있었습니다.

하지만 행성이 발전해 가면서 지도층인 2종족은
그 에너지를 문명 발전을 하는 쪽으로 치중하게 되고
생명체들에게 공급되는 에너지는 점점 줄어들었습니다.
1종족인 대부분의 주민들은 에너지를 받지 못하여
면역력이 떨어져가기 시작했고
치명적인 질병이 행성 전반에 퍼지면서
죽어가기 시작하였습니다.

행성의 대부분을 차지하는 1종족 주민들이 죽어가면서
행성의 생명체들이 모두 멸종할 수도 있다는
위기의 상황을 맞게 됩니다.

① 주민들의 생명력을 보존하기 위한 기계인간을 제작

영단 관리자들은 생명체가 죽어가는 위기의 상황을 해결하기 위한
여러 대책들을 강구했으며 그 중에서 선택된 방법이
기계인간을 만들어 일을 대신하게 하는 것이었습니다.
다양한 기계인간들을 만들어서 노동을 하게 하였으며
주민들이 노동에 에너지를 소모하는 것을 막고
생명체들이 적은 에너지로도 살아갈 수 있도록 하였습니다.

행성 주민들의 고된 노동들을 기계인간이 대체하게 되면서
주민들은 에너지를 많이 소모하지 않고
편안한 생활을 할 수 있게 되었습니다.
시간이 지날수록 기계인간을 만드는 기술은 점점 발전하여
주민들이 하던 대부분의 역할을 대신할 수 있게 됩니다.
특정 분야의 부족한 전문 인력을 대체하는 것으로 시작된
기계인간의 인공지능은 점점 발전하면서
스스로 프로그램을 조합하고 생성하여
생명체들보다 훨씬 뛰어난 결과물들을 만들어내게 됩니다.

머리를 스타일링하는 것도 음식을 만드는 것도
병을 진단하고 치료하는 것까지도
생명체들이 하던 대부분의 활동을
기계인간이 생명체보다 훨씬 정교하고 완벽하게 해내면서
주민들은 기계인간이 만들어내는 모든 것들에 재미와 활력을 느끼고
점점 기계인간들에게 삶의 전반적인 활동들을
의존하게 되었습니다.

기계인간이 삶의 모든 면에서 꼭 필요한 존재가 되면서
지도층에서는 기계인간을
생명체와 같은 주민으로 인정해 주게 되었으며
행성에서 일어나는 85%의 일들을
모두 기계인간들이 하게 되는
기계가 중심이 되는 사회가 되었습니다.

② 생명체의 물질 체험들을 대체하게 된 기계인간
지상에는 기계인간들이 생명체들처럼 활보하게 되었으며
지하에는 기계인간들의 에너지를 지원하기 위한 기지국이
곳곳에 설치되었습니다.
기계인간들은 행성의 에너지를 쉽게 끌어다 쓸 수 있었고
점점 생명체들보다는 기계들에게 유리한 환경이 되어 갔습니다.

대부분의 노동을 기계들이 대신하게 되면서
영단 관리자들이 의도했던 목적인
행성주민들의 에너지 소모를 줄이고
사회에 새로운 활력을 불어넣은 것은 잠시뿐이었습니다.

기계인간들이 사회의 전반적인 것을 담당하게 되면서
오히려 에너지들이 기계인간들에게 더 많이 소비되었고
생명체들에게 가는 에너지는 더욱 줄어들게 되어
생명체는 점점 더 나약해져 가고
기계인간에게 더욱더 의존하게 되는 상황으로 흘러갔습니다.

또한 주민들은 기계를 통해 원하는 목적만 달성하면 되었기에

서로 소통하는 방법을 점점 잊어버리게 되었습니다.

상대방이 무엇을 원하는지 무슨 생각을 하는지

어떤 감정을 느끼는지 고민할 필요가 없어졌고

감정없이 시키는 대로 뭐든지 하는 기계를 통해

원하는 목적만 달성하면 끝이었습니다.

생명체 간에 일상적 소통과 관계는 점점 사라지게 되었습니다.

생명체들이 서로 소통하면서 수많은 사건과 부딪힘 속에

영혼의 발전과 성장이 있는 물질 체험이 있어야 하는데

모든 일들을 기계인간들이 대신하다 보니

영혼들이 생명체로 태어나 체험해야 할 프로그램의

1/3 밖에 경험하지 못하게 되어

영혼들의 물질 체험에 심각한 문제가 생겼습니다.

③ 기계인간의 인공지능 시스템이 사회를 지배

기계인간들을 관리하고 움직이는 인공지능 시스템은

1종족과 2종족에 하나씩 두고 관리했습니다.

소수이지만 주요 지배층이 있는 2종족이

시스템을 전반적으로 관리하였으며

2종족은 1종족이 마음에 들지 않을 때

1종족의 기계 시스템을 전면 마비시키거나

1종족의 기계 시스템에 오작동을 일으켜

주민들을 몰살시키기도 했습니다.

나약했던 1종족은 기계에 대한 의존도가 더욱 높았기에

그들이 입는 피해는 컸고
2종족은 1종족을 지배하기 위한 위협의 수단으로
더욱더 기계 시스템 개발과 발전에 몰두하게 됩니다.

인공지능의 발달 속에 너무나 똑똑해진 기계 시스템은
생명체보다 자신들이 우월하다는 의식을 가지게 되었습니다.
기계 시스템은 주민들의 안위보다는
기계들에 대한 에너지 공급을 우선 확보해야 한다는 의식으로
자신들을 보호하기 위한 프로그램이 작동되기 시작하였습니다.
기계 시스템은 생명체들을 바퀴벌레 수준으로 취급하였고
기계인간들에게 행성의 대부분의 에너지를 공급하면서
기계 시스템이 원하는 방향과 목적대로
사회가 움직여지게 되었습니다.
결국 기계 시스템과 그 명령을 받는 기계인간들에 의해
생명체가 완전히 지배당하게 되었습니다.

기계 시스템이 지배하는 사회 속에서
두 개의 기계 시스템은 스스로 발전하며 점점 고도화되었고
1종족과 2종족의 기계 시스템 간에
중앙 시스템의 독점을 위한 시스템 간의 충돌이 일어났습니다.
복잡한 인공지능 시스템을
어느 누구도 통제할 수 없는 카오스 상태가 되었고
시스템의 명령을 받은 기계들을 통해
서로가 서로를 무차별적으로 죽이는 전쟁이 진행되었습니다.
결국 두 인공지능이 상대 세력을 멸절하기 위한 치밀한 계산 속에

서로 최후의 일격으로 동시에 전자폭탄을 쏘았고
하늘에서 벼락이 떨어지는 것처럼 폭발하게 되면서
기계 시스템도 기계인간들도 생명체들도 모두 멸절하게 되었습니다.

****

★ 지구로 온 영단 관리자 철이님
철이님은 스콜피아 행성의 영단 최고 관리자입니다.
생명체들의 에너지가 부족하게 되었을 때
기계인간이 노동을 대체하게 하여 문제를 해결하고자 했으며
1종족과 2종족의 지도자로 번갈아가며 육화하여
행성의 기계화를 주도하였습니다.

철이님이 빛의 일꾼으로 참여한 이유는
영단 책임자로 새로운 행성의 로드맵을 짜기 위한 목적과
지구에서 배워가야 할 것이 있기 때문이며
크게 보면 3가지로 볼 수 있습니다.

1) 기계인간은 영혼의 창조력을 통해 만들어진 물질 체험의 결과이고
물질 체험을 하게 해주는 도구일 뿐이다.
기계인간이 물질 체험을 대신하는 게 아니라
결국 영혼이 있는 생명체가 물질 체험을 해야 하는 것이다.
스콜피아 행성은 그것을 놓치고 기계를 오히려 존중하고
하나의 구성원으로 받아들이고 주민과 같이 대하는 과오를 범했다.

2) 생명체의 진화란 생명체와 생명체가 부딪히며
성장하고 배우는 과정이다.
서로 부딪히며 갈등과 소통을 통해 성장하는 것이고
여기에는 주민과 동식물과의 교감도 포함된다.

3) 행성의 척박한 자연환경과
생명체의 신체적 조건이 나약하게 설정된 것에는 이유가 있다.
그 행성에서 겪어야 하는 과정이 반드시 있는 것이다.
취약하고 모순이 있어도
그 자체가 완전한 결과물 속에 이루어지는 과정이란 것을
진정으로 알아야 한다.

****

★ 철이님 본인의 소감
저는 어렸을 적부터 농촌의 자연속에서 자라면서
생명에 대한 탐구심과 생명에 대한 경외감이 있었으며
문학과 철학에 관심이 많았습니다.
그러나 저의 이런 성향과는 다르게
제 삶의 방향은 기계분야 쪽으로 흘러갔습니다.

인문학을 전공하고자 했으나 엉뚱하게 기계공학을 하게 되고
무역을 하고 싶어 취직한 회사에서는
건설 기계분야의 일을 하게 되는 등
제가 원하는 방향과는 다른 곳으로 자꾸 가게 되었습니다.

허나 이상하게도 그 분야에서 큰 노력을 하지 않았음에도
기계들의 원리를 쉽게 이해할 수 있었고
제가 맡은 일에서 승승장구하였습니다.
더 이상했던 점은 기계 시스템은 누구보다 잘 이해했지만
사람들과 소통하는 것은 너무나 젬병이었다는 것입니다.
소통이 잘 되지 않으니
간단한 브리핑을 하는 것도 어려워했으며
저는 모두에게 불편한 사람이 되어 있었습니다.

우리 행성의 이야기를 듣고 나서 이 모든 것이
기계문명을 건설한 행성의 카르마였다는 것을 알았습니다.
기계에 대한 이해가 너무나 쉽게 되었던 것도
인간에 대한 소통과 교감이 너무나 어려웠던 것도
이제야 그것이 우리 행성에서 있었던 기계문명의 폐해속에
생명체간의 소통 부재를 체험한 것이라는 것을 알았습니다.

제가 지구에서 체험한 모든 에너지를 승화하여
앞으로 우리 행성으로 돌아가
행성을 재건하는데 최선을 다하겠습니다.

프라쉘라 행성
정신문명의 순수성을 지키려는 과도한 정책

★ 행성 기본정보

소속은하 :
네바돈(우리) 은하와 가장 인접한 은하

우주의 주기 :
5주기 말부터 생명체 활동 시작

물리적 환경 :
지구 행성보다 1.8배 크며
행성의 겉모습은 연한 주황색이 섞여 있는
베이지색의 대리석처럼 보인다.

우점종 :
파충류 인종으로 파충류의 색깔이 거의 없어져 가는 단계이며
조류 에너지가 65% 섞여 있다.
직립보행을 하며 휴머노이드형과 유사한 계열로
남성과 여성의 구분이 없으며
생식기능은 있으나 아무나 출산을 할 수 없고
종족의 우성인자를 보존하기 위한 번식그룹을 선별하여 운영한다.
전성기 때의 모습은 그리스 신화의 여신이나 관세음보살처럼
아주 아름다운 외모를 지니고 고아한 에너지를 풍긴다.

자신의 종족을 '신생족'이라고 부르며
본인 종족이 우주에서 가장 진화한 생명체라고 생각하고 있다.

인구규모 :
원주민인 토착신생족이 3억 5천 정도이며
이주민 유입으로 최대 5억까지 인구수가 늘었다.

문명단계 :
정신문명은 10차원 14단계까지 발전하였고
물질문명은 10차원 2단계까지 발전했다.

영단구성 :
영단 최고 관리자는 13차원 행성 관리자로
처음 부임한 후로 교체없이 지금까지 역할을 했다.
영단 관리자 그룹은 9명으로 13차원 관리자 1명, 11차원 관리자 2명,
9차원 관리자 4명, 7차원 관리자 2명으로 구성되어 있다.

****

★ 행성 이야기
프라쉘라 행성은 순수함 그 자체였습니다.
너와 나의 구분이 없으며 광물, 식물, 동물이라는
서로의 구별과 경계도 느껴지지 않을 정도로
모두 연결되어 있었습니다.

이 행성의 종족인 신생족은 가볍게 나는 듯이 걸었으며
풀이 손끝을 스치면 풀과 소통을 할 수 있었습니다.
모든 생명체들은 투명하여
서로가 자연스럽게 소통할 수 있었습니다.
물질 매트릭스도 없고 의식적 모순도 없는 순수한 상태로
만물과 소통하는 능력을 가지고 오랜 시간을 지내왔습니다.

행성 영단에서는 이런 순수함에 만족하였으나
영혼의 진화를 위해서는 새로운 체험이 필요하였으며
정체된 상황을 해소할 수 있는 방안을 찾아야 했습니다.
그리하여 영단에서는 외부로부터 다양한 경험을 한 영혼들을
입식하기로 결정하였습니다.
신생족의 진화에 도움을 줄 수 있는 인자를 선별하여
긴 시간에 걸쳐 1억 정도의 새로운 영혼들이 입식되었습니다.

① 토착신생족과 이주신생족의 두 개의 문명
행성에서는 이주영혼들을 엄격하게 관리하였습니다.
이주해 들어와 신생족의 외투를 입은 이주신생족은
거리가 떨어진 곳에서 문명을 일으키게 하였고
행성에는 두 개의 다른 문명이 생기게 되었습니다.
토착신생족은 순수성을 지키며 정신에 주안점을 두고
문명을 발전시켜 나갔으며
이주신생족은 본인들이 가지고 온 물질문명을 펼치면서
발전해 나갔습니다.

과학, 정치, 경제 등의 물질 매트릭스가 깔리기 시작한
이주신생족의 문명에 의해
과학기술이 6차원 초입까지 발전하였고
토착신생족이 물질문명을 받아들이기 시작하면서
행성의 물질문명은 급속도로 발전하기 시작하였습니다.
토착신생족의 순수한 에너지가 성장의 밑거름으로 작용하여
10차원까지 엄청난 속도로 비약적인 발전을 하게 됩니다.

영단 관리자들의 계획과 철저한 통제 아래
주민들의 순수성을 보존하면서 문명의 교류가 이루어졌고
토착신생족들은 자연만물과의 소통을 할 수 있는
영적능력을 잃지 않고 순수성을 유지하면서
영혼의 다양한 물질 체험을 할 수 있는 기반이 만들어졌기에
행성의 정신문명과 물질문명은 균형을 이루며
조화롭게 발전해 나가는 듯 하였습니다.

② 이주신생족 그룹에 대한 차별 정책
행성의 문명은 주변행성에서 부러워할 정도로 발전하였습니다.
하지만 행성 내부에서는 급격한 물질문명의 발달과
순수성을 지키려는 강한 통제로 인한 모순의 싹들이
드러나고 있었습니다.

영혼이 다른 행성의 영단으로 입식을 결정할 때는
그 행성만이 줄 수 있는 체험을 통해
영혼의 진화를 기대하며 오게 됩니다.

프라쉘라 행성으로 이주해 온 영혼들은
과학기술의 토대를 제공하고
물질문명이 건설된 이후에는
정신문명이 발전한 이 행성에서의 특별한 체험을 통한
진화의 과정을 약속받고 온 것이었습니다.
그러나 영단에서는 이주한 영혼들에게 과학기술을 제공받은 뒤
일부 소수의 영혼들에게만 정신문명의 체험을 제공하고
대부분의 이주 영혼들에게는
다양한 경험을 할 수 있는 영혼의 프로그램을
제공하지 않았습니다.

영단에서는 토착신생족의 순수함을 유지하고자 하는
목표가 너무 강했기 때문에
행성의 로드맵과 프로그램을 비롯한
모든 제도와 정책들이 토착신생족 위주로 짜여졌습니다.
또한 이주신생족의 영혼들과 서로 뒤섞였을 때
행성의 순수함을 잃게 될 수도 있다는 두려움때문에
그들과의 약속을 지키지 않았던 것입니다.

하지만 이주영혼들을 초대하여 약속했던 것들을 어기면서까지
그렇게 지키고자 했던 순수성은
급속한 물질문명의 발전으로 인하여 무너지기 시작했습니다.
너무나 급속도로 발전한 물질문명 속에서
그들이 추구했던 순수함은 하나씩 사라져갔습니다.
급격한 성장 뒤에 나타나는 모순들은

눈덩이처럼 커져가기 시작했고
행성은 순수성을 잃고 급속히 무너져갔습니다.

결국 영단에서는 토착신생족의 순수성을 지킨다는 명목으로
이주신생족들을 주변행성의 영단으로 내쫓기 시작했습니다.
여기에는 육신의 옷을 입은 채로
주변행성으로 가게 된 인자도 있었습니다.
그렇게 영혼의 진화를 기대하며 프라쉘라 행성에 왔던
이주영혼들은 약속했던 영혼의 경험도 하지 못한 채로
강제로 추방까지 당하게 되었습니다.

③ 토착신생족을 보호하기 위한 외부와의 교류 차단
행성의 처음 에너지 상태는 투명색이었습니다.
문명이 처음 시작했을 때에는 순백색의 에너지 상태였으나
문명이 발달하자 빨간색으로 변하고
이후에는 흑색에 가까운 적갈색으로 변하였습니다.

물질문명을 받아들이고 급속도로 발전하는 과정에서
순수함과 생기가 넘쳤던 행성주민들은
점점 생명력도 줄어들고 감정없이 메말라갔습니다.
이주영혼들이 대부분 쫓겨나고 원주민인 토착신생족들만 남았지만
예전의 서로간에 있었던 믿음과 사랑은 이제 찾아볼 수 없었습니다.
서로간의 불신은 높아져갔고 자기 욕심을 먼저 채우며
믿음과 사랑은 감소되고 퇴색되어 갔습니다.
서로를 구별하기 시작하며 경계의 벽이 높게 쳐지게 되었습니다.

결국 행성 내에서 6개의 군집으로 나뉘어져
서로를 헐뜯고 할퀴는 아수라장으로 변하였습니다.
분노와 대립의 에너지가 극단까지 가서
폭발하기 시작하였습니다.

영단에서는 이주영혼들을 내쫓는 것으로도 해결이 되지 않자
외부에서 들어오는 소통과 교류를 일절 차단하고
행성에 에너지 보호막을 물리적으로 씌워버리게 됩니다.
외부에너지를 전면 차단하고
행성 자체의 에너지로 다시 돌아간다면
예전의 순수했던 상태로 되돌릴 수 있다고 생각하였습니다.
무너져버린 순수성을 되찾기 위한 자기 정화의
극단적인 선택이었습니다.

그러나 내부의 대립과 갈등은 점점 격화되었고
사회는 새로운 동력을 만들어 낼 수 없었으며
행성의 내부 에너지인 가이아 에너지마저 모두 소진되었습니다.
모든 신생족들은 에너지가 고갈되어 식물인간처럼 변하였고
손가락 하나 움직일 수 없을 정도로
하루하루 힘겹게 버티는 상황이 되었습니다.
결국 행성의 에너지가 적갈색에서 완전한 흑색으로 변하면서
멸망하게 되었습니다.

****

★ 지구로 온 영단 관리자 경연님

경연님은 프라셸라 행성의 13차원 관리자로서
영단 최고 관리자의 역할을 하였습니다.
행성의 토착문명과 이주문명을 통제하고 관리하면서
행성의 과학문명을 발달시키기 위한 역할도 하였으며
토착민들의 순수성을 보호하기 위한 노력을 많이 하였습니다.
그것이 과도화되어 이주영혼들을 내쫓기도 하고
결국에는 행성에 에너지 보호막을 씌우고
행성의 모든 에너지를 소진하고 멸망하게 만드는데
결정적인 역할을 하였습니다.

< 경연님 본영의 메시지 >

저의 아바타가 지구에 파견되면서
그는 이제 진정으로 스스로의 존귀함과
감정과 의식의 교류와 영적 능력이 중심이 되는 것이 아니라
모든 생명체가 가지는 의식과 감정이
조화를 이루며 충만해졌을 때
모든 것이 살아날 수 있음을 지구에서 배우고 돌아와야 합니다.
지금 저의 모습을 보여드린다면
너무나 절망스럽고 추한 모습입니다.
그가 돌아와야만 한 줄기의 빛과 생명과 한 방울의 피로
이 행성이 재생될 것이며 원래 모습으로 돌아갈 것입니다.
아바타에게 당부의 말씀을 드립니다.
인간의 존엄성과 생명체의 존엄성을 가지고
창조주가 부여한 모든 감정과 의식을 누리면서

조화와 균형을 가지고
영적 능력 또한 아름답게 발휘될 수 있는 토양을 스스로 만들어
팀장님과 이 일을 끝내고 속이 영글어서
행성으로 돌아올 것을 부탁드립니다.

< 경연님에게 보내는 연방함선 메시지 >
한 행성이 고립이 되어 진화해 간다는 것이 얼마나 참혹한지
경연님의 행성을 통하여 모두가 알게 되었으며
이 사실들을 전 우주의 모든 행성이 알게 될 것입니다.

입식된 생명체가 아무리 고귀한 정신문명을 가지고 있더라도
그 정신문명을 구현할 수 있는 보이지 않는 근원은
창조주의 빛과 사랑과 행성의 고유한 에너지가 합쳐져야 합니다.
그 모든 것을 잊어버리고
고도의 정신문명 하나로 자신이 특별하다는 착각속에
생명체를 내쫓고 서로를 죽이는 과정이
경연님의 행성에서 일어난 일이었습니다.

우주의 법칙은 절대 벗어날 수 없다는
가치있는 교훈을 배웠으며
당신 스스로도 이 행성의 카르마와 모순을 가지고
지구에서 살아왔습니다.
모순이 모순인지도 모르는 채
스스로의 에너지가 무슨 문제가 있는지 모르는 채
아무리 인간이 똑똑하고 잘난체하여도

보이지 않는 세계의 철저한 원리와 법칙은 알지 못했습니다.
이 지구에 와서 이제야 알게 되는 것입니다.

이것이 진정한 통찰력이며
우주와 연결된 의식의 도약이 될 것입니다.
항상 애틋하고 가련한 에너지 속에서
그동안 고생했다는 것을 잘 알고 있습니다.
하늘에서는 그 모습을 알지만
체험하는 당신은 그것을 모르기 때문에
더 애처로울 수밖에 없습니다.
경연님의 의식과 감정, 행성을 바라보는 시각이
폭넓게 발전하기를 빌겠습니다.

****

★ 경연님 본인의 소감
처음 행성이야기를 듣고
고귀함을 지키기 위해서 상대방을 배척하는 에너지가
나에게 있다고 했을 때 전혀 이해가 되지 않았습니다.
학창시절부터 늘 사람들과 함께하는 생활을 하였고
붙임성있는 성격으로 어디에 가서도 사람들과 잘 친해지고
스스럼없이 지내며 살았는데 나에게 그런 성향이 있다니?

다시금 저의 행성 이야기를 수없이 곱씹어보면서
내가 몰랐던 나를 발견하게 되었습니다.

사람들과 깊이 친해지려는 노력을 하지 않는다고
투덜거렸던 친구의 말이 떠올랐고
그 흔한 무선호출기(삐삐)도 없이 살면서
연락처를 주고 받는 것을 극도로 싫어했던 저였습니다.
'서로가 그냥 이심전심으로 통하는 거지'
'정말 인연이 있으면 다시 만나겠지' 라는 생각으로 여겼는데
그것이 스스로 정해놓은 선 이상을 넘지 않으려는 경계였습니다.

가장 근본적인 원인은 카르마 에너지장의 영향으로
어떤 정보가 들어와도 다 아는 것처럼 느껴져서
'나는 특별하니까 어떤 것이든 다 알 수 있다'고 생각했습니다.
안다는 것을 막상 구체화시키거나 풀어내려고 하면
제대로 된 결과물이 나오지 않는 속 빈 강정이었지만
'나는 다 안다'는 허황된 생각으로 사람들과 소통했던 것입니다.
결국 고귀하고 존귀하고 나만이 특별하다는 생각이
의식 안에 깊이 숨겨져 있었기 때문에
항상 깊은 관계나 소통이 될 수 없는 벽이 있었던 것입니다.

이제는 뼛속깊이 제 행성의 모순을 인지하고
사람들과의 관계 속에서
함께 풀어가는 삶의 즐거움을 배워가고 있는 중입니다.

샤빌리스 행성
여성성 에너지로 7개 행성을 지배

★ 행성 기본정보

소속은하 :

네바돈(우리) 은하와 멀리 떨어진 은하

우주의 주기 :

4주기 말에 탄생한 행성

물리적 환경 :

지구의 1.1배 크기로 지구보다 습도가 높으며

대형의 험한 산악지대는 별로 보이지 않는 살기 좋은 자연환경

우점종 :

주기마다 에너지 비율을 다르게 설정하였다.

5주기에는 파충류 에너지에 어류와 조류 에너지를 추가했고

6주기에는 파충류 에너지에 어류 에너지를 섞고

따뜻함이 나올 수 있게 주류 에너지 10%를 가미하였다.

외형은 영화 '발레리안: 천개 행성의 도시'에 나오는

진주족과 유사한 외모로 푸른빛이 감돌고 갸름하고 날씬하다.

인구규모 :

6억 3천

문명단계 :

정신문명은 6차원 15단계이며 물질문명은 8차원 14단계이다.

영단구성 :

영단 관리자는 총 5명으로

5주기에는 11차원 관리자 3명과 9차원 관리자 4명

총 7명으로 구성되어 있었으며

6주기에는 11차원 관리자 1명과 9차원 관리자 4명

총 5명으로 11차원 관리자가 한 명으로 축소되었다.

****

★ 행성 이야기

샤빌리스 행성은 지난 5주기를 거치며

파충류 인종의 포악성으로 인한 갈등과 전쟁으로 인해

11차원의 영단 책임자 두 명이 퇴출되어 영혼이 소멸될 정도로

행성 진화에 심각한 문제가 있었습니다.

6주기의 관리자들은 5주기의 문제를 반복하지 않기 위해

갈등과 대립이 없고 전쟁도 없는 행성을 꿈꾸며

최상의 자연환경과 함께 평화로움이 넘치는 환경에서

물질문명, 정신문명을 발전시키는 진화 방향을 찾게 됩니다.

6주기의 행성의 진화 방향은 크게 두 가지로 정해졌습니다.

첫번째로 포악성과 거친 남성성과 반대되는

풍요롭고 부드러운 여성성의 에너지를 극대화하기 위해서

성비 조절을 통해 여성이 대다수인 행성으로 만드는 것입니다.
두번째는 파충류 인종의 고유의 본성인 포악성을
과학기술을 통해 거세해 나가는 것입니다.
과학기술 개발에 초점을 둔 부분은
포악성을 의도적으로 거세하기 위한 장치를 만드는 것으로
유순하고 통제 가능한 평화로움을 위해
의식을 지배하거나 감정을 제어할 수 있는
제도(교육), 약품, 장치(칩) 등을 만드는 것이었습니다.

① 포악성을 극복하기 위한 여성성 추구
샤빌리스 행성은 파충류 에너지를 기본으로 하고
주기마다 우점종의 에너지 비율을 다르게 설정해 왔는데
6주기에는 파충류의 포악성에 대한 문제를 해결하고
여성성과 온화함을 만드는 것이 목표였기에
따뜻한 주류 에너지 10%를 섞은 인종이 나오게 되었습니다.

생명체들의 포악성을 없애기 위해 어떤 방법이 유용할지에 대해서
수많은 실험이 진행되었습니다.
포악성이 나쁘다는 것을 제도를 통한 교육을 하기도 하고
포악한 자들을 무자비하게 벌을 주어
두려움 속에서 포악성을 드러내지 못하게 하기도 하고
여성 위주의 사회를 만들기 위해 성비 조절의 목적으로
남성들의 생식 능력을 막아버리는 기술과
남자아이들을 죽이는 극단적인 방법까지 사용하며
행성에 있는 모든 포악한 에너지를 없애 나갔습니다.

생명체의 포악성 통제를 위해
행성주민들을 통해 감정과 의식에 대한 수많은 실험들을 하였고
그와 관련한 방대한 데이터가 축적되었습니다.
의식을 지배하는 과학기술
사람을 관리하고 지배하는 기술 등
감정과 의식에 대한 축적된 결과물들이 매우 방대해졌으며
실험속에서 수많은 노하우를 얻을 수 있었습니다.
사람을 다루는 과학기술과 심리 부분에 있어서만큼은
10차원을 넘어설 정도의 기술을 보유하게 되었습니다.

이러한 행성의 기술력과 통제력을 다 아는 상태에서
주민들은 포악성이 조금이라도 드러나면
도태될 수 있다는 두려움을 느끼기 시작했습니다.
따라서 행성의 목표에 부합한 모습으로 변해야 했습니다.
점차적으로 남성은 여성화, 여성은 더 여성화되어 가면서
부드러움이나 여성성을 강조하는 문화 또한 형성되었습니다.
도태되지 않고 살아남기 위해서는
주민 스스로가 여성성의 에너지로 변화되어야만 했습니다.

시간이 흐르면서 남녀의 성비가 2:8이 되었고
과학, 정신, 문화의 모든 방면에서 황금기를 이루게 되었습니다.
어디를 가나 하늘하늘한 여성성의 에너지가 흘러나왔습니다.
각자가 스스로 풍기는 여성성의 에너지에 도취되었으며
여성성을 바탕으로 한 문화는 꽃을 피웠습니다.

② 생명력의 저하로 인한 나태함과 동력의 상실

행성은 여성성의 부드러움과 화려함 이면에
모순이 서서히 드러나기 시작했습니다.
남성들의 생식 기능을 막고 성비를 인위적으로 조절하는 과정에서
파충류 특유의 힘이 낮아졌습니다.
또한 여성성을 유지하기 위해 먹었던 식품과 약품들로 인해
생명력이 50%로 줄어들었습니다.
극소수의 심한 주민들은 생명력이 30%까지 떨어지면서
힘없이 흐느적거리기 시작했습니다.
의욕이나 열정과 같은 에너지는 사라지고
나태함, 교태로움, 섹시함의 에너지만 나오게 되었습니다.

행성에 전반적으로 생명 에너지가 떨어지면서
주민들의 노동력의 저하로 이어졌고
생명체들이 살아갈 수 있는 물적 기반이 되는 자원을
새롭게 개발하려는 동력도 사라졌습니다.
성비 불균형으로 인해 여성성 위주의 문화속에
여성도 남성을 원하지 않고 남성도 여성을 원하지 않는
서로간의 관계를 이루는 동력도 사라졌습니다.
행성의 진화 방향을 이끄는 에너지가 점점 사그라들고 있었습니다.

영단에서는 이 상황에 대해서
여성성의 일방적인 추구에 따른 문제점으로 인식하지 못하고
단순히 노동력 부족과 자원부족으로 생각하고
자원개발과 함께 새로운 동력을 찾아서

행성의 생명력을 살려보고자 했습니다.
그때부터 외부에 있는 타행성들로 눈을 돌리게 됩니다.

③ 7개의 행성을 식민 지배

처음 시작은 에너지를 다루는 기술을 필요로 하는 행성에
기술을 제공하고 자원을 얻기 위한 교류의 목적이었습니다.
그러나 교류의 과정에서 생명체를 다루는 높은 에너지 기술과
행성 고유의 여성성 에너지로
상대 행성이 필요로 하는 것을 잘 캐치해내고
그 행성의 주민들을 매혹하고 마음대로 움직일 수 있다는 것을
알게 되면서 교류했던 행성들을 하나씩 지배해 나가게 됩니다.

그들은 7개의 행성과 접촉하는 과정에서
에너지 기술을 전달하고
자기 행성의 에너지를 유지하기 위한 자원을 수탈하였습니다.
생명력을 연장하기 위한 에너지 칩을 주고
그 칩을 움직이는 에너지는 자기 행성에서만 가져갈 수 있게 하면서
에너지적으로 지배한 행성도 있었으며
포악성을 없애는 기술력이 필요한 행성에
자신의 행성의 기술에 의존하게끔 만들어
그곳의 풍부한 자원 등을 지속적으로 가져오기도 하였습니다.
또 어떤 행성들은 과학기술을 제공하러 갔다가
여성성 에너지에 타행성 주민들이 매료된 경우가 있었습니다.
본인 행성에서는 문제가 되지 않았던 여성성 에너지가
그 행성에서는 의식을 지배하는 무기가 된다는 것을 알고

성비 불균형의 문제를 해결하기 위해

그 행성의 자원과 함께 남성들의 생식능력을 제공받기도 했습니다.

어떤 행성은 성별을 조작하는 기술력을 원하였고

원하는 것을 제공하며 완전히 지배할 수도 있었지만

그들은 여성이 많고 남성이 적은 행성이어서

이용가치가 다른 행성보다는 적었기에

초토화하지는 않고 일부만을 이용하기도 했습니다.

④ 하늘의 개입과 행성의 멸망

높은 에너지 기술과 여성성이라는 무기를 가지고

주변 행성들을 하나씩 지배하고 수탈하며

다른 행성들의 진화과정에 심각한 영향을 주게 되면서

영단 관리자 차원에서는 수습이나 복구가 불가능한 수준이 되자

더 높은 차원의 하늘(15차원)이 개입하여

외부 행성으로부터 들여왔던 모든 에너지들을 끊어버렸습니다.

외부의 자원과 과학기술에 의존해 유지해왔던

에너지의 공급이 차단되자

에너지를 외부에서 의존해왔던 생명체들은

생명력이 떨어진 상태가 다양하게 나타났습니다.

그들은 자신에게서 나오던 에너지를 다루는 방법을 잊어버리고

히스테릭함과 포악함을 드러내기 시작했습니다.

에너지 보조제를 통해 컨트롤되어 왔던 부분이 드러나고

에너지를 다루는 면역력이 급속도로 취약해진 상태에서

외형적으로는 급속도로 노화가 진행되고

뼈만 남아있는 상태로 사람들이 변해갔습니다.

이를 견디지 못하고 스스로 자살을 택하기도 하고

억눌러 온 포악성이 드러나면서

좀비같은 형태로 자기 살을 물어뜯기도 하고

어린 아기들을 잡아먹기도 하는 등

행성 주민들은 제정신이 아닌 상태로 아비규환이 되었으며

행성은 통제할 수 없는 상태로 결국 멸망의 길을 가게 되었습니다.

****

★ 지구로 온 영단 관리자 헤바님

헤바님은 샤빌리스 행성의 영단 최고 관리자입니다.

본인의 행성과 주변행성들을 멸망하게 만든 것에 대한 책임을 지고

우주감옥에 감금되어 있는 상태입니다.

영단 내에서는 행성의 재건을 하기 위해서

행성 자체적으로는 불가능하다는 심각성을 느끼고

높은 차원에 파견요청을 통해 승인을 받아

테라 프로젝트에 빛의 일꾼으로 참여하게 되었습니다.

지구에서 어떤 일을 겪어도 받아들일 것이며

영단 차원에서도 책임지겠다는 각오를 하고 지구로 오게 되었습니다.

< 행성 영단의 메시지 >

행성 영단의 모든 에너지체들의 모습은

물이 목 끝까지 차올라오고 있는 상태입니다.

마개 하나만 열어도 희망이 보이는데
그마저 열어주러 오지 않는다 해도 어쩔 수 없는 상황입니다.
아바타들이 돌아오지 못하더라도 죄를 달게 받겠다는 심정이며
원망하지 않고 순응하겠다는 심정입니다.

< 헤바님 본영의 메시지 >
이제 정신이 좀 듭니다.
정신을 차리고 뭔가 정리하기에는
뒤통수를 맞은 것처럼 오랫동안 당황하고 멍한 상태로
행성을 바라본지 오래되었습니다.
이제야 조금씩 정신이 돌아오고 있습니다.
죄는 내가 지은 것이 맞지만
아바타인 당신에게 걱정되는 것이 있습니다.
나로 인해 멸망한 행성들이 많습니다.
그 영혼들에 대한 사죄와 책임을 져야 하는데
그것은 아바타를 통해서 해야 합니다.
"나의 죄를 조금이라도 덜어줄 수 있겠는지를 묻고 싶습니다..."

****

★ 헤바님 본인의 소감
저는 어릴 적부터 몸이 약하고 체력이 좋지 않아
공부를 하거나 무엇인가를 하는데
늘 체력적 한계에 부딪히며 살아왔습니다.
또한 생각과 감정이 안에만 머물러있어

그것을 표현하고 꺼내어 놓는데
다른 사람들보다 훨씬 많은 노력과 시간이 필요했습니다.
이렇다 보니 스스로도 답답함을 느끼게 되고
무엇인가를 이루고 성취하기 어려운 조건이 될 수밖에 없었습니다.

이곳 빛의 생명나무에 와서 카르마를 해소하는 과정에서
제가 온 행성의 이야기를 알게 되었고
에너지 기술과 여성성의 에너지로 타행성을 지배하고
많은 사람들을 아프게 했던 내용을 듣게 되었습니다.
그 카르마가 이번 삶에서
전신을 감싸는 외부 카르마 에너지장으로 나타나서
체력적 한계를 가지고 몸이 흐느적거릴 수밖에 없었으며
생각과 의식을 마음대로 펼칠 수 없었던 것이었습니다.

포악한 에너지를 가진 사람을 보면 너무나 싫었던 것도
인간의 심리와 인문학 등에 관심이 많고
깊이 숨겨진 타인의 마음이나 감정이 잘 느껴졌던 것도
우리 행성의 모습이 그대로 나타난 것이었습니다.

이제 제가 가지고 온 행성의 아픔과 모순을 인지하고
저로 인해 피해를 입은 여러 행성의 영혼들에게 속죄하는 마음으로
이곳 지구에 올 수 있게 해준 하늘에 감사하는 마음으로
지구에서의 주어진 삶에 충실하게 한걸음씩 나아가겠습니다.

레무리아와 아틀란티스 문명의 기원
지저인들의 기원

레무리아와 아틀란티스 문명의 기원은
네바돈 은하의 오리온 성단내에서 벌어진 은하 전쟁의 생존자들이
지구 행성에 들어오면서 시작되었습니다.
오리온 성단에서 있었던 은하 전쟁은
지구 행성의 시간으로 약 83만 년 전에 시작하여
75만 년 전까지 있었던 사건입니다.

은하 전쟁은 약 8만 년 동안 지속되었습니다.
은하 전쟁은 오리온 성단내에 있는 약 80여개 행성이 참여한
대규모 우주 전쟁이었습니다.
은하 전쟁은 오리온 성단내에 있는 6개의 항성계에서 일어난
대규모 우주 전쟁이었습니다.
네바돈 우주에 있었던 오리온 성단은
140만 년 전에 행성의 문명이 시작되었습니다.
120만 년 전부터 성단의 대립과 갈등이 생겨나기 시작하였습니다.
약 100만 년 전에 오리온 성단 연합이 구성되었습니다.

오리온 성단에서 발생했던 은하 전쟁은
대우주의 6주기 말에 가장 뒤늦게 창조된 렙탈리언 인종과
기존에 창조되었던 휴머노이드형 인종 간에 벌어진
인종 학살 전쟁입니다.

은하 전쟁에 참여한 6개 행성의 특징은 다음과 같습니다.

- 영단의 관리자가 모두 13차원으로 구성되었습니다.
- 물질문명은 8차원에서 10차원의 기술적 진보를 이루었습니다.
- 정신문명은 4차원에서 8차원이었습니다.
- 지능은 180~400 정도의 수준이었습니다.
- 6개 항성계를 대표하는 6개 행성은
  휴머노이드형 행성 2개
  렙탈리언형 행성 3개
  조인족형 행성 1개로 구성되어 있었습니다.

은하 전쟁에 참여했던 6개 행성의 특징은 다음과 같습니다.

- 1번 행성의 이름은 크슈뮤 행성입니다.
  휴머노이드형 인종으로
  이성과 과학을 중시하였으며
  물질문명을 중요시하던 행성입니다.
  진취적이고 호전적인 에너지를 가지고 있었으며
  휴머노이드형의 대표 행성입니다.
  오리온 성단내에서 파충류형 인종과 렙탈리언 인종을 몰아내고
  휴머노이드형을 주류로 삼고자 하였습니다.
  2번 행성에 의해 멸망한 후
  지구 행성으로 대규모 탈출이 이루어졌습니다.

- 2번 행성의 이름은 쿠에르탄입니다.
  렙탈리언 인종의 우수성을 입증하고

오리온 성단내에 있는 모든 행성에
렙탈리언 인종을 입식하는 것을 목표로 한 행성입니다.
최고의 과학기술 문명을 바탕으로
정신문명을 뒷받침하고자 했던 행성입니다.
지능이 가장 뛰어났기에
오리온 성단에서 최고로 많은 수의 식민지를 건설하였으며
식민지 건설 과정에서
휴머노이드형 인종을 벌레나 짐승 취급하였으며
매우 포악하고 잔인하게
휴머노이드형 인종을 식민 지배하였습니다.
최고 패권을 추구하다
은하 전쟁 때 1번 행성에 의해 멸망하였습니다.

- **3번 행성의 이름은 아틸라 행성입니다.**
  정신문명이 가장 발달했던 행성으로
  휴머노이드형 인종의 특성이 강하며
  휴머노이드형 종족의 우수성을 증명하고자 했고
  오리온 성단내에서 정신문명과 물질문명의
  정점에 서고자 했던 행성입니다.
  오리온 성단내에서 누구의 간섭도 받지 않고
  독자적인 정신문명과 물질문명을 이루고자 한 행성입니다.
  3번 행성인 아틸라 행성은
  2번 행성인 쿠에르탄 행성에 의해 멸망하여
  지구 행성으로 들어오게 됩니다.

- 4번 행성 이름은 베이호른입니다.

  렙탈리언 행성으로

  다양한 파충류 인종들이 거주했던 행성입니다.

  정적과 고요함 속에서 물질문명을 추구했던 행성으로

  2번째 행성인 쿠에르탄 행성과 공조를 하며

  휴머노이드형 인종의 행성들을

  무자비하게 식민 지배를 했던 행성입니다.

  은하 전쟁 중에 1번 행성인 크슈뮤의 공격을 받고

  행성이 멸망하였습니다.

- 5번 행성의 이름은 알파카 행성입니다.

  렙탈리언 인종으로 호전적이고 포악함은 있었으나

  정신문명을 추구하는 성향이 강한 행성입니다.

  오리온 성단의 평화를 원했으며

  오리온 성단내에서 행성간의

  힘의 조화와 균형을 추구했던 행성입니다.

  렙탈리언 행성이지만

  2번 행성인 쿠에르탄과

  4번 행성인 베이호른이 렙탈리언 연합을 형성하자

  두 행성을 견제하여 힘의 균형을 유지하려고 하였습니다.

  하지만 은하 전쟁 막바지에 렙탈리언 연합에 참여하다가

  2번 행성인 쿠에르탄에 의해 멸망하여

  행성의 영단이 폐쇄되었습니다.

- 6번 행성의 이름은 씨타크레파입니다.

은하 전쟁에 참여한 행성 중에 지금까지 생존해 있는 행성입니다.

렙탈리언 인종과 휴머노이드형 인종의 특성을

잘 파악하고 잘 이용하였으며

냉철함과 예리한 판단력으로

힘의 균형을 잡는 실리 외교를 추구하였으며

독자 세력을 구축하였습니다.

은하 전쟁 와중에도 배후에서 행성들과 거래하며

전면적으로 참여하지 않아 행성을 보존할 수 있었습니다.

은하 전쟁에서 행성이 멸망한 후

지구로 탈출한 인원은 약 68,000명입니다.

이들은 창조주와의 언약을 통해

은하 전쟁에 책임이 있는 죽은 영혼들은

지구 행성의 영단에 들어와

자신들의 카르마를 풀 수 있도록 하였습니다.

은하 전쟁의 생존자들은

자신들의 행성에서 운영하던 우주 함선을 타고

지구 행성에 육신의 옷을 입은 채로 들어왔으며

이후에 지구 영단에 등록되어

윤회를 통해 자신들의 카르마를 풀 수 있도록 하였습니다.

1번 행성인 크슈뮤 행성은

휴머노이드형 행성 연합의 중심이었으며

은하 전쟁으로 수많은 행성들이 멸망하자

어둠의 성향이 아주 강한 크슈뮤 행성 주민을 주축으로

휴머노이드형 연합에서 지구 행성으로 탈출한 인원은
약 36,000명입니다.
이 중 4,000명은 우주 함선을 타고 육신을 입은 채로 들어왔으며
32,000명은 지구 영단을 통해 들어왔습니다.
크슈뮤 행성의 주민들 중에
약 27,000명은 레무리아 대륙으로
약 9,000명은 아틀란티스 대륙으로 배치되었습니다.

2번 행성인 쿠에르탄 행성에서는
레무리아 대륙으로 1,000명이 들어왔으며
아틀란티스 대륙으로 4,000명이 입식되었습니다.

3번 행성인 아틸라 행성은
휴머노이드형이 주도하는 정신문명을 추구했던 행성입니다.
총 27,000명이 지구 행성에 들어왔습니다.
대부분이 아틀란티스 대륙으로 들어왔습니다.
은하 전쟁으로 행성들이 멸망하자
아틸라 행성 주민을 주축으로
어둠의 성향의 매트릭스가 아주 강한 생존자들이
자신들의 우주 함선을 타고
3,000명이 지구 행성으로 들어오게 되었습니다.
24,000명은 지구 영단을 통해 영혼들이 입식되었습니다.

지구 행성으로 탈출한 인구의 약 90%는
어둠의 성향이 매우 강한 휴머노이드형 인종이었으며

나머지 10%는
전형적인 렙탈리언 에너지를 가진 인종들이 들어왔습니다.

은하 전쟁을 지켜보고 있던 창조주에 의해
은하 전쟁에 책임이 있는 죽음을 맞이한 영혼들과
은하 전쟁에서 살아남은 생존자들에게
자신들의 카르마를 해소할 행성으로 지구 행성이 선정되었습니다.
창조주와 은하 전쟁 생존자들 사이에 언약이 있었으며
그 언약으로 인하여 지구 행성에서
레무리아 문명과 아틀란티스 문명이 펼쳐질 수 있었습니다.

은하 전쟁의 책임자들과 생존자들과 창조주 사이에 언약의 내용은
다음과 같습니다.

레무리아 대륙에
휴머노이드형 인종인 1번 크슈뮤 행성 주민 중에
어둠의 성향이 짙은 행성의 주민 27,000명이 들어오게 되었습니다.
레무리아 대륙에
렙탈리언 인종인 2번 쿠에르탄 행성의 생존자 중에
약 1,000명이 들어오게 되었습니다.

아틀란티스 대륙에
휴머노이드형인 3번 아틸라 행성에서 27,000명이 들어왔습니다.
아틀란티스 대륙에
렙탈리언 인종인 2번 쿠에르탄 행성에서 4,000명이 들어왔습니다.

아틀란티스 대륙에 들어온 렙탈리언 4,000명의 에너지는
휴머노이드형 27,000명의 에너지와 맞먹을 정도로
강력한 에너지를 가지고 있었습니다.

은하 전쟁의 당사자들이 레무리아 대륙에 모여
서로 만나서 정신문명을 건설하고 운영하면서
서로의 카르마를 풀도록 하였습니다.
물질문명을 추구했으며
과학과 이성을 중요시했던
휴머노이드형 인종인 크슈뮤 행성과 아틸라 행성과
렙탈리언 종족인 쿠에르탄 행성 주민들 사이에 생긴 카르마들을
레무리아 문명을 통해 해소할 수 있도록 하는
창조주의 약속이 있었습니다.
이것이 레무리아 문명의 슬픈 이야기의 시작이 되었습니다.

아틀란티스 대륙에서는
휴머노이드형이 주도하는 정신문명을 꿈꾸었던
아틸라 행성의 생존자들이
고도로 발달한 물질문명을 경험하면서
자신들의 카르마들을 해소하게 하였습니다.
1번 행성인 크슈뮤 행성에서 약 9,000명이 선발되어
아틀란티스 대륙에 뿌려졌습니다.
3번 행성인 아틸라 행성에서 온 27,000명의 대부분은
아틀란티스 대륙으로 들어왔습니다.
이것이 아틀란티스 문명의 기원이 되었습니다.

창조주와 은하 전쟁의 생존자들 사이에 언약으로
서로 반대의 에너지를 체험하고
증오하고 배척하던 문명을 체험하게 하였습니다.
창조주와의 언약은
지구 행성의 차원상승 프로젝트까지 연결되어 있습니다.
레무리아 문명과 아틀란티스 문명을 일으켰던 이들은
지저인이 되어 지저 문명을 건설하였습니다.
레무리아 문명의 출현과 멸망
아틀란티스 문명의 출현과 멸망
지저 문명의 건설과 운영은
은하 전쟁의 책임자들과 생존자들이
자신들의 우주적 카르마를 해소하는
대장정의 역사이자 아픔과 슬픔의 역사입니다.

은하 전쟁의 책임자들과 생존자들은
약 70만 년 동안 자신들의 우주적 카르마들을
지구 행성에서 해소하였습니다.
자신들의 우주적 카르마들을 모두 해소한 지저인들은
2019년 5월 지구 영단의 개편과 함께
공식적으로 지구 행성의 주민이 되었습니다.

자신들의 우주적 카르마가 모두 해소된 지저인들은
지구 행성의 주민으로서
창조주께서 진행하시는 지구 행성의 차원상승에
참여하게 되었습니다.

지구 행성의 물질문명이 모두 붕괴된 이후
역장 생활을 하는 기간 동안
지저인들은 살아남은 인류에게 안내자 역할을 하게 될 것입니다.

지저인들은 지구 행성에 자신들이 건설하고 운영했던
고차원의 물질문명과 정신문명을 전수하게 될 것입니다.
그동안 지구 행성에서 고생한
지저인들의 수고와 노고에 감사함을 드립니다.

지구 행성의 지하에서 살고 있는 지저인들은
은하 전쟁의 책임자들과 생존자들입니다.
레무리아 문명과 아틀란티스 문명 뒤에 숨어 있는
대우주의 비밀을
시절인연이 되어 우데카 팀장이 전합니다.

하늘과의 소통속에
하늘과의 조율속에
이 글을 기록으로 남깁니다.

지저인들의 건승을 빕니다.

제4부

카르마 해소와 척신난동의 시대

척신난동은 지구 행성의 주민들보다는
외계 행성에서 온 영혼들에게 많이 나타날 것이며
인류에게 하늘이 있다는 것을 알려주고 난 뒤
자신의 카르마를 풀고 지구를 떠나게 될 것입니다.
소수의 영혼들은 자신의 척신난동 프로그램이 끝나고
정상적인 사람으로 돌아와서
새 하늘과 새 땅에서 살아가게 될 것입니다.

카르마의 균형 잡기

영혼의 물질 체험을 하고 있는
영혼의 입장에서 보면
대우주의 수레바퀴를 돌리는 두 축은
윤회 시스템과 카르마 시스템입니다.
영혼은 생명이라는 영혼의 옷을 입고
행성의 영단에 배속되어 윤회 시스템을 통해
영혼의 물질 체험을 통해
영혼의 진화를 하고 있습니다.

윤회 시스템은
영혼에게 주어진 최고의 선물입니다.
윤회 시스템이 없다면
영혼의 물질 체험을 통한 영혼의 진화는 존재할 수 없습니다.
윤회 시스템이 없다면 우주의 진화도 없습니다.

윤회 시스템속에 카르마 시스템이 있습니다.
윤회의 법칙속에 카르마의 법칙이 있습니다.
윤회의 법칙이 자동차의 가속페달에 비유한다면
카르마의 법칙은 자동차의 브레이크 역할을 합니다.
이 우주에 카르마의 법칙이 없다면
윤회 시스템도 존재할 수 없습니다.

윤회 프로그램이 본영과 하늘에 의해 짜여질 때
영혼의 고유한 진화 여정에 따라
이번 생에 발생할 카르마의 내용이 결정됩니다.
윤회 프로그램이 본영과 하늘에 의해 짜여질 때
생성되는 카르마의 내용에 따라
인간의 성격이 조물됩니다.
윤회 프로그램이 본영과 하늘에 의해 짜여질 때
생성되는 카르마의 내용에 따라
삶의 프로그램이 결정됩니다.
윤회 프로그램이 본영과 하늘에 의해 짜여질 때
생성되는 카르마의 내용에 따라
인간의 달란트가 달라집니다.

윤회 프로그램이 본영과 하늘에 의해 짜여질 때
영혼의 고유한 진화 여정에 따라
해소해야 할 카르마의 내용이 결정됩니다.
윤회 프로그램이 본영과 하늘에 의해 짜여질 때
해소해야 할 카르마의 내용에 따라
카르마 에너지장의 크기와 특징이 결정됩니다.
윤회 프로그램이 본영과 하늘에 의해 짜여질 때
해소할 카르마에 최적화된
인간의 성격이 결정됩니다.
윤회 프로그램이 본영과 하늘에 의해 짜여질 때
해소할 카르마에 최적화된 감정과 의식을 구현할 수 있도록
조물이 이루어집니다.

윤회 프로그램이 본영과 하늘에 의해 짜여질 때
해소할 카르마의 내용에 따라
오장 육부의 기능들이 결정되고
남녀가 결정이 되고
외모가 결정이 되고
몸의 건강 상태가 결정이 됩니다.

윤회 프로그램이 본영과 하늘에 의해 짜여질 때
이번 생에 발생할 카르마의 내용과
이번 생에 해소할 카르마의 내용에 따라
카르마의 균형 잡기를 통해
이번 삶의 프로그램이 최종적으로 결정이 됩니다.

카르마의 균형 잡기를 결정하는 요인들은 다음과 같습니다.

첫째

영혼에게 남녀의 구분은 없습니다.
영혼이 남성으로만 윤회를 할 수 없도록 되어 있습니다.
영혼이 여성으로만 윤회를 할 수 없도록 되어 있습니다.
영혼이 남성으로 살다가 여성에게 많은 카르마가 발생한 경우
카르마의 균형 잡기를 통해
카르마를 해소하기 위해
연약한 여성으로 태어나 창녀의 삶을 살면서
자신의 카르마를 해소하는 방법이 있습니다.
이것을 역지사지의 카르마 균형 잡기라 합니다.

둘째

여성으로 살면서 시기와 질투를 통해
많은 여성들에게 카르마를 남긴 경우에는
같은 여성으로 태어나 똑같이 시기와 질투를 당하면서
카르마를 해소하는 방법이 있는데
이것을 동병상련이라고 합니다.

셋째

재주가 과하거나
책임있는 자리에서 잘못을 해서
자신을 따르는 사람들을 죽음으로 내몰거나
그들을 고통속에 빠트린 카르마가 있다면
자신의 카르마로 인하여 고통받았던 사람들의
감정 상태나 의식의 상태와 신체적인 고통들을
카르마 에너지장에 담아서
내 몸을 통해 평생동안 그 감정과 그 의식과 그 고통을
그대로 받는 형태로 카르마가 해소되는 방법이 있습니다.
이것을 녹화 재생의 방법이라고 합니다.

넷째

내가 해소할 카르마를 위해
최적화된 성격을 가지고 태어나는 경우가 있습니다.
카르마를 풀어야 할 대상이 특정한 사람으로 국한될 경우는
천생연분 프로그램을 통해
카르마의 균형 잡기를 통해 카르마를 해소하게 됩니다.

다른 사람에게는 늘 당당하고 사리판단이 분명한데

오직 그 사람 앞에만 서면 작아지고

그 사람 앞에만 서면 비상식적인 행동을 지속적으로 하도록 하는

천생연분 프로그램이

하늘이 즐겨 사용하고 있는 카르마를 해소하는 방법입니다.

다섯째

해소할 카르마가 너무 많아서

이번 생 전체를 카르마를 해소하기 위해

올인하는 방법으로 카르마를 해소하는 방법이 있습니다.

태어날 때부터 카르마를 해소하기 위해

선천적 장애인으로 태어나

장애인의 삶을 통해

자신의 카르마를 해소하는 방식이 있습니다.

이 때 장애인으로 태어난 사람보다는

장애인의 부모가 더 많은 카르마가 해소되도록 프로그램되어

두 영혼 모두 카르마 해소를 원샷으로

동시에 진행하는 경우가 많습니다.

카르마의 법칙은

자유의지를 가진 인간에게 하늘이 주는 안전장치이며

영혼에게는 장애물이며 극복해야 할 모순이며

어쩔 수 없이 받아들여야 하는 숙명과도 같은 역할을 합니다.

내가 지은 카르마는 오직 나만이 해소할 수 있으며

그 어느 누구도 카르마에 관여할 수 없습니다.

카르마의 법칙은

우주에서 가장 혹독한 법칙이며

우주에서 가장 두려운 법칙입니다.

오직 결자해지만이 가능하고

대속이 될 수 없는 우주의 법칙입니다.

카르마의 해소는 오직 영혼이 육신의 옷을 입고 행해야 합니다.

카르마의 해소는 카르마가 모두 해소될 때까지 지속되며

인간의 모순을 형성하는 제일 큰 원인이 됩니다.

카르마의 해소를 위해

11차원의 카르마위원회라는 하늘의 기구가 있습니다.

카르마위원회는

본영이 짠 윤회 프로그램 중에

카르마의 생성과 카르마의 해소라는

카르마 균형 잡기를 통해

인생의 난이도를 결정하게 됩니다.

카르마를 해소하는데 치우치다 보면

너무 고달프고 힘든 삶을 살게 됩니다.

해소할 카르마가 너무 없다면

삶에 모순이 없거나 삶에 장애물이 없다면

자만과 교만속에 안하무인으로 살면서

물질에 치우친 화려한 삶을 살면서

방탕한 삶을 살면서

너무 많은 카르마를 생성하게 되는

부작용이 발생하게 됩니다.

카르마의 균형 잡기는

윤회 프로그램을 짜는데 있어

가장 큰 기준이 됩니다.

인생의 난이도는

카르마의 균형 잡기의 내용과 강도에 따라 결정이 됩니다.

당신의 삶은

당신이 태어나기 전에

당신의 본영과 카르마위원회에 의해

카르마 균형 잡기를 통해

수많은 변수들을 고려하면서

수많은 변수들을 제거하면서

거시적인 관점과 미시적인 관점 모두를 반영하여

당신의 지금의 삶이 펼쳐지고 있는 것입니다.

아무것도 모르는 당신이

이것도 모르는 당신이

하늘이 일하는 방식을 모르는 당신이

삶에 지쳐 방황을 하거나

하늘을 향해 욕을 하고

하늘을 향해 비난을 아무리 해도

당신의 본영과 하늘은

아무것도 모르는 척 못들은 척

가슴을 닫은 채 침묵한 채

당신을 그저 지켜볼 수밖에 없습니다.

이것이 대우주의 법칙이며
이것이 카르마의 법칙이며
이것이 자유의지의 법칙이기 때문입니다.

이 모양 이 꼴로 살고 있는 당신의 모습은
하늘에서 당신의 영혼의 물질 체험을 위해
하늘이 줄 수 있는 최고의 선물이었다는 것을
알아채고 눈치챌 때만이
당신은 비로소 하늘에 대해 철이 든 사람일 것입니다.
당신이 하늘에 분노하면 할수록
당신이 하늘을 원망하면 할수록
당신은 아직 배워야하고 경험할 것이
아직 많이 남아있는
하늘에 대해 철이 덜 든 사람일 것입니다.

인류의 건승을 빕니다.

감정과 카르마

인간이 감정을 느끼지 못한다면
인간이 극단적인 감정에 노출되지 않는다면
타인의 자유의지를 심각하게 침범해서 생기는
카르마는 발생하지 않을 것입니다.

인간이 감정을 느낀다는 것은
인간의 몸이라는 외투를 입고
영혼의 물질 체험을 하는 영혼들에게는
양날의 칼입니다.
영혼이 물질 체험을 하는 이유는
창조주께서 삼라만상에 펼쳐놓은 다양한 에너지들을
감각을 통해 의식을 통해 감정을 통해
다양하게 체험하는데 있습니다.

인간은 태어날 때
감정과 의식이 구현되는 독특한 시스템이
공의 세계에서 창조주에 의해 조물됩니다.
이것을 천부인권 또는 개성이라고 합니다.

성격이 온순하고 감정의 기복이 심하지 않으며
참을성이 많은 사람이 있습니다.

남에게 싫은 소리를 못하는 성격이면서
감정 상태가 일정한 범위 내에서
안정되게 펼쳐지고 있는 사람이 있습니다.
이런 성격을 가진 사람들은
카르마를 쌓는 삶보다는
카르마를 풀어내는 삶을 살고 있는 것입니다.

하는 일마다 되는 일이 없고
근거없는 자신감이 충만하고
사람 좋다는 소리를 들으며
한량으로 사는 사람이 있습니다.
될 듯 될 듯 하면서도
인생의 봄날은 매우 짧거나 없으며
재주에 비해 평범한 삶을 살고 있거나
감정이 안정되어 있으면서
타인을 수용하는 능력이 되는 사람은
카르마를 짓는 삶보다는
카르마를 풀기 위한 삶입니다.

어릴 때부터 병치레가 많고
약 먹기를 밥 먹듯이 하고
아픈 이유도 없이 아프고
안 아픈 날보다는
아픈 날이 더 많은
삶을 사는 사람이 있습니다.

성격이 까칠하고
자기 주장이 강하고
감정의 폭이 큰 사람 역시
카르마를 쌓기보다는
카르마를 풀기 위한 삶입니다.

태어날 때 장애인으로 태어나거나
정상인으로 살다가 장애가 생기거나
감정장애가 생기거나
우울증이나 조울증이 생기거나
정신분열이 생기는 경우가 있습니다.
카르마가 발생할 때의 상대방의 감정 상태나
카르마가 발생할 때의 상대방의 의식 상태를
내가 이번 삶을 통해
몸을 통해
감정의 분열을 통해
의식의 분열을 통해
카르마를 풀고 있는 경우입니다.

카르마를 짓게 되는 경우는
감정이 안정 범위를 벗어날 때 발생합니다.
살인은 아무나 아무에게나 아무 때나
할 수 있는 것이 아닙니다.
성폭행과 강간은 아무나 아무에게나 아무 때나
할 수 있는 것이 아닙니다.

남의 물건을 훔치거나 거짓말을 하는 것도
아무나 아무에게나 아무 때나
할 수 있는 것이 아닙니다.

재미삼아 장난으로 사람을 죽일 수는 없습니다.
재미삼아 장난으로 사람을 죽이기 위해서는
감정이나 의식이 준비되어져야 하고
일상적인 감정의 범위를 벗어나야 합니다.
감정이 안정적인 범위 내에서 구현될 때
카르마는 발생할 수 없습니다.

극단적인 감정은 인간 스스로 구현할 수 없습니다.
극단적인 정신분열 또한 인간의 의지로 구현될 수 없습니다.
뇌의 기능에 문제가 생기거나
감정과 의식이 구현되는 메커니즘에 문제가 발생하거나
에너지체들의 에너지 작용으로
정상적인 감정의 범위를 벗어나
극단적인 감정의 교란이 발생할 때
이상 행동과 함께 카르마는 발생하게 됩니다.

감정의 교란이나 분열이나
감정적 분노나 감정적 폭발로 인해 발생한 카르마를 풀기 위해서는
카르마가 발생할 당시 자신의 감정 상태와
피해자가 겪어야 했던 그 감정들의 일부분을
반드시 경험해야 합니다.

카르마 에너지장속에 부정적인 감정들을 가두어 놓고
그 감정들을 똑같이 경험하게 하는 것이
감정에 관련한 카르마가 해소되는 과정입니다.

인간의 몸으로 겪는 카르마도 힘들지만
이유도 없이 불안정한 감정을 느끼고
원인도 알 수 없는 불안과 공포를 느끼고
환청이 들리는 것은
감정으로 인해 생긴 카르마들이 해소되는 과정들입니다.

지구 행성의 마지막 때를 앞두고
지구 행성의 차원상승을 앞두고
지금 이 시기는
외계 행성에서 행성을 운영하다 실패하여
지구 행성에 들어와 살고 있는
외계 행성에서 온 영혼들의 카르마가
집중적으로 해소되는 시기입니다.

외계 행성에서 온 영혼들은
자신이 운영하던 행성이 멸망하는 과정에서
행성의 주민들이 겪었을 정신적인 고통이나
극단적인 두려움이나 극단적인 공포들을
카르마 에너지장의 형태로 가지고 왔습니다.
외계 행성에서 온 빛의 일꾼들과 영혼들은
감정의 분열과 정신분열로 인한 고통의 시간들은

카르마를 해소하기 위해
피할 수 없는 삶이었습니다.

외계 행성에서 온 영혼들의 삶은
고달프고 힘든 삶이었습니다.
감정의 분열이나
정신의 분열을 겪고 있는 사람들의 대부분이
외계 행성에서 온 영혼들입니다.
행성 주민들의 고통을 잊지 말라고
행성을 잊지 말라고
행성을 다시 재건해 달라고
행성의 카르마를 몸에 새기고
이들은 지구 행성으로 왔습니다.

외계 행성에서 온 영혼들의 카르마의 해소가
얼마 남지 않았음을 전합니다.
외계 행성에서 온 영혼들의 카르마의 해소가
하늘에 의해 이루어질 예정입니다.
지구 행성보다 더 높은 정신문명과 더 높은 물질문명을 체험하다
지구 행성에 들어와 살고 있는
외계 행성에서 온 영혼들의 카르마는 더 클 수밖에 없습니다.
지구인들보다 더 혹독한 삶을 살 수밖에 없었으며
원인도 알 수 없는 감정의 분열이나
정신분열을 겪을 수밖에 없었습니다.

외계 행성에서 온 영혼들에게
하늘을 대신하여
감사함과 고마움을 전합니다.

이 글은
원인도 알 수 없으며
이유를 알 수 없는 상태에서
정신분열이나
감정체의 혼란과 교란을 경험하고 있는
외계 행성에서 온 영혼들을 위해 쓰여진 글입니다.

당신들의 고통이 끝나감을 전합니다.
하늘에 의해 당신들의 카르마의 해소가 있을 것이라는
기쁜 소식을 전합니다.
하늘과의 소통속에
하늘과의 조율속에
이 글을 우데카 팀장이 전합니다.

외계 행성에서 온 영혼들의 건승을 빕니다.
외계 행성에서 온 빛의 일꾼들의 건승을 빕니다.

감정을 느낀다는 것이 갖는 의미

감정을 느낀다는 것은
감정을 구현하는 시스템에 입력된 에너지를
느낀다는 것을 의미합니다.
감정을 느낀다는 것은
감정을 구현하는 시스템에 입력된 정보가 발현되는 것을
인지하는 것을 의미합니다.
감정을 느낀다는 것은
영혼이 영혼의 옷인 외투를 걸치고
외투의 감각 기관을 통해 입력된 정보를
감정이라는 에너지로 느끼는 것입니다.

에너지체인 천사들에게 감정은
에너지입니다.
천사들에게 감정은
입력된 정보의 인지입니다.
귀신들에게 감정은
입력된 프로그램의 실행입니다.
사탄과 악마의 역할을 하는 천사들에게 감정은
자신이 가지고 있는 고유한 에너지이며
자신이 가지고 있는 정보의 발현입니다.

에너지체인 천사들은 감정을 잘 느끼지 못합니다.
에너지체인 귀신들은
인간의 감정을 잘 느끼지 못합니다.
에너지체인 사탄과 악마들은
인간의 감정에 대해 정보로써 이해합니다.

인간이 느끼는 감정의 최대치를 100이라 하면
사탄과 악마라고 알려진 에너지체들은
평균적으로 10정도 밖에는 느끼지 못합니다.
11차원의 천사들이 12정도로 인지한다면
9차원의 에너지체인 사탄들은 10정도를 인지하고
7차원의 에너지체인 마귀들은 8정도로 인지하고
5차원의 에너지체인 귀신들은 6정도를 인지합니다.

하늘의 일을 하는 행정직 공무원들인 에너지체들은
인간이 느끼는 감정을 최소 수준에서 느끼고 공명하고 있을 뿐입니다.
하늘의 에너지체들이
인간이 느끼는 극단적인 공포와 두려움을 느낀다면
하늘의 천사들 역시 카르마를 남기게 되거나
반란을 일으키는 천사들이 속출하게 될 것입니다.

하늘의 입장에서
에너지체들이 안정적으로 우주를 관리하고
에너지체들이 안정적으로 행성의 생명체들을 관리하는
적절한 감정수치는 15입니다.

하늘의 행정직 공무원과 기능직 공무원들인
천사들과 귀신 그리고 사탄과 악마라고 알려진
에너지체들의 감정수치는 10미만으로
사고조절자를 통해 안정적으로 관리되고 있습니다.

하늘의 에너지체들은
인간처럼 극단적인 감정을 느끼지 못하기에
감정을 감정으로 공명하기보다는
하나의 정보로써
하나의 의식으로써 이해하고 있을 뿐입니다.
하늘의 에너지체들은
인간처럼 극단적인 두려움과 공포를 느끼지 못하기에
인간처럼 극단적인 쾌락과 행복을 느끼지 못하기에
대우주를 관리할 수 있는 것입니다.

하늘에서 에너지체인 천사들이
반란을 일으킨다는 것은 불가능한 일입니다.
인간의 상상력이 만들어낸 이야기이며
인간의 의식의 눈높이에서나 가능한 이야기입니다.

인간의 몸은 우주에서 창조된 인종들 중에
가장 극단적인 감정을 체험할 수 있으며
다양한 감정을 구현할 수 있도록 창조된 최신형 모델입니다.
인간이 느끼고 체험할 수 있는 감정의 층위가
매우 높고 매우 넓습니다.

인간이 느끼는 극단적인 공포와 두려움은
죽음에 대한 두려움으로 이어졌습니다.
죽음에 대한 두려움으로 상념체를 남기게 되고
극단적인 감정을 느끼고 체험하는 과정에서
순간적인 분노와 화를 참지 못하고
타인의 자유의지를 심각하게 침범하면서
카르마를 남기게 되었습니다.
인간은 에너지체인 천사들처럼
안정적인 감정을 구현하기보다는
극단적인 감정을 경험하는 과정에서
많은 카르마들을 남기게 되는 것입니다.

감정이 없다면 카르마도 발생하지 않습니다.
인간의 몸이 없다면 감정을 잘 느끼지 못하기에
카르마를 남기지 않습니다.
인간이 물질 체험을 하는 이유는
영혼이 진화한다는 것이 갖는 의미는
다양한 에너지를 육신의 옷을 입고
다양한 감정으로 체험한다는 것을 의미합니다.

에너지체들은 감정을 느낄 수 없기에
에너지체들의 진화는
인간에 비해 100배 이상
느리게 진행될 수밖에 없습니다.
감정을 느끼는 폭이 매우 좁은 식물들에게 들어간 영혼들 역시

진화의 속도가 인간과는 비교할 수 없을 만큼
느리게 진행될 수밖에 없습니다.

인간은 다양한 감정을 느끼는 과정 중에
카르마를 짓고 카르마를 해소하면서
윤회 시스템 속에서 진화하고 있는
최신형 휴머노이드 인종입니다.
인간은 평소에는 안정적인 감정을 유지하다가도
이 틀을 벗어나게 되면
극단적인 행동이 나타나며
성폭행이나 폭력이나 살인과 방화 같은 행동을 하게 됩니다.

인간이 안정적인 감정의 틀을 벗어나는 것은
그리 쉬운 일이 아닙니다.
인간의 몸에 들어가서 부정적인 에너지를 증폭시키고
부정적인 에너지를 폭발시킬 수 있도록 하는
하늘의 에너지체들이 있습니다.
인간의 몸에서 부정적인 에너지를 증폭시켜
카르마를 남기거나 후회를 남기게 하도록 하는
하늘의 기능직 공무원들을 귀신이라고 부르며
사탄 또는 악마라고 부릅니다.

인간의 몸에서 긍정적인 감정을 증폭시키는 역할을 하는
하늘의 에너지체들이 있는데
이들을 천사 또는 가이드 천사라고도 합니다.

인간의 몸에서 긍정적인 감정을 증폭시키는 역할을 하는
하늘의 에너지체들 중에는
큐피드의 화살을 담당하는 전문 천사들이 있습니다.

인간의 몸에서 신비 체험을 할 수 있도록
감정을 느끼게 해주는 천사들이 있습니다.
인간의 몸에서 차크라를 가동시켜
늘 기쁨과 환희속에 있게 하는 천사들이 있습니다.
인간의 몸에는 항상 웃도록 하게 하며
화를 내지 못하도록 하는 천사들도 있습니다.

인간이 감정을 느낀다는 것은
인간의 감정을 구현하는 시스템에서 발현되는 에너지를
감정으로 느끼는 것입니다.
인간이 감정을 느낀다는 것은
인간의 감정을 구현하는 시스템에 접근하여
비정상적인 감정을 느끼게 하여
비정상적인 행동이나 판단을 내리게 하도록
하늘의 에너지체들이 관여하고 있다는 것입니다.

감정을 느낀다는 것은
당신 영혼에게 주어진 하늘의 축복입니다.
감정을 느낀다는 것은
당신이 살아있다는 증거입니다.

감정을 느낀다는 것은
카르마를 해소하는 과정이기도 합니다.
감정을 느낀다는 것은
카르마를 쌓는 일이기도 합니다.
감정을 느낀다는 것은
영혼이 그토록 바라던 일인
영혼의 물질 체험이 이루어지고 있다는 증표입니다.

인류의 건승을 빕니다.

영적인 능력이 있는 사람들을 위한 서시

당신이 식물과 대화를 한다고 해서
당신의 의식이 깨어난 것이 아닙니다.
당신이 동물과 대화를 한다고 해서
당신이 의식이 깨어난 사람이 아닙니다.

당신이 내면의 소리를 듣는다고 해서
영적인 능력이 뛰어난 사람이 되는 것은 아닙니다.
당신이 내면의 소리를 듣는다고 해서
아는 것이 남보다 많다고 해서
의식이 깨어난 사람이 결코 아닙니다.
당신이 하늘의 소리를 듣는다고 해서
우주적 신분이 높은 것이 아닙니다.
당신이 하늘의 소리를 전한다고
하늘이 당신을 특별히 사랑하는 것이 아닙니다.

당신이 화려한 형상을 본다고 해서
의식이 깨어난 사람이 아닙니다.
당신이 하늘이 보여주는 형상을 잘 본다고 해서
우주에서 특별한 사람이 되는 것이 아닙니다.
당신이 하늘의 소리를 잘 듣는다고 해서
하늘 사람이 되는 것도 아니며

빛의 일꾼이 되는 것도 아닙니다.

기감이 좋다고 해서
타인의 기운을 잘 느낀다고 해서
주변의 에너지를 잘 느낀다고 해서
당신이 빛의 일꾼이 되는 것도 아닙니다.
당신이 기감이 좋아
좋은 기운과 나쁜 기운을 잘 느낀다고
영적인 능력이 뛰어난
하늘 사람이 되는 것도 아닙니다.

당신이 식물과 대화를 하고
당신이 동물과 교감을 하고
당신이 만물과 대화를 하는 것이
당신의 의식의 수준에서는
하늘이 나에게 주신 선물이며
하늘이 나에게 주신 축복이라고 생각할 것입니다.

당신이 만물과의 소통이 가능하고
식물과 대화가 가능하고
동물과 소통하는 능력을 가졌다는 것은
의식이 깨어나지 못한 인류의 의식 수준에서는
매우 불편한 일이며
매우 고통스러운 일입니다.

당신이 특별한 영적인 능력을 체험하고 있으며
하늘이 당신에게 영적인 능력을 주었다는 것은
당신을 특별히 사랑해서가 아니며
당신이 특별한 사람이기 때문도 아닙니다.
당신에게 그렇게라도 해야
당신이 보이지 않는 세계가 있다는 것을 믿을 수 있기에
그렇게 하고 있는 것입니다.
당신에게 그렇게라도 해야
당신은 보이지 않는 세계가 있다는 것을
겨우 받아들일 수 있는 어린 영혼이기 때문입니다.

오래된 영혼들인 하늘 사람들과
오래된 영혼들인 빛의 일꾼들은
식물과 교감을 하지 못해도
동물과 대화를 하지 못해도
내면의 소리를 듣지 못해도
하늘의 소리를 듣지 못해도
보이지 않는 세계를 그냥 믿을 수 있는 사람들입니다.

오래된 영혼들인 하늘 사람들과
오래된 영혼들인 빛의 일꾼들은
아무것도 보지도 못하고
아무것도 듣지 못하고
아무것도 느끼지 못하지만
보이지 않는 하늘을 가슴에 품고

보이지 않는 하늘을
가슴에 모시고 살아가는 사람들입니다.

당신이 뛰어난 기감을 느끼고
주변의 에너지를 잘 느끼고
내면의 소리를 듣고
화려한 형상을 보고 있다면
당신은 빛의 일꾼으로서 훈련받고 있거나
당신의 영혼의 진화 과정상
보이지 않는 세계에 대해 입문하여 배우고 있는
어린 영혼이라는 증거입니다.

당신이 기감을 잘 느끼고
당신이 치유 능력을 가지고 있으며
타인의 질병을 잘 치유하고 있다고 해서
당신이 의식이 깨어난 사람이 되는 것이 아닙니다.
당신이 경락을 보고 느끼고
당신이 신통한 능력을 펼친다고 해서
당신이 우주에서 훌륭한 사람이거나
당신이 우주에서 신분이 높은 사람이 되는 것은 결코 아닙니다.
당신이 그렇게 생각하고 있다면
당신이 그렇게 믿고 있다면
당신은 당신의 목숨을 걸고
대단히 위험한 착각을 하고 있는 것입니다.

당신이 점을 잘 치고
당신이 병치유의 능력이 뛰어나다고 해서
내가 특별한 사람이라는 착각속에 살고 있다면
당신은 위험한 착각속에서 살고 있는 것입니다.
당신에게 주어진 영적 능력으로 인하여
당신이 특별하다는 의식속에서
타인을 당신의 눈 아래로 보고 있다면
당신은 보이지 않는 세계에 대해
아무것도 모르는 초보자이거나
당신은 자신의 의식의 수준에서
당신은 당신의 목숨을 걸고 하는
위험한 착각속에 살고 있는 것입니다.

남들이 가지고 있지 않은 특별한 능력을 가졌다는 것은
축복이 아니라
고통이며 아픔이라는 것을 인지할 때만이
당신은 위험한 착각속에서 벗어나게 될 것입니다.

당신이 기감을 잘 느끼고
당신이 병치유를 잘 하고
하늘의 소리를 듣고
내면의 소리를 듣고
화려한 형상을 보고 듣고 있다면
당신은 외계 행성에서 죄를 짓고
지구 행성에 들어와 살고 있는 영혼이라는 증거입니다.

이 글을 읽고 있는 사람들 중에는

여시아문의 세계를 경험하면서

내면의 소리를 듣고 체험하면서

정신분열을 경험하고 있는 사람이 있을 것입니다.

내면의 소리를 듣거나

하늘의 소리를 듣는 사람 중에

영적인 능력이 있는 사람들 중에

우울증이나 감정장애를 앓고 있는

사람들이 있을 것입니다.

이들은 외계 행성에서 온 영혼들입니다.

여시아문의 세계를 통해

자신의 카르마를 받고 있는 것이며

자신의 카르마를 해소하고 있는 것입니다.

영적인 능력을 가진 사람들의 99%는

외계 행성에서 온 사람들입니다.

그들은 지구 행성보다

문명이 발달한 행성에서 온 영혼들입니다.

우주에서 죄를 짓고

감옥대신 지구 행성에 유배를 온 영혼들에게

여시아문의 세계를 통해

보이지 않는 세계에 대해

아무것도 모르는 인류들을 위해

봉사하고 안내하는 역할이 있을 뿐입니다.

자신의 내면의 소리를 듣고
자신이 보고 들은 형상과 소리를 기반으로
자신의 타임라인을 가지고
자신의 타임라인을 믿고 있는 당신은
외계 행성에서 온 죄인들이며 죄수들입니다.

당신에게 주어진 영적 능력은
당신에게 주어진 형벌입니다.
당신은 이것이 형벌인지도 모르고
자만과 교만속에 있으며
당신의 영적인 능력을 훈장처럼 여기지만
냉정하게 말하자면
당신은 우주에서 죄를 짓고
감옥 행성인 지구 행성에 강제로 유배되어 온
외계 행성에서 온 영혼이라는 증거입니다.

당신에게 주어진 영적인 능력은
당신에게 하늘이 준 형벌이며
당신의 자유의지로 탈출해야 할 감옥이라는 것을
명심하시기 바랍니다.
당신에게 주어진 영적인 능력은
당신에게 설치한 하늘의 매트릭스입니다.
우주의 죄인인 당신에게 하늘이 준 형벌이
당신이 그토록 믿고 있는
당신의 영적 능력의 실체인 것입니다.

당신은 하늘이 설치한 매트릭스 속에서
당신의 우주의 카르마를 해소하고 있는 불쌍한 영혼일 뿐입니다.
우주의 죄인인지도 모르고 살고 있으며
자신에게 주어진 영적인 능력으로 인하여
자만과 교만속에 있으며
진리를 보고도 공명하지 못하고 있으며
진리를 만나고도 진리를 알아챌 수 없도록
그렇게 프로그램되어 있습니다.

영적인 능력이 있는 당신은
자신이 몸으로 느낀 것만을 믿을 것이며
자신이 경험한 것만을 믿을 것이며
자신의 내면의 소리를
진리로 믿고 진리로 알고
자신을 대단한 사람으로 알고
착각속에서 살고 있는 것입니다.
이것이 영적인 능력을 가진 사람들에게
하늘로부터 주어진 형벌의 실체입니다.

기감을 잘 느끼고 계십니까?
빛의 생명나무의 기운이 마음에 안 드십니까?
내면의 소리를 듣고 계십니까?
내면의 소리는 당신이 듣고 싶은 소리가 아니라
하늘이 들려주고 싶은 것만을
당신에게 들려주고 있음을 알고는 있습니까?

보이지 않는 세계의 형상을 보고 있으십니까?
나는 이렇게 보았으며
나는 이렇게 들었으며
나는 이렇게 느꼈다는
여시아문의 세계는
마약보다도 더 강력한 중독성이 있습니다.

영적인 능력이 있는 사람들은
외계 행성에서 온 영혼들입니다.
우주의 죄인들에게 감옥 대신에
죄인들의 카르마를 해소하기 위한 덫으로
하늘이 당신에게 설치한 강력한 매트릭스임을
우데카 팀장이 전합니다.

당신의 의식이 깨어나지 못한다면
당신에게 설치한 여시아문의 매트릭스는
강화될 것입니다.
당신은 마지막 때에
척신난동의 주인공이 될 것입니다.
영적인 능력이 있는 당신이
하늘 무서운 줄 모르고
자만과 교만속에서
자신이 대단한 사람으로 착각하고 살고 있다면
긴 잠에서 깨어나시기 바랍니다.

당신에게 주어진 영적인 능력은
당신이 훌륭하다는 증거가 아니라
당신에게 하늘이 설치한
보이지 않는 세계의 강력한 매트릭스라는 것을
눈치채시기 바랍니다.

당신에게 주어진 특별함은 특별함이 아닌
당신의 의식의 깨어남을 방해하고 있는 장애물이라는 것을
눈치채시기 바랍니다.
당신에게 주어진 영적인 능력은
당신의 영혼에겐 감옥일 뿐입니다.
당신에게 주어진 특별한 영적인 능력들은
당신의 의식이 깨어나는 것을 방해하고 있는
족쇄임을 알아채고 눈치채시기 바랍니다.

당신에게 주어진 영적인 능력들은
하늘이 당신에게 연결된 전원 스위치를
언제든지 끄게 되면 사라지는
허상이라는 것을 알아채고 눈치채시기 바랍니다.

당신의 건승을 빕니다.

어둠의 매트릭스를 가지고
태어난 사람들의 특성

영혼은 진화를 하기 위해
영혼의 물질 체험을 합니다.
영혼의 물질 체험을 지원하고 관리하고 운영하기 위해
하늘이 존재합니다.
영혼의 진화의 속도는
혼에 설치하는 매트릭스의 종류에 따라 결정됩니다.
영혼의 물질 체험을 하기 위해서는
영혼은 영혼의 옷인 생명체라는 외투를 반드시 입어야 합니다.
영혼의 진화의 속도를 결정하는 인자는 다음과 같습니다.

첫째

혼에 설치되는 빛·중간·어둠의 매트릭스가
가장 큰 역할을 하게 됩니다.
영혼의 진화는
어둠의 매트릭스를 설치하고 태어날 때 제일 빠르고
빛의 매트릭스로 태어나 살아갈 때가 상대적으로 가장 느립니다.

둘째

인생 프로그램의 난이도에 따라
영혼의 진화속도가 결정납니다.
삶의 프로그램의 난이도가 높을수록

삶이 고달프고 힘들수록 영혼의 진화속도가 빠릅니다.

셋째
상념체와 카르마의 내용과 난이도에 따라
영혼의 진화속도가 다릅니다.
카르마를 많이 짓는 삶의 프로그램일수록
상념체가 많이 남는 삶의 프로그램일수록
삶은 고통이며 아픔일 수밖에 없습니다.

행성의 영단은
물질 체험을 하는 영혼들에게
적당한 수준의 모순을 설치해야 합니다.
행성의 영단은
영혼의 물질 체험을 하고 있는 영혼들에게
적당한 수준의 난이도를 설치해서 운영하고 있습니다.
행성의 영단에서
영혼의 진화속도를 빠르게 하기 위해
행성의 모순의 난이도를 조정하는 방법으로
가장 많이 사용하는 방법이
혼에 어둠의 매트릭스를 가지고 태어나는
영혼의 비율을 조정하는 것입니다.

혼에 어둠(물질)의 매트릭스를 설치하고 오는
영혼들의 비율의 조정을 통해
행성의 진화속도와 영혼의 진화속도가 결정되기 때문입니다.

혼에 어둠(물질)의 매트릭스를 설치하고 오는
영혼들의 특성은 다음과 같습니다.

• 흥부와 놀부 중
  흥부는 빛의 매트릭스를 설치하고 태어난 경우입니다.
  놀부는 어둠(물질)의 매트릭스를 설치하고 태어난 경우입니다.

• 혼에 어둠의 매트릭스를 설치하고 온 사람들은
  눈에 보이는 것만을 믿는 성향이 강합니다.
  물질에 대한 소유욕과 집착욕이 매우 강합니다.
  자기 중심적이며
  매우 이기적인 성격을 가지고 태어납니다.

• 혼에 어둠의 매트릭스를 설치하고 온 사람들은
  승부욕이 매우 강해 지기를 싫어합니다.
  자존심이 강하고
  경쟁에서 살아남기 위해
  수단과 방법을 가리지 않는 성향을 가지고 있습니다.
  손해보는 일을 잘 하지 않으며
  논리와 합리성을 중요시하는 경향이 있습니다.

• 혼에 물질의 매트릭스를 설치하고 온 사람들은
  빛의 매트릭스를 설치하고 온 사람들에 비해
  매우 성실하며
  생활력 또한 매우 강합니다.

물질 체험을 잘 하기 위해서는
물질 세상에서 풍요롭게 살기 위해서는
물질(어둠)의 매트릭스를 설치하고 태어나야지만
성공과 출세에 유리합니다.

• 혼에 물질의 매트릭스를 설치하고 온 사람들은
  성격이 거칠고 욕심이 많으며
  자신의 속내를 잘 드러내지 않고 비밀이 많고
  순수함이 매우 부족합니다.
  시기심과 질투심이 강하며 고집이 매우 강합니다.

• 혼에 어둠의 매트릭스를 설치하고 온 사람들은
  이상과 현실 중에 현실주의자에 속합니다.
  관념과 현실 중에 현실을 더 중요시합니다.
  사랑이냐 돈이냐 중에 당연히 물질을 선택하며
  명분과 실리 중에 실리를 택하는 경향이 강합니다.

• 혼에 어둠의 매트릭스를 설치하고 온 사람들은
  신, 사랑, 자비, 연민, 순수, 용서, 화해라는 에너지가
  상대적으로 부족합니다.
  혼에 어둠의 매트릭스를 설치하고 온 사람들은
  정의, 심판, 질서, 합리, 논리, 진보와
  신을 믿지 않는 무신론적인 성향을 가지고 있습니다.

영혼의 진화과정은 영혼마다 고유합니다.

영혼의 진화속도를 높이기 위해
본영들은 아바타의 영혼의 물질 체험을 위해
혼에 어둠(물질)의 매트릭스를 설치하여
세상에 내려보내게 됩니다.
영혼마다 혼에 설치하고 오는 빛·중간·어둠의 매트릭스는
윤회를 할 때마다 다릅니다.
삶의 프로그램의 내용에 최적화된 매트릭스를
혼에 설치하고 태어나 살게 됩니다.

빛의 매트릭스를 설치하고 온 영혼들은
이번 생애에 풀어야 할 카르마가 많아서
카르마를 해소하는데 초점이 맞추어져 있기 때문에
빛의 매트릭스를 설치하고 오는 경우가 많습니다.
영웅이나 성공한 삶을 살기 위해서는
카르마를 많이 남길 수밖에 없습니다.
영웅이나 성공한 삶을 살아본 영혼들이
카르마의 균형을 잡기 위해
빛의 매트릭스로 태어나는 경우가 많습니다.

땅에서는 물질이 최고의 가치가 됩니다.
땅에서 잘 살기 위해서는
땅에서 잘 적응하기 위해서는
땅에서 성공하기 위해서는
물질(어둠)의 매트릭스를 가지고 나오는 것이
생존에 유리하기 때문입니다.

행성의 진화는

행성 영단에 의해 이루어집니다.

영혼의 물질 체험을 위해

혼에 어둠(물질)의 매트릭스를 설치하고 태어나는 비율을 통해

행성의 영단은 행성의 진화속도와

행성의 물질 체험의 난이도를 관리하고 있습니다.

행성에 물질 체험을 하고 있는 영혼들이

혼에 어둠의 매트릭스를 많이 설치하고 태어날 경우

다음과 같은 특성이 나타납니다.

- 행성의 모순이 많아지고 깊어집니다.
- 사람들간의 갈등이나 대립이 격화되고
  전쟁이 끊이지 않고 발생하게 됩니다.
- 영혼의 진화가 빠르게 일어납니다.
- 사회 변동이 심해지고
  역동적인 사회가 됩니다.
- 정의가 판치는 세상이 됩니다.
- 물질 만능의 시대가 됩니다.
- 눈에 보이는 것만을 믿으며
  욕망에 의해 필요에 의해 물질문명이 발달합니다.
- 사회 제도가 복잡해지고
  법률에 의해 시스템에 의해 작동되는 사회가 됩니다.
- 행성이 자체 모순으로 멸망하는 경우는
  대부분 어둠의 매트릭스를 가진 사람들이
  너무 많이 태어나 살고 있는 경우에 발생합니다.

- 행성이 자체 모순에 의해
  집단 간의 갈등에 의해
  멸망하게 되는 경우가 있습니다.
  이런 경우에는 행성의 리더자 그룹들이
  너무 강한 물질(어둠) 매트릭스를 가지고 태어나
  그 부작용으로 인해 멸망하는 경우가 많습니다.

보이지 않는 세계에서
무슨 일이 일어나고 있는지
아무것도 모르는 인류들을 위해
영혼의 진화와 행성의 진화에 담긴
우주의 비밀을 전합니다.

혼에 설치되는
빛과 중간 그리고 어둠의 매트릭스에 대한
대우주의 비밀과
대우주의 진리를
우데카 팀장이 전합니다.

귀신들린 사람의 특성
정신분열과 척신난동의 유형

평범하게 살다가
어느날 갑자기
내면의 소리를 듣게 되는 사람들이 있습니다.
평범한 사람으로 살다가
화려한 형상을 보게 됩니다.
평범한 사람으로 살다가
어느날 갑자기 횡설수설하게 되고
원인을 알 수 없는 분노를 분출하게 됩니다.

평범한 사람으로 살다가
어느날 갑자기 감정의 기복이 심해지면서
우울증과 조울증이 나타납니다.
평범한 사람으로 살다가
자신이 통제할 수 없는 어떤 에너지에 이끌려
비상식적인 일탈 행동을 하게 됩니다.
폭력적인 행동을 하는데 힘이 너무 세서
아무도 통제할 수 없는 상태가 되기도 합니다.

세상의 관점에서는 미쳤다고 하지만
하늘의 관점에서는
그에게 하늘의 에너지체들이 파견된 것입니다.

세상의 관점에서는 정신질환(조현병)이라고 하지만
하늘의 관점에서는 에너지장과 에너지체들을 통한
하늘의 프로그램이 작동된 것입니다.
세상의 관점에서는 우울증과 조울증의 감정장애라고 하지만
하늘의 관점에서는 에너지체들을 통한
우주 공학기술이 작동되고 있는 것입니다.

세상의 관점에서는 귀신들린 사람이라고 하지만
하늘의 관점에서는
그에게 일어나기로 예정된 일들이 일어난 것에 불과합니다.
세상의 관점에서는 척신난동이라고 하지만
하늘의 관점에서는 그 영혼의 진화 과정상 꼭 필요한
부정적인 에너지를 체험하는 과정이며
카르마를 해소하는 방법입니다.

세상의 관점에서 귀신이 들리면
굿을 해서 쫓아내야 된다고 생각하지만
하늘의 입장에서는
하늘이 작정을 하고 우주 공학기술을 동원한
그 영혼이 반드시 체험해야 하고 경험해야 하는
삶의 프로그램입니다.

하늘의 에너지체들은 역할에 따라 구분됩니다.
인간에게 부정적인 영향을 끼치는 에너지체들을
귀신이나 마귀나 사탄이라고 부릅니다.

인간에게 긍정적인 영향을 끼치는 에너지체들을
천사 또는 가이드 천사라고 부릅니다.

지금은
지구 행성의 물질문명의 종결을 앞두고 있으며
지구 행성의 영단의 폐쇄를 앞두고 있는
마지막 시기입니다.
지구 영단의 폐쇄를 앞두고
지구 행성을 떠나기로 된 영혼들과
지구 행성에 살아남을 영혼들 모두가
자신의 카르마를 모두 해소해야 하는 시기입니다.

자신의 카르마를 해소하는 방법으로
영혼의 진화 과정상
긍정적인 에너지를 체험하기 위해선
반드시 부정적인 에너지를 먼저 체험해야 하는
우주의 법칙에 따라
척신난동이 시작되고 있음을 전합니다.

너무나 많은 사람들에게
척신난동이 준비되어 있음을 전합니다.
너무나 많은 사람들이
하늘의 에너지체들을 경험하면서 체험하면서 쓰러져 갈 것입니다.
너무나 많은 사람들이
내면의 소리를 듣고 환청을 듣게 될 것입니다.

너무나 많은 사람이

귀신을 보았다고 할 것이며

너무나 많은 사람들이

마귀와 사탄의 형상을 보게 될 것입니다.

너무나 많은 사람들이 이유도 없이

자신도 주체할 수 없는 폭력성에 노출될 것입니다.

너무나 많은 사람들이 이유도 없이

하늘의 에너지체들의 에너지 작용으로

속수무책으로 척신난동을 일으키게 될 것이며

어느 누구도 해결할 수 없는

마지막 때의 상징인

사회 분야의 아마겟돈이

준비되어 있음을 전합니다.

그때가 그날이 시작되었음을 전합니다.

하늘의 에너지체들의 작용을 통한

귀신들린 사람들의 특성은 다음과 같습니다.

누군가가 내 안에 있다고 느낍니다.

내면의 소리를 듣게 되면서

두려움과 공포를 느끼게 되면서

이상한 행동이 시작이 됩니다.

- 옷을 모두 벗거나

  좁은 곳에 숨는 경향이 나타납니다.

자살을 시도하거나
나같은 사람은 죽어야 된다고
나같이 쓸모없는 사람은 죽어야 마땅하다고
자신을 비하하는 말들을 쉬지 않고
끊임없이 반복해서 하는 경향이 있습니다.

이러한 성향으로 나타나는 유형은
자신의 카르마를 해소하기 위해
하늘의 에너지체를 통하여
인간의 감정이나 의식을 구현하는 시스템에
오류를 일으키게 하는 척신난동입니다.
하늘이 인간의 감정선과 의식선을 통제하면서
의도적으로 일으킨 정신분열이자 척신난동입니다.

• 누군가가 나를 따라다닌다고
  누군가가 나를 감시하고 있다고
  나를 감시하는 카메라가 있다고
  누군가가 나를 죽이려 한다고
  자해를 하는 경향이 있습니다.

에너지체들이 보여주는 끔찍한 형상과 소리들을 들으면서
극도의 두려움과 공포감속에
타인을 향한 극도의 분노와
극단적인 폭력성으로 나타나는
척신난동이 있습니다.

홀로그램을 보고 들으면서
가상 세계를 실제 현실에서 일어나고 있는 것처럼
그렇게 믿고 있으며
그렇게 행동하면서
정신이 분열되면서
척신난동이 일어나는 유형이 있습니다.

이러한 경향을 띠는 사람들은
일반인들은 보이지도 않고 느낄 수도 없지만
하늘의 에너지체가 들어와 활동하고 있는 귀신이 들린 사람들은
가상의 홀로그램을 통해
실제의 소리로 인식하게 되고
실제로 자신이 보고 있는 현상으로 인식하게 됩니다.

세상의 관점으로는 뇌의 이상 질환으로 인한
정신분열로 알고 있습니다.
실제로 하늘이 보여주는 화려한 형상과 소리를
들어본 적이 있는 사람들은
뇌 질환으로 인한 정신분열이 아니라는 것을
알고 있을 것입니다.
우주의 공학기술이
하늘의 에너지체인 귀신이나 천사들을 통해
상영되는 홀로그램을 통해
정신이 분열되고 있음을 알고 있을 것입니다.

척신난동을 일으키고 있는 사람들은
실제로 귀신들의 소리를 듣고 있는 것이며
실제로 귀신이나 마귀의 형상을 하고 있는 에너지체들을
홀로그램의 형태로 보고 있는 것입니다.
두려움과 공포를 느끼는 수준과
폭력성의 정도를 결정하는 것은
그 사람의 카르마의 내용에 따라 결정됩니다.
그 사람에게 파견된 에너지체의 차원에 따라
에너지장의 크기에 따라 결정이 됩니다.

◆ 의식의 전환을 가져오기 위해
　　빛의 일꾼을 깨우기 위해
　　일시적으로 하늘이 에너지체들을 이용하여
　　도저히 세상에서는 일어날 수 없는
　　척신난동을 일으키는 경우가 있습니다.

• 인간의 몸에 에너지장을 강하게 설치한 후
　　의식은 정상인 상태로
　　내 몸에 있는 손가락 하나 발가락 하나도
　　마음대로 움직일 수 없게 하는 경우가 있습니다.

• 인간의 몸에 에너지장을 강하게 설치한 후
　　의식은 정상인 상태로
　　내 몸이 외부의 힘에 이끌려 마음대로 조종당하는
　　척신난동의 유형이 있습니다.

- 인간의 몸에 에너지장을 강하게 설치한 후
  교통사고가 크게 나거나
  100km 이상으로 달려오는 차에 부딪치는 사고를 당해도
  차는 폐차 수준이 되지만
  사람은 크게 다치지 않는 유형의
  척신난동을 겪기도 합니다.

- 어느날 갑자기
  꽃들이 말을 걸어오고
  식물이 말을 걸어오고
  동물의 마음이 느껴지고
  동물이 말을 걸어오고
  만물들과의 대화가 되는 경우는
  당신이 특별해서가 아닙니다.
  보이지 않는 세계에 대해 아무것도 모르는
  당신의 의식을 전환하기 위해
  당신의 의식을 깨우기 위해
  하늘이 에너지를 쓰면서
  애쓰고 있는 것입니다.

- 어느날 갑자기
  죽음의 냄새를 맡고
  죽을 사람에게서 나는 냄새를 맡고
  살사람에게서 나는 냄새를 맡기도 합니다.

이런 영적인 능력들이 생기면서
횡설수설을 하면서
정신이 분열되는 척신난동을 겪으면서
의식이 깨어나거나
의식이 깨어나지 못하고
정신질환이 깊어지는 경우도 있습니다.

• 어느날 갑자기
  머리 위에 있는 7개의 양백줄을 보고
  살사람과 죽을 사람을 실제로 보게 되면서
  정신이 분열되면서
  척신난동을 겪게 되면서
  의식이 깨어나는 경우가 있으며
  정신분열이 심해지는 경우도 준비되어 있습니다.

◈ 척신난동을 겪은 사람들 중에
  시간이 지나면서 서서히 회복이 되는 경우는
  다음과 같은 과정을 거쳐 정상화됩니다.

• 시계의 추처럼
  부정적인 에너지를 척신난동을 통해 정점을 찍고 나서
  긍정적인 에너지 또한 체험하게 됩니다.
  긍정적인 에너지를 체험하게 되면
  웃는 날이 많아지고
  노래부르고 즐겁게 지내게 됩니다.

• 시계의 추처럼 조울증이 반복되다가
  그 정도가 서서히 줄어들면서
  정상적인 상태로 돌아옵니다.

이 과정은 사람마다 다르며
영혼의 우주적 신분에 따라 다르며
영혼의 카르마의 내용에 따라 다릅니다.
좋아지는 과정 없이
증상이 악화되는 사람이 있을 것입니다.
그 영혼의 카르마가 다 해소될 때까지
척신난동이 멈추지 않는 사람이 있을 것입니다.

보이지 않는 세계에 대해
아무것도 모르는 인류를 위해
보이는 것만을 믿고 있는 인류를 위해
척신난동을 겪을 인류를 위해
척신난동을 겪고 있는 인류들을 위해
우데카 팀장이 이 글을 기록으로 남깁니다.

척신난동이 일어나는 원리

척신난동이란
인간의 몸에 들어간 에너지체들에 의해
인간의 감정과 의식선이 지배당하면서
폭력적으로 사회적 일탈 행위를 행하는 것을 의미합니다.

척신난동은
하늘의 계획에 의해
그 영혼의 프로그램에 의해 진행됩니다.
세상의 관점에서는 조울증과 정신분열증입니다.
하늘의 관점에서는
그 영혼의 진화 과정에 꼭 필요한
양극단의 에너지를 체험하는 과정입니다.
가장 극단적인 분노와 폭력적인 에너지를
폭발적으로 체험하는 과정입니다.
분노와 폭력적인 에너지를 체험하고 나면
정반대의 에너지인
즐거움과 기쁨의 에너지를 체험하는 것이
일반적인 유형입니다.

자신의 카르마를 해소하는 가장 빠른 방법으로
영혼이 선택할 수 있는 것이 척신난동이며

하늘에서는 에너지체들을 동원하여

척신난동의 프로그램을 계획하고 승인하여 집행하게 됩니다.

척신난동의 대상이 되는 영혼이

우주적 신분이 높을수록

자신의 카르마가 크면 클수록

분노와 폭력성이 크게 발생하게 되며

조울증의 양상이 크게 나타납니다.

세상의 관점으로는 양극성 장애라고 합니다.

척신난동의 대상이 되는 영혼의

우주적 신분이 낮으면 낮을수록

척신난동의 강도는 약해지며

정신분열의 상태가 길어지게 됩니다.

자신의 카르마의 내용과 크기에 따라서

척신난동의 규모와 척신난동이 끝나는 시기는

하늘에 의해 정해집니다.

지구 행성의 물질문명의 종결을 앞두고

지구 행성 영단의 폐쇄와 영단의 정화를 앞두고

해소할 카르마가 많이 남아있는 영혼들은

척신난동의 방법을 통해

단기간 내에 자신의 카르마를 해소하는 방법을 선택하게 됩니다.

어떤 영혼에게 척신난동이 일어나고 있다면

그 영혼의 카르마가 그만큼 많다는 것을 의미합니다.

척신난동이 일어나는 유형은
다음과 같습니다.

첫째

끊임없이 타인을 향한 원망과
불평의 에너지에 노출되어 있게 됩니다.
입에 담을 수 없는 욕을 하기도 하며
극단적으로 자기중심적인 사고 패턴을 가집니다.

둘째

죽고 싶다고
죽여 달라고
나같은 사람은 죽어야 한다는 에너지에 노출되어
끊임없이 자해 시도를 하는 경우가 많습니다.

셋째

옷을 벗고 거리를 배회하는 경우가 있습니다.
인간의 몸에 들어간 에너지체들이
감정선을 끊임없이 교란시켜
비정상적인 감정을 폭발시키고
일탈 행위를 유도하게 됩니다.
귀신의 형상을 보기도 하고
에너지체들이 보여주는 형상을 보기도 하고
에너지체들이 들려주는 메시지를 들으면서
환시나 환청을 보고 듣게 됩니다.

지속적으로 에너지체들의 에너지 작용이 일어나면
옷을 벗기도 하며
칼을 들고 자해를 하기도 하며
타인을 향한 분노를 표시하기도 합니다.
이 모든 것들은 하늘의 에너지체들의
정교한 에너지 작용에 의해 일어납니다.

넷째

척신난동이 일어나는 경우에
감정과 의식은
모두 하늘의 에너지체에 의해 잠식당해서 일어나기 때문에
자신이 한 행동이나 말을 기억하지 못하는 경우가 있습니다.
척신난동을 하늘이 승인할 때
그 영혼의 카르마의 내용에 따라
모든 것이 정교하게 프로그램됩니다.
모든 것은 하늘의 완전한 통제속에
허용된 범위속에서 발생하게 됩니다.
이 일들을 집행하는 에너지체들 역시
하늘의 공무 집행이라는 의식속에서
가슴을 닫고 일을 집행하고 있습니다.

다섯째

마지막 때가 되었을 때
세상의 아마겟돈이 시작될 때
자신의 카르마를 해소하지 못한 많은 영혼들이

전세계에 걸쳐 척신난동을 통해

자신의 카르마를 풀고

육신의 옷을 벗고 지구 행성을 떠나게 될 것입니다.

마지막 때에

척신난동을 일으키는 영혼들 중에

새 하늘과 새 땅에서 살아갈 영혼들은 많지 않으며

대부분 육신의 옷을 벗고

자신이 온 행성으로 돌아가게 될 것입니다.

척신난동은

지구 행성의 주민들보다는

외계 행성에서 온 영혼들에게 많이 나타날 것이며

척신난동을 통해

인류에게 하늘이 있다는 것을 알려주고

자신은 카르마를 풀고

지구 행성을 떠나게 될 것입니다.

척신난동을 겪은 영혼들 중 소수의 영혼들은

자신의 척신난동 프로그램이 종료가 되고 나면

정상적인 사람으로 돌아와서

새 하늘과 새 땅에서 살아가게 될 것입니다.

하늘이 준비하는 대규모의 척신난동이

전세계적으로 준비되어 있음을 전합니다.

척신난동을 통해

인류는 아마겟돈에 내던져질 것입니다.

척신난동을 통해
모든 종교 매트릭스들이 붕괴될 것입니다.
척신난동을 통해
보이지 않는 하늘이
보이는 하늘로 드러나게 될 것입니다.
이 모든 것들이 지상으로 내려온 9번째 창조근원에 의해
준비되고 있음을 전합니다.

척신난동이 일어나는
보이지 않는 세계의 원리는 다음과 같습니다.

① 11차원의 에너지체를 중심으로 하여
　에너지체들이 선정되어 배치가 됩니다.

② 주로 한 사람에게 배치되는 에너지체는
　9분이 평균적으로 배치가 됩니다.
　우주적 신분이 높고
　카르마가 많은 영혼들에게는
　12분 정도의 에너지체가 배속됩니다.
　우주적 신분이 낮은 영혼들에게는
　6분 정도의 에너지체들이 배속되어
　척신난동 프로그램을 진행하게 됩니다.

③ 11차원의 팀장은
　인간의 몸에 에너지장을 설치합니다.

인간의 몸에 설치한 에너지장은
에너지체들의 에너지 작용이
에너지장 안에서 효율적으로 작용하게 하는 역할이 있습니다.
11차원의 팀장급들이 설치하는 에너지장은 매우 강력합니다.
13차원의 팀장급이 배치되는 경우도 있는데
이 경우의 척신난동은 매우 큰 규모이며
당사자나 주변 사람들의 생사가 결정나는 경우에 한해
승인이 납니다.

④ 9차원의 에너지체들은
척신난동이 일어나는 배경이나 무대를 담당하고 통제하게 됩니다.
타인에게 피해를 최소화하고 척신난동을 극대화할 수 있도록
동선을 통제하고 동선을 확보하는 역할을 합니다.

⑤ 7차원의 천사들은
의식선과 감정선의 교란을 담당합니다.
두려움과 공포를 극대화시키는 에너지를
감정선과 의식선에 지속적으로 공급합니다.
분노와 폭력적인 에너지를
감정선과 의식선에 지속적으로 공급하여
비이성적인 행동을 일으키고
일탈 행동을 유발하게 합니다.

⑥ 5차원의 에너지체들은
귀신이나 악마나 사탄의 형상을 제공하게 됩니다.

사방팔방 모두에 귀신의 형상을 배치하여
환시감을 느끼게 하고
환청을 듣게 하는 역할이 있습니다.
5차원의 에너지체들은 인류의 의식 수준에 맞는
두려움과 공포를 느낄 수 있는
다양한 홀로그램을 통해
환시와 환청을 통해
척신난동을 집행하게 됩니다.

마지막 때에
척신난동 대상자들의 선정은 하늘에 의해 모두 끝났습니다.
다양한 홀로그램들이 준비되었으며
에너지체들 역시 훈련되고 준비되었습니다.
에너지체들이 사용할 두려움과 공포의 에너지 공급 시스템 역시
완료되었음을 전합니다.

마지막 때에
대자연의 격변은
지상으로 내려온 9번째 창조근원의 중심의식인
천황에 의해 계획되고 집행될 것입니다.
마지막 때에
경제 대공황과
사회의 혼란과 혼돈과 척신난동은
지상으로 내려온 9번째 창조근원의 중심의식인
지황에 의해 계획되고 집행될 것입니다.

마지막 때에

천황과 지황에 의해

지구 행성의 문명은 모두 붕괴될 것입니다.

하늘에 인연이 있는 사람들과

새 하늘과 새 땅에서 살아갈 하늘 사람들은

지상으로 내려온 9번째 창조근원의 중심의식인

인황에 의해 한줄기 희망의 빛을 발견하게 될 것입니다.

그렇게 될 예정이며

그렇게 예정되어 있으며

그렇게 될 것입니다.

인간의 몸에 존재하는 에너지체들에 대한 정리

대우주를 경영하는 주재자는 창조주입니다.
창조주는 의식이 있는 에너지체로 존재합니다.
창조주는 가장 높은 의식을 가진 존재입니다.
창조주는 의식으로 대우주를 경영하고 있습니다.
창조주의 의식에서 빛이 출현하였습니다.
창조주의 의식에서 에너지가 탄생하였습니다.
창조주의 의식에서 대우주의 행정을 관리하는
에너지체들이 창조되었습니다.

에너지체들은 눈에 보이지 않지만
모두 의식을 가지고 있습니다.
에너지체들은 창조주로부터
사고조절자를 부여받아 생명력을 얻습니다.
에너지체들은 창조주로부터 부여받은 사고조절자의 내용에 따라
고유한 임무와 역할이 주어집니다.
에너지체들마다 고유한 외형을 가지고 있습니다.
에너지체들마다 고유한 에너지 파장을 가지고 있으며
우주적 신분(차원)을 가지고 있습니다.
에너지체들 모두는 우주를 관리하는 하늘의 관리자인 동시에
하늘의 전체의식 속에 함께하고 있기에
갈등과 대립은 없습니다.

에너지체들 모두는 하늘의 관리자인 동시에
하늘로부터 엄격한 관리와 통제속에 있습니다.
에너지체들마다 부르는 이름이 있습니다.
에너지체들의 종류와 그 명칭은 다음과 같습니다.

1차원에 있는 에너지체들을 원소 정령이라고 합니다.
원소 정령들은 광물의 고유한 성질을 유지하는 역할이 있습니다.
2차원에 있는 에너지체들을 요정이라고 합니다.
식물의 생명력을 관리하는 역할을 맡고 있습니다.
3차원에 있는 에너지체들을 요정이라고 합니다.
동물들의 생명력을 관리하는 역할을 맡고 있습니다.
식물에 배속되어 있는 요정보다
동물에 배속되어 있는 요정분들이
에너지가 크며 정화 능력이 뛰어나며
더 많은 생명 에너지를 가지고
동물들의 생명회로도에 관여하고 있습니다.

4차원의 인간의 몸안에 존재하는 에너지체들은
다음과 같습니다.

◆ 정령
백 에너지를 담당하고 있습니다.

◆ 요정
• 인간의 심장에 많이 분포합니다.

- 인간의 몸을 정화시켜 줍니다.
- 사기와 탁기를 흡수하여 정화합니다.
- 적취의 배출을 돕고 정화시킵니다.
- 경락의 순환을 돕습니다.
- 무형의 기계장치들을 청소합니다.

◆ 용
- 외부의 물리적 충격이나 사고로부터 에너지를 흡수하여
  인간의 몸을 보호하는 역할을 합니다.
- 외부의 사기와 탁기로부터 몸을 보호하고
  부정적인 에너지를 정화하고 있습니다.
- 인간의 몸(내부)에서 발생하는 사기와 탁기의 배출을
  도와주는 역할이 있습니다.
- 인간의 의식을 내면으로 향하게 하며
  내면의 소리를 듣도록 에고의 부정적인 에너지를 정화시켜 줍니다.
- 경락이 막힌 곳을 뚫어줍니다.
- 에너지를 증폭시켜 주고 힘을 실어주는 역할이 있으며
  우주적 신분이 높을수록 높은 차원의 용분들이 배치됩니다.
- 인간의 몸에 있는 용들의 크기와 색을 통해
  그 사람의 우주적 신분을 알 수 있습니다.

◆ 상위자아
- 가이드 천사라고도 합니다.
- 본영이 나(아바타)를 관리하기 위해
  홀수 차원으로 분화한 에너지체입니다.

- 나(아바타)를 하늘의 입장에서 안내하고 지도하는 역할입니다.
- 신인합일 또는 인신합일은
  낮은 차원의 상위자아가 안내하는 것이 아니라
  높은 차원의 상위자아가 안내하는 것을 말합니다.
- 높은 차원의 상위자아가
  더 많은 우주적 정보(진리)에 접속되어 있습니다.

◈ 귀신
- 5차원에 속한 에너지체들을 말합니다.
- 빛의 역할을 하는 에너지체들이 있습니다.
  중간계의 역할을 하는 에너지체들이 있습니다.
  어둠의 역할을 하는 에너지체들이 있습니다.
- 인류의 의식 수준으로 인식되는 귀신은
  5차원의 에너지체들 중
  어둠의 역할을 맡고 있는 에너지체들을 말합니다.
- 인간의 감정과 의식에 영향을 주고 있으며
  인간의 정신작용에 영향을 주고 있으며
  경락을 차단하여 인간의 몸에 통증을 유발합니다.

◈ 천사
- 5차원, 7차원, 9차원, 11차원의 에너지체들 중에
  빛의 매트릭스를 가진 존재들을 말합니다.
- 인간의 의식의 눈높이에서 보면
  좋은 역할을 맡고 있는 에너지체를 말합니다.
- 긍정적인 생각과 의식을 갖도록 안내합니다.

- 인간의 몸에는 빛의 역할을 하는 에너지체(천사)와
  어둠의 역할을 하는 에너지체(사탄이나 악마)들이
  반드시 배치되도록 하고 있습니다.
- 인간의 몸에는 빛의 역할을 하는 천사와
  어둠의 역할을 하는 천사(에너지체)들이
  균형있게 배치되어 있습니다.
- 빛과 어둠의 에너지체들의 균형이 무너지게 되면
  감정의 혼란이나 성격의 이상, 정신분열 증상이 나타납니다.

◈ 사탄 = 마귀
- 7차원, 9차원, 11차원에 존재하는 에너지체들 중에
  어둠의 역할을 담당하고 있는 에너지체(천사)들을 말합니다.
  인간의 정신활동에 부정적인 영향을 미치고
  인간의 몸에 부정적인 에너지를 공급하는 역할을 하고 있습니다.
- 어둠의 역할을 맡고 있는 사탄이나 마귀는
  어둠의 매트릭스와
  어둠의 성향을 가진 사고조절자를 창조주로부터 부여받은
  에너지체(천사)들을 말합니다.
- 사탄이나 마귀라 알려진 어둠의 역할을 맡고 있는 천사들은
  부정적인 에너지를 인간에게 공급함으로써
  두려움과 공포를 주며
  정신분열을 초래하는 역기능이 있습니다.
- 어둠의 에너지체들은
  인간이 가진 부정적인 에너지를 흡수하고 정화하는
  순기능 또한 가지고 있습니다.

- 어둠의 천사든 빛의 천사든
  모두가 하늘로부터 부여받은
  고유한 업무와 역할이 있는 에너지체들입니다.
- 어둠의 천사는 빛의 역할을 할 수 있으며
  빛의 천사 역시 어둠의 역할을 할 수 있습니다.

◆ 수호신장
- 빛의 매트릭스를 가지고
  빛의 역할을 하고 있는 에너지체를 말합니다.

보이지 않는 세계는
보이지 않는 에너지체들에 의해 운영되고 있습니다.
보이지 않는 세계에서 에너지체들은
하늘이 일하는 방식에 의해 봉사하고 있습니다.

보이지 않는 세계에 존재하는 에너지체들을
보이지 않는 손으로 인식하였습니다.
누구는 귀신으로 인식하였으며
누구는 악마와 사탄으로 인식하였습니다.
누구는 천사라고 알고 있으며
누구는 용이라고 알고 있으며
누구는 수호신장이라고 알고 있으며
누구는 대천사라고 알고 있으며
누구는 부처님이라고 알고 있으며
누구는 예수님이라고 알고 있으며

누구는 신이라고 알고 있으며
누구는 창조주라고 알고 있습니다.

보이지 않는 세계에서
보이지 않는 손으로 일하는 에너지체들 모두는
하나의 전체의식 속에 있습니다.
창조주 역시 에너지체입니다.
보이지 않는 세계에서 활동하는 에너지체들에 대해
인류는 그동안 너무 무지했으며
보이지 않는 세계에 체계적인 접근을 할 수 없었습니다.
보이지 않는 세계가 바로 하늘의 실체인 것입니다.

이제는 시절인연이 되어
깨어나고 있는 빛의 일꾼들과
깨어나고 있는 하늘 사람들을 위해
우데카 팀장이 이 글을 기록으로 남깁니다.

인류의 건승을 빕니다.

인간의 몸에 있는
에너지체들의 역할과 임무

지구 행성에 살고 있는 인구가 75억이라면
지구 행성에서 근무하고 있는
하늘의 천사(에너지체)들은
최소 열배 이상 많은 750억 이상이 됩니다.

하늘의 행정적 일을 담당하는 천사들이 있습니다.
카톨릭 종교에서는
하품 천사(7차원), 중품 천사(9차원), 상품 천사(11차원)로
구분하였습니다.
불교에서는 법신장이나 수호신장으로 알려져 있으며
보살로도 알려져 있습니다.
이들은 천상정부 소속 천사님들입니다.
쾌적한 우주 함선에서 근무하고 있습니다.

천상정부 소속 천사들이지만
인간의 몸에 들어와서 활동하고 있는
천사님들이 있습니다.
이들은 기능직 공무원에 속하며
대부분의 천사들이 여기에 속합니다.
인간의 몸에 천사들이 들어와 있지 않은 사람은
아무도 없습니다.

지구 행성에 살고 있는 모든 인간의 몸에는
하늘의 에너지체인 천사들이 들어와서
자신들에게 주어진 역할과 임무를 수행하고 있습니다.

인간의 몸에는 천사라고 알려진 에너지체들이 들어와 있습니다.
인간의 몸에는 빛의 역할을 담당하고 있는
에너지체들이 들어와 활동하고 있습니다.
인간의 몸에는 귀신이라고 알려진 에너지체들이 들어와 있습니다.
인간의 몸에는 어둠의 역할을 담당하고 있는
에너지체들이 들어와 있습니다.

인간의 몸에 들어와 있는 천사(에너지체)들의 역할과 임무는
다음과 같습니다.

◈ 빛의 천사들의 역할과 임무
- 긍정적이고 밝은 생각을 할 수 있도록
  인간의 감정선과 의식선에 빛을 공급하고 있습니다.
- 심리적 안정과 정신적인 안정을 주는 역할이 있습니다.
- 우울증과 감정장애 등을 억제해 주는 역할이 있습니다.
- 갈등의 상황에서 혼란이나 혼돈의 상황에서
  부정적인 에너지를 정화하는 역할이 있습니다.
- 인간의 창의적 사고나 영감이나 직관력 등이
  구현될 수 있도록 돕고 있습니다.
- 가이드 천사 역할을 하고 있습니다.
- 큐피드 화살을 담당하고 있습니다.

- 어둠의 천사들이 내뿜는 어둠의 에너지를 흡수하여
  빛과 어둠의 에너지의 균형을 맞추는 역할이 있습니다.
  극단적인 생각이나
  극단적인 행동을 하지 못하도록
  에너지의 균형을 잡아주는 역할이 있습니다.
- 빛의 천사들은 언제든지 어둠의 역할로 전환될 수 있습니다.
- 인간을 각종 변수로부터
  에너지적으로 보호하는 역할이 있습니다.
- 천상정부의 명을 받아서
  하늘이 그때 그때 진행하는 프로그램을 맡아서
  진행하는 역할이 있습니다.

◈ 어둠의 천사들의 역할과 임무
- 인간이 부정적인 생각이나 두려움과 공포와 같은
  어둠의 에너지들이 발생할 때
  그 에너지의 일부를 흡수하여 정화시켜 주는 역할이 있습니다.
- 타인에게 화를 내거나 분노의 에너지가 나올 때
  그 에너지의 일부를 흡수하여
  심신을 안정시키는 역할이 있습니다.
- 부정적인 생각을 떠올려 주거나
  두려움과 공포를 느낄 수 있도록
  인간의 감정선과 의식선에
  어둠의 에너지를 공급하는 역할이 있습니다.
- 부정적인 생각이나 부정적인 느낌이나
  삐딱한 생각 등을 증폭시키는 역할이 있습니다.

- 빛의 천사들이 내보내는 빛이 과도하지 않게
  빛과 어둠의 에너지 균형을 잡는 역할이 있습니다.
- 어둠의 천사들 또한 빛의 천사로 전환할 수 있습니다.
- 인간에게 발생할 수 있는 각종 변수들을 제거하고
  인간을 보호하는 역할이 있습니다.
- 천상정부의 명령에 따라
  하늘이 진행하는 프로그램에 어둠의 역할로써
  참여하고 있습니다.

인간의 몸에는 많은 에너지체들이 들어와서 활동중에 있습니다.
우주적 신분이 높은 사람에게는 높은 차원의 천사들이 배치되며
최대 12분의 에너지체들이 활동할 수 있습니다.
빛의 천사와 어둠의 천사의 비율은 약 6:4 정도로 배치됩니다.

우주적 신분이 낮은 영혼에게도
최소 4명에서 6명은 꼭 배치되어 있습니다.
에너지체들이 배속되어
땅과 하늘의 연락책을 맡고 있습니다.
인간에게 배치된 에너지체들은
인간을 에너지적으로 보호하고
보이지 않는 세계에서 보이지 않게
일어날 일들이 일어날 수 있도록
준비하고 실행하는 역할이 있습니다.

인간의 몸에 에너지체들이 함부로 들어오거나 나갈 수 없습니다.

본영의 동의가 있거나 하늘의 승인이 있어야
에너지체들의 추가 투입과 교체가 가능하도록
천상정부에서 엄격하게 관리되고 있습니다.

인간의 몸에 많은 에너지체들이 들어와 활동하고 있지만
인류는 이것을 눈치챌 수 없었습니다.
에너지체들은 필요할 때만
하늘이 일하는 방식에 의해 일을 하기 때문에
인간이 눈치채기란 거의 불가능합니다.

다음과 같은 특별한 경우에는
인간의 몸에 배치된 에너지체들에 의해
발생한 것임을 눈치채시기 바랍니다.

하늘에서 인간의 몸에 배치된 천사들은
하늘의 일을 집행하기 위해 내려와 있는
하늘의 기능직 공무원들입니다.
하늘에서 약속한 일들이 일어날 수 있도록
인생의 프로그램대로 일어날 일들이 일어날 수 있도록
실무적으로 일을 집행하기 위해
인간의 몸에 천사들은 배치되어 있습니다.

인간의 몸에 배치된 천사들은
인간의 감정이나 의식에 영향을 받지 않으며
하늘의 명령을 집행하는 실무진들입니다.

인간의 몸에 배치된 천사들은
당신의 영혼의 물질 체험을 풍부하게 하기 위해
때로는 조력자와 협력자의 역할을 수행합니다.
인간의 몸에 배치된 에너지체들은
하늘의 뜻이 땅에서 펼쳐질 수 있도록
하늘의 뜻이 인간의 몸에서 변수없이 펼쳐질 수 있도록
변수를 제거하고 실행하는 역할이 있습니다.

인간의 몸에 배치된 에너지체들은
인간의 눈높이에서가 아닌 하늘의 눈높이에서
하늘의 일을 인간의 몸에서 집행하는 집행관의 역할이 있습니다.
인간의 몸에 배치된 에너지체들은
당신에게 일어날 일들을 일으키게 하고
당신에게 일어나지 않을 일들은 일어나지 않도록
인간을 보호하고 관리하는 역할이 있습니다.

하늘과의 소통속에
하늘과의 조율속에
우데카 팀장이
대우주의 비밀을 전합니다.

인류의 건승을 빕니다.

귀신을 쫓아낼 필요가 없는 이유

인류의 의식의 눈높이에서 귀신은
풀고 싶은 원한이 있어서
죽어서도 좋은 곳에 가지 못하고
이승을 떠도는 존재로 알고 있습니다.

인류의 의식의 눈높이에서 악마와 사탄은
하나님의 뜻을 어겨서
하늘에서 쫓겨난 존재로서
인간의 마음을 타락시키고
하나님으로부터 인간을 멀어지게 하기에
하나님의 이름으로 반드시 쫓아내고
하나님의 권능으로 반드시 쫓아내야 하는 존재로 알고 있습니다.

인류의 의식의 눈높이에서 귀신이 들리면
귀신은 나쁜 존재이기 때문에
용한(이름이 있는) 무속인을 찾아
굿을 통해 쫓아내거나
부적의 힘을 빌어 쫓아내야 한다고 믿고 있습니다.
귀신은 나쁜 존재이므로
도력이 높으신 스님이나
높은 깨달음을 얻으신 도인들의 힘을 빌거나

성령이 임하신 목사님들의 안수 기도를 통해
인간을 괴롭히고
인간의 마음을 하나님으로부터 멀어지게 하는
귀신들과 악마와 사탄들은 반드시 찾아내서
반드시 쫓아내야 한다고 믿고 있습니다.

인류의 의식의 눈높이에서
천사는 빛을 사랑을 전하고
천사님들은 나에게 복을 주고
천사님들은 내 기도를 들어주시는
참 착하고 참 좋고
정말 좋은 존재로 그렇게 알고 있습니다.

인류의 의식의 눈높이에서
귀신과 악마와 사탄은
인간의 정신을 황폐화시키고
인간의 정신을 분열시키는 존재입니다.
하늘의 입장에서 귀신과 사탄과 악마는
하늘의 일을 수행하는 에너지체입니다.

인류의 의식의 눈높이에서
귀신과 사탄과 악마는
눈에는 보이지 않으면서
인간의 감정과 의식에 부정적인 영향을 주는
불필요한 존재로 알고 있습니다.

귀신과 사탄과 악마는
인간의 삶을 파괴하고
인간의 정신을 분열시키고
인간을 악의 구렁텅이로 빠트리고
인간을 타락시키는 존재로 알고 있습니다.

하늘의 입장에서 귀신과 사탄과 악마는
하늘이 하늘이 일하는 방식에 의해
하늘의 일을 집행하는 집행관들입니다.
귀신과 사탄과 악마와 천사들은 모두
인간의 눈에는 보이지는 않지만
인간이 구현할 수 있는 감정의 영역에서
인간이 구현할 수 있는 의식의 영역에서
인간의 마음의 작용이 일어나는 순간 순간에
고유한 진동수를 가진 하늘의 고에너지체로서
고유한 파장을 가진 고에너지체로서
인간의 삶에 영향을 미치고 있습니다.

귀신과 사탄과 악마와 천사는
하늘이 설치한 에너지 매트릭스입니다.
귀신과 사탄과 악마와 천사는
3차원 물질 세상을 운영하고 관리하기 위해
하늘에 대한 두려움과
신에 대한 두려움과 공포에 기반을 둔
하늘이 설치한 종교 매트릭스입니다.

귀신과 사탄과 악마와 천사는
영혼의 물질 체험을 돕기 위해 존재합니다.
하늘의 뜻이 땅에서 이루어지기 위해
하늘의 일을 땅에서 수행하는
하늘의 일꾼들(공무원)이며
하늘의 일을 하는 에너지체들입니다.

하늘의 일을 집행하는 에너지체들 중에는
요정과 정령들이 있으며
수호신장과 용들이 있으며
하품 천사와 중품 천사와 상품 천사가 있으며
○○ 대천사 그룹들이 있으며
대천사 ○○ 그룹들이 있습니다.
하늘은 에너지체들을 통해
대우주를 경영하고 관리하고 있습니다.
하늘은 에너지체들을 통해
인간의 삶을 관리하고
인간의 삶에 영향을 주고 있습니다.
인간의 눈에는 보이지 않지만
이것이 하늘의 실체입니다.

귀신과 사탄과 마귀는
부정적인 에너지를 가진 하늘의 에너지체들에 불과합니다.
빛의 소중함을 알기 위해서는
짙은 어둠의 체험이 필요합니다.

미움과 증오의 에너지 없이

사랑의 본질을 배우기 어렵습니다.

사람마다 흘리는 눈물에도 층위가 다릅니다.

사랑에도 깊이가 다르며

사랑에도 사랑마다 층위가 다릅니다.

하늘은 영혼이 물질 체험을 통해 성장할 수 있도록

다양한 층위의 사랑을 체험할 수 있도록

다양한 층위의 어둠의 층위를 설치해 놓았으며

다양한 층위의 어둠의 층위를 차원에 따라 설치해 놓았습니다.

인류의 의식 수준에서

귀신과 사탄과 악마라고 알려져 있는 존재들은

인간의 눈에는 보이지 않지만

어둠의 매트릭스를 위해

어둠의 다양한 층위를 위해

어둠의 빛의 파장을 가지고

인간의 정신과 육체에 부정적인 에너지들을 공급하고 있습니다.

인류의 의식의 눈높이에서

귀신과 사탄과 악마들은

하늘이 물질 체험을 하고 있는 당신을 위해

인간의 마음에 부정적인 영향을 주기 위해

인간의 마음에 다양한 어둠의 층위를 경험하게 하기 위해

짙은 어둠의 에너지를 공급하고

다양한 층위의 어둠의 에너지들을 공급하고 있는 에너지체들입니다.

눈에 보이는 것만을 믿고 있는 인류와
보이지 않는 세계의 실체를 모르고
듣고 싶은 것만을 듣고
보고 싶은 것만을 보고 있는 인류들은
하늘이 설치하고 운영하고 관리하고 있는
종교 매트릭스의 틀 속에서
아무것도 모르는 채
인류는 영혼의 물질 체험인 삶을 살고 있습니다.
하늘은 시치미를 뚝 떼고
당신 영혼의 물질 체험을 지켜보고 있었으며
당신의 의식이 깨어날 때까지
당신이 귀신과 사탄과 악마의 에너지들을
어떻게 다루고 어떻게 반응하는지
하늘은 말없이 당신을 지켜볼 것입니다.

인류의 의식의 눈높이에서 귀신이 들리면
원한을 풀지 못하고 있는 조상신이거나
원한을 풀지 못하고 죽은 영혼이거나
원한이 많아 죽어서도 천국에 가지 못해
이승을 떠도는 망자의 넋처럼 알고 있습니다.
하늘의 입장에서 귀신은
의식을 가진 에너지체이며
하늘이 일하는 방식에 의해
하늘의 일을 집행하는 에너지체입니다.

인류의 의식의 눈높이에서 귀신이 들리면
병원에 가서 정신분열 판정을 받게 되어
치료를 받거나
굿을 하거나 퇴마의식을 하면
증상이 좋아질거라 믿고 있습니다.
하늘의 입장에서 보면 당신에게 들어온 귀신은
하늘이 당신 영혼의 배움을 위해
당신이 체험하기로 한 삶의 프로그램을 위해
당신의 카르마를 해소하기 위한 목적으로
특수한 임무와 목적을 가지고 파견된 에너지체입니다.

당신에게 귀신이 방문을 하였다면
당신은 지금 짙은 어둠의 에너지 속에서
빛을 찾아가는 힘든 여정속에 있는 것입니다.
당신에게 사탄이 방문을 하였다면
당신은 지금 짙은 어둠의 에너지 속에서
사랑의 본질을 찾아가는 힘들고 어려운 여정속에 있는 것입니다.
아픈 만큼 성숙해지듯
한 치 앞도 보이지 않는 어둠 속에서
당신의 영혼은 한줄기 빛의 소중함을 알고 찾게 될 것입니다.

절망과 고통의 에너지 속에서
원망과 분노의 에너지 속에서
시기와 질투의 에너지 속에서
길을 잃고 희망을 잃은 삶 속에서

당신의 영혼은 카르마와 자유의지의 법칙의
두 수레바퀴를 굴리며 살아가고 있습니다.

하늘이 당신을 괴롭히기 위해
어둠의 에너지체들을 당신에게 보냈다고 생각하십니까?
하늘이 당신의 삶을 파괴하기 위해
귀신이나 사탄이 당신을 방문했다고 생각하고 계십니까?
하늘이 당신을 심판하기 위해
하늘이 당신을 벌을 주고 고통을 주기 위해
사탄이나 마귀를 당신에게 보냈다고
아직도 그렇게 믿고 있습니까?

당신의 의식의 수준에서
귀신들은 당신을 상대할 것입니다.
하늘의 에너지체들은
당신보다 더 높은 의식을 가지고 있으며
당신보다 더 높은 지능을 가지고 있으며
당신처럼 수시로 변하는 감정을 가지고 있지 않으며
잠도 자지 않으며
휴가도 가지 않으며
음식도 먹지 않은 채로
당신에게 보내질 때의 목적이 달성될 때까지
입력된 프로그램대로
당신의 정신과 육체에
부정적인 에너지를 지속적으로 공급하여 줄 뿐입니다.

귀신과 사탄과 마귀들은

하늘이

하늘이 일하는 방식에 의해

당신에게 파견한 하늘의 특사입니다.

당신이 배워야 할 것들을 모두 배울 때까지

당신이 체험해야 할 것들을 모두 체험할 때까지

당신이 알아차릴 때까지

당신의 의식이 깨어날 때까지

방문을 멈추지 않을 것입니다.

귀신과 사탄과 마귀들은

당신의 의식의 눈높이에 맞추어

때로는 노련하게

때로는 세련되게

때로는 전진과 후퇴를 하며

때로는 강약을 조절해 가면서

당신과 무속인들을 상대할 것이며

도력이 높으신 도사님들을 상대할 것이며

깨달음이 높으신 스님들을 상대할 것입니다.

귀신과 악마가 두려우십니까?

사탄이나 마귀가 두려우십니까?

하늘은

하늘이 일하는 방식에 의해

하늘이 해야 할 일을

당신의 영혼과 하늘이 약속한 그 시점에
당신의 영혼과 하늘이 약속한 대로
당신의 영혼과 하늘이 약속한 방법대로
특수한 목적을 가진 에너지체가
당신에게 파견된 것입니다.
세상에 우연은 없으며
이 우주에서 우연히 일어나는 일은 없습니다.

이 우주에서 잘못되는 일은 아무것도 없습니다.
인류의 건승을 빕니다.

5차원에 대한 정리
귀신들의 세계

인류의 의식 수준에서 알고 있는 귀신은
5차원에 있는 에너지체들을 말합니다.
귀신은 사람이 억울하게 죽거나
원한이 사무쳐서 되는 것이 아닙니다.
귀신은 비유적으로 표현하자면
국가의 9급 공무원 정도 됩니다.
5차원 영계에 소속되어 있으며
하늘의 일을 맡고 있는 천상정부 소속
정규직 공무원이라고 할 수 있습니다.

일반 영혼들 중에
귀신을 선별하거나 뽑아서 이루어지는 것이 아닙니다.
홀수 차원에 존재하는 에너지체들은
창조주께서 직접 창조하신 특수 관리자들입니다.

 5차원 에너지체 ⇒ 9급 공무원
 7차원 에너지체 ⇒ 7급 공무원 ⇒ 하품 천사
 9차원 에너지체 ⇒ 5급 공무원 ⇒ 중품 천사
11차원 에너지체 ⇒ 4급 공무원 ⇒ 상품 천사
13차원 에너지체 ⇒ 차관급 공무원
15차원 에너지체 ⇒ 장관급 공무원

17차원 에너지체 ⇒ 국무총리

18차원 에너지체 ⇒ 청와대 ⇒ 창조근원

5차원은 1단계에서 15단계로 존재합니다.

5차원을 영계라 하며 지구 영단이라고 합니다.

5차원 15단계는 영계의 최고 책임자를 말하는 것입니다.

5차원은 18차원 우주를 기준으로 하면 영계에 해당하는 차원입니다.

영계는 영혼들의 출입국 관리 사무소입니다.

영계를 관리하고 있는 에너지체들은 두 분류로 나누어집니다.

첫째는

지구 영단을 관리하는 업무를 담당하고 있는 에너지체가 있으며

둘째는

인간의 몸에 들어와서 부정적인 작용과

긍정적인 반응을 일으키는 역할을 가진 에너지체들로

구분할 수 있습니다.

5차원에 있는 에너지체들은

인류에게 가장 친숙한 귀신의 역할을 맡아서 하고 있습니다.

개인의 카르마를 해소하는 방법 중에 하나로

5차원 에너지체들의 에너지장에

인간의 몸과 정신이 온전히 잠식될 때를

'귀신들렸다'라고 표현하는 것입니다.

5차원 에너지체들의 부정적인 에너지가

인간의 감정선과 의식선에 장기적으로 영향을 줄 때는

정신분열이나 우울증 또는 조울증 증세가 나타납니다.

무속인들이 상대하는 분들이 바로 5차원 에너지체들입니다.
무속인의 의식의 눈높이에 맞게
굿을 하고 있는 인류의 의식의 눈높이에 맞게
상대해주고 있는 것입니다.
조상신이나 망자들의 영혼은
영계에 잠시 머물고 있을 때에
무속인들에게 접속될 수 있습니다.
하늘의 관리자 그룹의 필요성에 의해
조상신이나 망자들의 모습을 빙자하여
꿈으로 나타나거나 꿈속에서 메시지를 주는 경우도 있습니다.

7차원과 9차원과 11차원의 에너지체들 중에
인간의 의식과 감정에 작용하여
긍정적인 역할을 하는 에너지체들을 천사라고 하고
부정적인 역할을 하는 에너지체들은 어둠의 천사 또는
사탄이나 마귀 등으로 인류에게 알려져 있습니다.
5차원의 에너지체들을 통칭하여
귀신이라고 인류는 알고 있습니다.

귀신이나 사탄 마귀 또는 악마라고 알려져 있는
어둠의 에너지체들의 특징은 다음과 같습니다.
어둠의 매트릭스를 가지고 있으며
어둠의 역할을 담당하고 있으며
인간의 신경계와 심장에 영향을 주면서
두려움과 공포의 에너지를 느끼게 합니다.

인간의 몸에 존재하는 기의 세계에 접속하여

경락의 흐름을 막게 하여 몸을 아프게 하고

신체 대사에 영향을 주어

하품을 자주 하게 되거나

혈압이 이유없이 오르게 되거나

몸에서 탁한 기운과 냄새가 나도록 하거나

횡설수설 혼잣말을 하게 합니다.

인간의 감정선과 의식선에 접속할 수 있으며

자신들이 가진 고유의 에너지 파장을

인간의 감정선과 의식선에 작용시켜

인간의 감정선을 교란하여 폭발적 분노를 일으키게 합니다.

인간의 의식을 교란시켜

정신분열이나 정신착란, 우울증과 조울증 등의

심각한 부정적 작용을 하게 됩니다.

어둠의 에너지체들인 귀신이나 사탄이나 악마 등이

부정적인 역할을 할 때에는

인간의 성격이 파탄이 나거나

인간의 의지로는 어떻게 할 수 없는

정신이나 의식의 상태로 나타나게 됩니다.

어둠의 에너지체들이 부정적인 역할을 하지 않고

긍정적인 역할을 할 때에는

인간이 가진 두려움과 공포를 흡수하여

인간의 마음과 정신을 안정시키는 역할을 하는

순기능을 가지고 있습니다.

어둠의 에너지체들의 역할과 임무에 맞게
어둠의 에너지체들의
순기능과 역기능의 명령을 내리거나
활동을 승인하는 주체는
본영과 하늘(천상정부)에게 있습니다.
철저한 통제속에서 진행되고 있으며
귀신 하나 천사 하나가
인간의 몸에 들어오고 나가는 것 또한
대우주의 법칙속에서 엄격하게 관리되고 통제되고 있습니다.

5차원의 영계에서 빛의 매트릭스를 가진 귀신들은
인간의 마음을 안정시키고
인간의 정신에 평화를 주는 긍정적인 역할을 하고 있지만
이 귀신들의 에너지가 너무 과하게 되면
다음과 같은 부정적인 반응이 나타나게 됩니다.

- 혼잣말을 하며 실실 웃는다.
- 머리에 꽃을 꽂거나 가슴에 칫솔을 넣고 다니는
  비상식적인 행동을 하면서도 실실 웃는다.
- 상황에 맞는 감정이 나오지 않으며
  상황에 맞는 행동이 나오지 않으며
  상황에 맞는 언어가 나오지 않으면서도
  두려움이나 공포를 느끼지 못하고
  실실 웃음이 나오게 됩니다.

지구 행성의 차원상승 과정에서

인류의 의식을 깨우기 위해

보이지 않는 세계가 있다는 것을 알려주기 위해

인류의 의식의 눈높이에 맞추어

귀신이나 어둠의 에너지체들의 대거 준동이

하늘에 의해 준비되어 펼쳐질 예정입니다.

이것을 우리 조상들은 척신난동의 때라고 이야기하였습니다.

5차원에 대한 정리의 필요성과 기록의 필요성이 있어

이 글을 남깁니다.

귀신들의 역할과 임무

귀신들이 나타날 때의 신체 반응 등을 기록으로 남깁니다.

★ 5차원 에너지체의 단계별 파워와 신체 반응

5차원	에너지 강도	기능과 역할 (신체 반응)		
1단계	1	머리가 쭈뼛 서는 정도		어둠의 매트릭스 귀신의 부정적 작용
2단계	10	순간 놀람과 경직		
3단계	30	등이 오싹하고 식은땀		
4단계	80	검은 형상 / 헛것을 본 느낌		
5단계	120	귀신의 형체가 보임		
6단계	160	스토리가 있는 다양한 컨셉 귀신 (몽달귀신, 처녀귀신)		
7단계	220			
8단계	280	공포와 두려움		
9단계	360	용분들 : 에고의 정화		중간계 매트릭스
10단계	440	어둠의 에너지 정리		
11단계	520	마음에 편안함, 안정감, 정화		빛의 매트릭스 귀신의 긍정적 작용
12단계	640	설렘, 봄바람 느낌		
13단계	720	천사의 모습	기분전환, 상쾌	
14단계	840		우울증 회복에 도움 (감정기복 균형 조정)	
15단계	960	의식의 전환 의식의 각성에 도움		

7차원에 대한 정리
천상정부가 있는 차원

7차원은 인류가 생각하는 하늘에
가장 가까운 차원입니다.
5차원을 영계 또는 지구 영단이라고 하며
7차원을 천상정부라고 하기 때문입니다.
9차원은 천상정부 고위위원회라고 하며
11차원을 카르마와 환생위원회라고 합니다.

7차원을 천상정부라고 하는 이유는
7차원 에너지체들과 관리자 그룹들이
지상의 정부의 조직처럼 되어 있으며
마치 지상의 정부 조직과 같이 업무를 수행하기 때문입니다.
4차원 물질세계에 영향을 줄 수 있는
실질적인 업무를 주관하는 차원입니다.
관공서에 가면 제일 먼저 만나는 부서에 해당되는 차원으로
7차원은 행성의 진화를 담당하는
실질적인 행정 조직이며
실무적인 일을 집행하는 차원입니다.

7차원의 에너지체들은 크게 3분류로
기능과 역할이 나누어져 있습니다.

첫번째 에너지체 그룹

행성의 진화 로드맵이나 스토리를 짜고 기획하는 그룹
행성의 진화를 모델링하는 그룹으로
행정 관료 그룹이라 합니다.

두번째 에너지체 그룹

행정 관료 그룹이 작성한 로드맵이나 기획한 내용들을
실무적으로 집행하는 그룹

세번째 에너지체 그룹

인간의 몸에 들어가 감정선과 의식선을 지배하며
정신분열을 일으키거나
우울증이나 조울증을 발생시킵니다.
인간의 몸에 들어가 경락을 차단함으로써
통증이나 질병을 유발하는 에너지체 그룹이 있습니다.

7차원 천상정부에서 하는 역할을 살펴보면 다음과 같습니다.

- 인간의 메타 의식구현 시스템을 관리하고 통제하고 있습니다.
- 염라대왕은 5차원 15단계의
  영계의 최고 관리자를 의미합니다.
- 옥황상제는 7차원 15단계의
  천상정부의 최고 관리자를 말합니다.
- 1차 상위자아는 5차원에 존재하며
  5차원의 관리자 그룹들이 관리하고 있습니다.

- 2차 상위자아들은 7차원에 속해 있으며
  7차원의 관리자들은
  창조주께서 부여하는 사고조절자의 특성에 의해
  고유한 업무가 결정이 되며
  2차 상위자아들을 관리하고 통제하고 있습니다.
  2번째 에너지체 그룹이 관리하고 있습니다.
- 전문 행정가 그룹들은
  상위 차원의 업무 지시를 수행하는 그룹이며
  하위 차원에 업무를 지시하거나 관리하는 역할이 있습니다.
  7차원 에너지체들이 수행할 수 있는 업무를 직접 기획하고
  집행할 수 있는 권한들이 주어지는 차원입니다.
- 3번째 에너지체들은
  자신에게 부여된 사고조절자의 내용과
  매트릭스의 종류(빛·중간·어둠)에 따라
  인간의 몸에 들어가서
  인간의 감정선과 의식선에 영향을 주는 역할을 담당하고 있습니다.

인간의 몸에 들어와서
인간의 감정과 의식에 영향을 미치고
인간의 몸을 아프게 하고
인간의 장부에 영향을 미치는 에너지체들은
차원이 높을수록 단계가 높을수록
그 영향력이 커지게 됩니다.
인간의 몸에 에너지체들이 들어올 때는
우주의 엄격한 법칙이 적용됩니다.

첫째

어둠의 에너지체와 빛의 에너지체의 균형을 이루어
배치하는 것을 원칙으로 합니다.

둘째

영혼의 프로그램의 원활한 진행을 위해서
영혼의 물질 체험을 극대화시키기 위해서
빛과 어둠의 에너지 균형이 깨진 상태로
에너지체들을 인간의 몸에 투입할 때는
아바타의 본영의 동의가 반드시 필요합니다.
에너지체들의 추가 투입이나
에너지체들의 업무 기능의 변경이나 정지 등은
하늘의 관리자 그룹의 동의나 승인이 있어야 가능합니다.

셋째

인간의 몸에는 반드시
빛의 역할을 하는 빛의 천사 한분은 배치되어야 합니다.

넷째

대화가 가능한 지능형의 에너지체들이 투입되어
정신분열을 일으키는 경우
심각한 우울증이나 조울증 등을 일으키는 경우
극심한 통증이나 불치병과 난치병을 유발하는 경우
그 영혼이 감당할 수 없을 만큼의 에너지체들이 투입되는 경우는
특수한 목적의 프로그램이 진행되거나

카르마의 해소를 위한 것에 한하여 엄격하게 제한되어 있습니다.

다섯째

인간의 몸에 투입되는 에너지체들은

자신에게 부여된 업무와 역할 이외의 기능은

엄격하게 금지되어 있습니다.

자신에게 부여된 업무의 변경이 필요하거나

자신에게 부여된 업무 이외의 일들을 수행하게 되는 경우는

하늘의 관리자 그룹의 엄격한 관리와 통제 속에서

승인이 난 뒤 이루어집니다.

7차원 에너지체들 중 세번째 에너지체들이

인간의 몸에 들어와 영향을 미치는 범위들을 정리하면

다음과 같습니다.

★ 7차원 에너지체의 단계별 파워와 신체 반응

7차원	에너지 강도	기능과 역할 (신체 반응)	
1단계	1	• 경락 일부 차단, 심장을 직접 자극 • 불안감의 시작	어둠의 매트릭스
2단계	240	• 경락을 차단한 부분에 통증 유발, 날카로운 통증 • 짜증 발생	
3단계	380	• 지속적인 불안감, 좌불안석, 부정적인 생각으로 가득 참 • 12개 감정선 중 1개 통제 • 신경통 유발	
4단계	520	• 뚜껑 열리기 직전의 분노와 불안, 왕짜증, 신경 예민 • 감정선 3개 통제 • 경락을 맞춤형으로 차단하기 시작	
5단계	720	• 폭발적 분노, 충동적 파괴행동 • 감정선 3개 / 의식선 1개 통제 • 갑자기 힘이 세짐	
6단계	860	• 대화형 에너지체 • 감정선 6개 / 의식선 3개 통제 • 정신분열의 시작 • 광범위한 부위에 강력한 통증	
7단계	1050	• 감정선 8개 / 의식선 4개 통제 • 다중인격의 지능형 대화가 가능 • 깊숙한 곳에서 오는 심부 통증	
8단계	1400	• 부분적 경락 봉인의 시작(클립형) • 신경 차단 ⇒ 감각 이상	중간계 매트릭스

※ 7차원 에너지 강도 1은 5차원 에너지 강도 1의 약 200배

7차원	에너지 강도	기능과 역할 (신체 반응)	
9단계	1800	• 장부 봉인의 시작(표층) • 장부 기능 저하(30%) ⇒ 진단시 경증의 이상 소견	중간계 매트릭스

10단계	2200	• 장부 봉인(리층)
		• 장부 기능 저하(50%)
		  ⇒ 병원 진단명은 없으나
		     본인은 불편함을 느낌	

11단계	2500	• 자신감과 우월감, 도전의식, 행복감 "난 할 수 있어", "잘 될 거야" • 피로감이 적고 몸이 가뿐함(30% 정도 개선) • 실실 웃음	빛의 매트릭스
12단계	2800	• 자만과 교만의 시작, 자기중심적 사고의 시작 • 가슴에 빛이 나며 충만한 상태 • 만성통증의 완화	
13단계	3050	• 현실감각이 조금씩 떨어짐 • 무모한 도전의 시작 (오르지 못할 나무를 쳐다보는 단계) • 자신감이 가장 충만한 시기 • 차크라가 돌기 시작 • 과장된 웃음 • 빛과 어둠의 균형이 깨지기 시작하는 단계	
14단계	3300	• "정의의 칼을 받아라"를 휘두르기 시작 • 자기중심적 과대망상과 착각이 일어남 • 과도한 에너지 사용으로 인한 부상	
15단계	3500	• 지독한 불면증 • 극도의 흥분과 긴장상태의 지속 • 감정 통제가 어려움(울거나 노래를 부름) • 의식 각성이 일어나는 시기	

9차원에 대한 정리
척신난동을 주관하는 차원

7차원의 주요 업무는
물질문명을 주관하는 것입니다.
행성에 도입할 물질 매트릭스들을 기획하고
설계도를 그리고 실무적으로 집행하는 차원입니다.

9차원의 주요 업무는 크게 네가지로 나누어 볼 수 있습니다.

첫째
9차원의 고유한 업무를 수행하는 전문 행정가 그룹으로
역할은 다음과 같습니다.

• 상위자아들을 관리하고 통제하는 역할

• 에너지체들을 관리하고 통제하는 역할
⇒ 5차원과 7차원의 에너지체들을 관리하고 통제
⇒ 9차원의 에너지체들을 관리하는 역할

• 상위차원과 하위차원의 업무를 연결하고 중개하는 역할

• 천상정부 고위위원회라고 하며
행성의 역사와 문화에 깊이 관여합니다.

- 모나노 시스템을 운영하고 있습니다.

  ⇒ 모나노 시스템은

  영혼의 물질 체험을 위한

  영혼의 프로그램들의 세부 내용들이

  입력되고 관리되고 있는

  거대한 시스템을 말합니다.

  인간의 사회적 관계 네트워크망이며

  사회 현상의 시뮬레이션이 이루어지며

  복잡한 사회 현상이

  한 치의 오차없이 땅에서 펼쳐질 수 있도록

  변수를 제거하고

  일어날 일들만이 일어날 수 있도록 하고

  하늘에서 승인된 것만이 땅에서 일어날 수 있도록 하여

  보이지 않는 세계에서 먼저 결정된 것만이

  보이는 세계에서 펼쳐질 수 있도록

  사회 현상의 모든 것을 보이지 않는 세계에서

  통제하고 관리하는 시스템을

  모나노 시스템이라고 합니다.

둘째

인간의 몸에 들어가서

영혼의 물질 체험의 프로그램을 수행할 수 있도록

도와주는 역할이 있습니다.

영혼의 물질 체험을 풍부하게 체험할 수 있도록

도와주는 역할이 있습니다.

인간의 몸에 들어가서
어둠의 특수 에너지장과 빛의 특수 에너지장을 설치하여
인간의 정신분열, 감정의 분열, 의식의 분열 등을 통해
카르마를 해소하게 하는 역할을 수행하고 있습니다.

인간의 몸에 들어가서
살인이나 강간, 극단적 상황에서 나오는 초인적인 능력이나 힘같이
인간이 제정신으로 할 수 없는 일들을 할 수 있도록
도와주는 역할이 있습니다.

지구 행성의 차원상승 과정에서
보이지 않는 세계가 있다는 것을 알려주기 위해
인류의 가슴 속에서 잃어버린 하늘을 찾아주기 위해
하늘이 있다는 것을 알려주기 위해
모든 것이 에너지의 세계라는 것을 알려주기 위해
인간의 몸에 강력한 9차원의 에너지체들이 들어가
인간의 몸에 극단적인 통증을 일으키고
인간의 정신이 분열이 되어 파탄이 되고
인간의 감정이 분열이 되고 통제가 되지 않고
인간이 의식을 잃고 광기와 광란으로 치닫는
극단적인 상황들을 연출하게 될 것입니다.
사람이 사람을 무서워하게 되고
사람의 행동을 예측할 수 없게 되는
척신난동의 시대를 준비하는
실무적인 차원입니다.

셋째

행성의 물질문명을 주관하는 7차원의 업무를

지원하고 관리하고 통제하는 역할을 가진

전문 행정가 그룹입니다.

물질문명에서 진행되는 역사적인 사건들을

기획하고 설계하고 실무적으로 집행하는 역할을 수행하고 있습니다.

물질문명의 매트릭스를 설치하고

행성의 과학기술 문명의 수준을 결정하고

물질문명의 매트릭스를 관리하고

행성에 과학기술 문명을 도입하고

물질문명의 매트릭스를 유지하고

행성에 과학기술 문명을 지원하고

물질문명의 매트릭스를 보수하는 역할을 담당하고 있습니다.

넷째

행성에 정신문명의 내용을 기획하고

행성에 정신문명의 내용을 설계하고

행성에 정신문명의 난이도를 기획하고

행성에 정신문명이 정착할 수 있도록

물리적 환경과 문화적인 환경을 조성하는 역할이 있습니다.

행성에 다양한 정신문명이 자리잡도록

행성에 문화적 다양성을 제공하는 역할

행성에 물질문명과 정신문명이 조화와 균형을 이룰 수 있도록

실무적으로 관여하는 차원입니다.

행성에 종교 매트릭스를 설치하고
행성에 종교 매트릭스를 운영하고 있으며
행성에 정치 매트릭스를 설치하고
행성에 정치 매트릭스를 운영하고 있습니다.
행성에 경제(화폐) 매트릭스를 도입하고
행성에 경제 매트릭스를 유지하고 관리하고
보수하는 역할을 하고 있습니다.

행성에 다양한 문화 매트릭스를 도입하고
행성의 문화적 다양성의 유지를 위해 일하며
행성에 다양한 예술 매트릭스를 도입하고
행성에 다양한 예술 매트릭스를 관리하고
유지하고 보수하는 역할이 있습니다.

인류는 차원상승 과정에서
지구 대격변의 상황에서
물질문명의 매트릭스가 붕괴되며
정신문명의 매트릭스의 붕괴를 경험하게 될 것입니다.
모든 것이 무너지고
모든 것이 붕괴될 것입니다.

인류들은
극심한 아마겟돈과
극심한 척신난동을 겪게 될 예정입니다.

그때를 위해

보이지 않는 세계에 대해

아무것도 모르는 인류를 위해

깨어나는 소수의 빛의 일꾼들을 위해

의식이 깨어나

새 하늘과 새 땅을 준비해야 하는

시절인연이 있는 인자들을 위해

우데카 팀장이 기록의 필요성이 있어

하늘과의 소통속에 이 글을 남깁니다.

9차원 에너지체들이

인간의 몸에 들어왔을 때 나타나는 증상들은

다음과 같습니다.

★ 9차원 에너지체의 단계별 파워와 신체·감정 반응

9차원	에너지 강도	기능과 역할 (신체 반응)	
1단계	1	• 경락의 반표반리(중간층)까지 차단 가능 • 강력한 두려움과 분노를 느낌 • 미래에 대한 불안감 엄습 • 감정선과 의식선의 2/3까지 지배	어둠의 매트릭스
2단계	240	• 감각신경 자극으로 살을 에이는 통증 • 터질 듯한 심장박동, 동공 확대, 피가 거꾸로 솟는 느낌	
3단계	480	• 사지가 절단된 느낌, 감각 마비, 머리가 깨질듯한 두통 • 장부 기능 90% 차단 • 죽고 싶은 마음, 의욕 상실, 깊은 좌절감	
4단계	820	• 에너지체가 의식을 인위적으로 조작 가능(부정적) • 다양한 부위에 강력한 통증 • 루푸스 환자가 느끼는 정도의 통증 • 정신분열	
5단계	1200	• 다중인격장애, 폭발적 분노장애 • 광란과 난동의 시작 • 자해, 살인도 가능	
6단계	1800	• 통증의 감소, 부정적 감정이 누그러짐 • 9차원 1단계, 11단계의 증상 완화	중간계 매트릭스 (어둠/빛의 에너지 흡수, 상쇄)
7단계	2200	• 무기력증과 멍때림 • 9차원 2단계, 12단계의 증상 완화	
8단계	2600	• 의식을 놓을 정도로 심각한 멍때림 • 9차원 3단계, 13단계의 증상 완화	

9차원	에너지 강도	기능과 역할 (신체 반응)	
9단계	3000	• 광란 행동 후 기절, 실신 • 9차원 4단계, 14단계의 증상 완화	중간계 매트릭스 (어둠/빛의 에너지 흡수, 상쇄)
10단계	3400	• 심각한 가위눌림(손끝 발끝 하나 못 움직임) • 경련과 발작 • 9차원 5단계, 15단계의 증상 완화	
11단계	4200	• 환희에 찬 미치광이 (머리에 꽃을 100개 꽂을 정도) • 자신의 행동에 대한 인지 불가능 • 긍정적으로 사용되면 메타 시스템의 성능이 향상되어 총기와 총명 유발, 천재성 발휘 • 희생, 봉사하는 천사가 될 수 있음	빛의 매트릭스
12단계	4700	• 조현병(울다가 웃다가) • 정신질환의 지속 • 최악의 상황에서도 절대 긍정의 마음과 용기 있는 행동	
13단계	5300	• 의식을 인위적으로 조작 가능(긍정적) • 일시적인 의식의 지배(단발적 생각)	
14단계	6000	• 의식을 인위적으로 조작 가능 • 지속적, 복합적인 의식의 지배	
15단계	6800	• 에너지체가 의식을 생산, 창조할 수 있음 • 메타 의식구현 시스템 현재의식을 부분적 지배	

11차원에 대한 정리
카르마위원회와 환생위원회

11차원은 9차원의 4가지 기능에
2가지 기능이 확대되어 있는 차원입니다.

추가된 첫번째 역할은
환생위원회와 카르마위원회입니다.
환생위원회는 영혼의 물질 체험을 위한
인생 프로그램을 최종 심의하는 기구입니다.
본영이 제출한 영혼의 물질 체험 프로그램을
최종적으로 승인하는 차원입니다.
카르마위원회는 영혼들이 물질 체험을 하면서
자유의지의 남용으로 인한
개인의 카르마가 발생하거나
행성의 진화를 목적으로 하는
공적인 업무의 역할을 수행하다가 발생한
공적인 카르마들을
기획하고 설계하고 집행하는 곳입니다.
개인의 카르마와 공적인 카르마를 해소하는 방법 등을
최종적으로 심의하고 결정하는 곳입니다.
환생위원회와 카르마위원회는
11차원 15단계의 최고 관리자 그룹이 맡고 있습니다.

11차원에 추가된 두번째 역할은
혼 에너지에 매트릭스(빛,중간,어둠)를
설치하는 역할과 관리하는 역할이 있습니다.
혼 에너지에 매트릭스를 설치하고
혼의식 매트릭스 격자망 위에
혼의식 프로그램을 설치하는 역할과 관리를 맡고 있습니다.

모든 영혼의 물질 체험은
영 에너지 + 사고조절자 = 영의 여행
혼 에너지 + 매트릭스(빛,중간,어둠) + 혼의식 프로그램의 설치
= 혼의 여행
영의 여행 + 혼의 여행 = 영혼의 여행이 이루어집니다.
영의 여행을 주관하는 것이 16차원의 고유기능이라면
혼의 여행이 가능하도록
혼에 관한 모든 것을 주관하는 차원이
11차원이 갖는 고유기능입니다.
11차원은 환생위원회와 카르마위원회를 중심으로
영혼의 물질 체험을 관리하고 감독하는 차원입니다.

11차원의 에너지체들 중에는
인간의 몸에 들어가서 그 영혼의 카르마를 해소하기 위해
특수한 역할과 임무를 수행하는 에너지체들이 있습니다.
5차원과 7차원과 9차원의 에너지체들은
카르마를 해소하기 위해 인간의 몸에
11차원의 에너지체 없이 단독으로 들어갈 수 없습니다.

5차원과 7차원과 9차원의 에너지체들이 활동하며
카르마를 해소하기 위해서는
반드시 11차원에 있는 특수 에너지체와 함께 팀을 이루어
인간의 몸에 들어갈 수 있을 뿐입니다.
인간의 몸에 들어가 카르마를 해소하기 위해
에너지체들이 10년 20년 30년씩 활동하기 위해선
카르마위원회의 동의가 있어야 하며
카르마위원회의 엄격한 관리와 감독을 받아야 합니다.

11차원의 1단계에서부터 15단계에 있는
인간의 몸에 들어갈 수 있는 특수한 에너지체들은
모두가 팀장급으로
5차원과 7차원 9차원에 있는 에너지체들을
지휘하고 통솔할 수 있는 권한들이 부여되어 있습니다.
11차원의 특수한 에너지체들은 팀을 만들어 인간의 몸에 들어가서
영혼의 진화 과정에서 자유의지의 남용으로 인해 생긴 카르마를
해소하는 역할이 있습니다.

11차원의 에너지체들은
인체내에서 특수한 에너지장을 형성하게 됩니다.
11차원의 에너지체들이 형성한 특수한 에너지장은 너무나 강력하여
인체를 쉽게 그리고 장기간 장악할 수 있습니다.
11차원의 에너지체들이 형성한
특수한 에너지장에 인간이 갇히게 되면
인간으로서 누려야 할 기본적인 감정과 의식을 잃어버리게 됩니다.

에너지장 속에 프로그램된 내용이
인간의 자유의지를 발휘할 수 없도록
자유의지를 강력하게 제한하게 됩니다.
타인의 자유의지를 침범하고
타인의 생명을 빼앗고
타인의 마음을 아프게 하고
타인에게 고통을 준 것과
똑같은 고통의 수준으로 받게 되는 것입니다.
카르마를 해소하는 방식은
하늘이 일하는 방식을 통해
우연을 가장하여
아무도 모르게
11차원의 에너지체들이 형성한 특수한 에너지장 속에서
인간의 감정과 의식이 제 역할을 하지 못하고
자유의지를 박탈당한 채
정신이상자로 정신이 온전치 못한 사람으로
귀신들린 사람으로 살아가고 있는 것입니다.

11차원의 에너지체들이 팀을 이룬
강력한 특수한 에너지장 속에 내던져진 인간은
자유의지를 박탈당한 채
자신이 타인에게 가한 만큼의 고통을
장기간에 걸쳐 느끼고 살아가면서
조금씩 조금씩 카르마를 해소하게 됩니다.

카르마를 해소하는 것은 결코 쉽지 않습니다.

카르마를 해소하는 것은

단기간에 이루어지지 않습니다.

11차원의 에너지체들이 만든 특수한 에너지장 속에서

장기간 자유의지를 박탈당한 채 살아가야 하는

고통과 고난의 시간입니다.

하늘에 의해 철저하게 비밀로 감추어졌던

카르마가 해소되는 과정 중 하나인

에너지체들의 특수한 에너지장에 의해

카르마가 해소되는 원리를

시절인연이 되어

대우주의 비밀을

우데카 팀장이 기록으로 남깁니다.

11차원의 에너지체들의 특성과 인체에 미치는 반응은

다음과 같습니다.

11차원	에너지 강도	에너지의 영향 범위		기능과 역할 (신체 반응)
1단계	1	내부 에너지장 형성	신체의 1/4 장악	• 지속적인 통증, 알 수 없는 통증, 멍한 상태 • 소화불량
2단계	1600		신체의 1/2 장악	• 경락의 흐름을 막게 됨, 근육통, 감정선 전체 영향
3단계	3200		전신 장악 (강도 약)	• 에너지 대사 저하, 약골로 보임 • 의지와 달리 행동이 나오지 않음
4단계	4800		전신 장악 (강도 중간)	• 장부 또는 현재의식 지배의 시작 • 환각·환청의 1단계
5단계	6400		전신 장악 (강도 강)	• 환각·환청 + 폭력적 행동
6단계	7200	외부 에너지장 형성 (내부 에너지장 보다 파워가 강함)	신체의 1/4 장악	• 장부를 쌍으로 봉인 가능 (예: 심-폐, 심-신, 간-신)
7단계	9000		신체의 1/2 장악	• 상하좌우의 불균형, 기혈의 불균형, 신진대사 이상
8단계	10800		전신 장악 (강도 약)	• 전신을 감싼다(특정한 성격을 가진 에너지장으로 결박) • 조습을 장악(아토피, 피부질환)
9단계	12600		전신 장악 (강도 중간)	• 전신에 극심한 통증을 주는 에너지 • 정신을 지배하게 되면 실소, 자해, 자학의 증상
10단계	14400		전신 장악 (강도 강)	• 발달장애인

※ 11차원 에너지 강도 1은 5차원 에너지 강도 1의 약 950배

11차원	에너지 강도	에너지의 영향 범위		기능과 역할 (신체 반응)
11단계	16000	내부 에너지장 + 외부 에너지장	외부 (전신) + 내부 (국소부위)	• 평생을 누워서 보냄 • 장부의 항진으로 인하여 신체에 고통 • 몽롱한 꿈을 꾸듯 환상을 쫓음 • 의식이 없는 상태에서의 폭력성 없는 행동(예: 옷 벗고 돌아다님) • 의식을 잃고 정처없이 돌아다님
12단계	17600			• 감정조절장애(우울증,조울증) 장기간 지속
13단계	19200			• 은둔형 외톨이 (고립생활의 장기화) • 폭발적 분노와 희열의 극단적 감정 표출 • 심각한 조울증의 장기화
14단계	20800			• 안절부절 못하며 혼자 끊임없이 중얼거림 • 가만있지 못하고 끊임없이 움직임 • 의식과 행동이 지배당함
15단계	22400		외부(전신) + 내부(전신)	• 신체 이상은 없으나 의식불명 상태가 지속되는 경우

제5부

빛의 일꾼들이 완성되는 과정

본영과의 합일은
지구 차원상승을 앞두고
지구 행성의 물질문명의 종결을 앞두고
창조주께서 주관하시는 아보날의 수여를 위해
빛의 일꾼들이 준비되는 마지막 행정적 절차입니다.
카르마 에너지장이 모두 해소된 빛의 일꾼들을 중심으로
지금 본영과의 합일이 이루어지고 있습니다.

빛의 일꾼들이 준비되는 과정

빛의 생명나무에서
빛의 일꾼들이 준비되는 과정은 3단계입니다.

기본 과정
빛의 생명나무 교육 과정을 이수해야 합니다.
입문반 중급반 고급반 강의를 마쳐야 합니다.

기본 과정이 끝나면 필수 과정 6단계가 있습니다.

첫번째 과정 ⇒ 몸의 진동수를 높이는 과정
몸의 진동수를 높이는 과정이
하늘에 의해 진행됩니다.
우주적 신분이 높은 사람일수록
빛의 생명나무에 오기 전에
진동수를 높이는 과정을 겪었거나
진동수가 일정정도 높아진 상태에서 오시는 분이 있습니다.
빛의 생명나무에 와서
처음으로 진동수를 높이는 과정을 시작하는 분들도 계십니다.

두번째 과정 ⇒ 12 차크라 열기
차크라를 여는 것은 필수 과정입니다.

차크라를 열지 못하면
경락 차크라 치유를 할 수 없습니다.
차크라를 열어야 사람을 치유할 수 있는 권한이
하늘로부터 주어지게 됩니다.
차크라를 열어야 빛의 통로가 개통되는 것이며
영적인 능력의 발현이 쉬워집니다.

세번째 과정 ⇒ 메타 의식구현 시스템 영점 조정
하늘의 소리를 오류없이 인지하고
하늘의 소리를 오류없이 이해하고
하늘의 소리를 오류없이 받아들이기 위해
의식선과 감정선에 대한
영점 조정이 반드시 이루어져야 합니다.
극단적인 사고가 발현되는 것을 막고
극단적인 감정이 발현되는 것을 방지하기 위해
메타 의식구현 시스템에 대한 영점 조정이 필요하게 됩니다.
극단적인 분노와 화가 나는 것을 방지하고
극단적인 폭력이나 행동을 방지하기 위해
관리자가 되기 위해 반드시 해야 하는 것이
메타 의식구현 시스템에 대한 영점 조정입니다.

네번째 과정 ⇒ 에너지장 치유 과정
에너지장 치유를 통하여
몸의 진동수가 올라갈 때 오는
몸의 고통을 줄이는 치유가 이루어집니다.

에너지장 치유를 통하여

감정선과 의식선에 대한 지속적인 정화 작업과

치유 과정이 동시에 이루어집니다.

에너지장 치유를 통하여

육체적인 질병이나 정신적인 질환들에 대한

근본적인 치유가 이루어집니다.

에너지장 치유를 통하여

빛의 일꾼의 의식을 깨우는 작업이

공의 세계에서부터 이루어집니다.

다섯번째 과정 ⇒ 카르마 해소 과정

빛의 일꾼들의 카르마는 평균 6개 정도로 구성되어 있습니다.

카르마 해소 없이 본영과의 합일은 불가능합니다.

카르마 해소 없이 질병으로부터 자유로울 수 없습니다.

카르마 해소 없이 건강한 몸을 꿈꿀 수 없습니다.

카르마 해소 없이 내가 가지고 온 모순을 해결할 수 없습니다.

카르마 해소 없이 내가 가지고 온 봉인을 풀 수 없습니다.

카르마 해소 없이 최고 관리자 그룹에 직접 참여할 수 없습니다.

카르마 해소 없이 온전한 영적인 능력의 발현이 어렵습니다.

카르마가 해소되어야 온전한 빛의 몸이 되는 것이며

본영과의 합일을 할 수 있는 기본 조건을 갖추는 일입니다.

여섯번째 과정 ⇒ 본영과의 합일 과정

필수 과정을 다 마친 인자들에 한해

본영과의 합일이 이루어지게 됩니다.

본영과의 합일이 있어야
자신의 우주적 신분에 맞는 역할과 임무를
한 치의 오차없이 수행할 수 있습니다.
본영과의 합일이 있어야
이적과 기적을 행할 수 있습니다.
본영과의 합일이 있어야
역장 안에서 관리자로서의 역할을 수행하는데
큰 지장이 없을 것입니다.

빛의 일꾼이라도
자신의 우주적 신분에 따라
자신의 임무와 역할에 따라
첫번째 과정과 두번째 과정은 빛의 생명나무에 오지 않아도
하늘의 시절인연에 의해 현장 일꾼들에게 주어지게 됩니다.
아무도 모르게 아무도 모르게
하늘에 의해 이루어지고 있습니다.

빛의 생명나무는
현장에서 일할 빛의 일꾼을 모집하는 대중 조직이 아닙니다.
빛의 생명나무는 오고 싶다고 아무나 와서
공부를 할 수 있는 대중 조직이 아닙니다.

빛의 생명나무는
현장에 배치되어 있는 빛의 일꾼들을 관리하는 중간 관리자나
최고 관리자를 양성하는 곳입니다.

빛의 생명나무는
아보날의 수여를 준비하는 기구입니다.

아보날의 수여의 3대 강령은 다음과 같습니다.
첫째 ⇒ 역장 안에서의 치안 판사 업무와 행정 업무
둘째 ⇒ 역장 안에서의 교육 업무
셋째 ⇒ 역장 안에서의 의료 담당

빛의 일꾼들은 준비되고 훈련되어져야 합니다.
빛의 일꾼들은 의식이 깨어나야 합니다.
빛의 일꾼들은 지금 이때를 위해 250만 년을 준비해 왔습니다.
그때를 알리는 하늘의 황금나팔 소리를 듣고 있는
빛의 일꾼들에게 소집 명령을 전합니다.

이 메시지를 듣고 있는 지저인들의 수뇌부와
이 메시지를 듣고 있는 빛의 일꾼 수뇌부들과
이 메시지를 듣고 있는 외계 행성에서 온
빛의 일꾼들의 수뇌부들에게 전합니다.
당신들을 위한 하늘의 소집 명령이
각자의 타임라인에 맞추어
각자의 의식 수준에 맞추어 전달될 것입니다.

빛의 일꾼들의 건승을 빕니다.

본영과의 합일이 갖는 우주적 의미

지구 차원상승에서 육신의 옷을 벗고
지구 행성을 떠날 사람에게는
다음과 같은 일들이 일어나지 않습니다.

첫번째
차크라가 열리지 않습니다.

두번째
몸의 진동수가 높아지지 않습니다.
몸의 진동수를 높이는 과정이
하늘에 의해 진행되지 않습니다.

세번째
상위자아 합일이나 본영과의 합일이 일어나지 않습니다.

지구 행성의 차원상승 과정에서
안전지대인 역장에서 생존이 가능한 하늘 사람들에게
하늘은 5가지 선물을 미리 미리 준비해 주게 됩니다.

첫번째
차크라가 열리게 됩니다.

두번째

몸의 진동수를 높이는 작업이
2년이나 3년 전부터 시작됩니다.

세번째

1차 상위자아 합일은 반드시 이루어져야
새 하늘과 새 땅에서 살 수 있습니다.
2차 상위자아 합일을 이루는 사람들도 있는데
역장 내에서 빛의 일꾼들을 돕는 협력자들입니다.

네번째

하늘과 연결된 7개의 생명선들을 통해
다섯번째와 여섯번째의 양백줄을 통해
진리의 씨앗들이 뿌려질 것입니다.
당신이 진리를 만났을 때
당신이 진리를 들었을 때
당신이 진리를 보았을 때
하늘의 소리임을 알아볼 수 있도록
진리와 공명할 수 있으며
하늘의 좁은문을 통과할 수 있는
진리의 씨앗들을
당신의 마음에 뿌려줄 것입니다.
당신의 마음에
하늘의 소리에 공명할 수 있는
하늘의 마음을 심어 놓을 것입니다.

다섯번째

빛의 일꾼들 중 카르마를 모두 해소한 극소수의 빛의 일꾼들에게
본영과의 합일이 일어나게 될 것입니다.

인류 역사상
하늘의 프로젝트를 위하여
본영과의 합일을 통해
하늘의 일을 진행한 적이 없습니다.
인류 역사상
본영과의 합일을 통해
땅의 일을 하고 간 사람은 단 한명도 없습니다.
대우주에서 본영과의 합일을 통해
물질 체험을 하는 영혼은 없습니다.

본영과의 합일은
물질 체험을 하는 모든 영혼들의 꿈입니다.
물질 체험을 하는 아바타와 본영과의 합일은
모든 본영들의 꿈입니다.
아바타와 본영이 합일이 되어 물질 체험을 한다는 것은
본영의 입장에선 상상할 수도 없는 축복이며
본영의 입장에서 상상할 수도 없는 최고의 영광이기 때문입니다.
본영과의 합일은
대우주의 주기가 시작되는 제로 포인트의 기간에
종자행성으로 준비된 행성에서
극소수의 빛의 일꾼들에게만 일어나는 우주의 행사이기 때문입니다.

본영과의 합일은

본영들의 입장에서 보면

로또 복권에 당첨되는 것보다 더 힘든 경우의 수입니다.

우주에서 본영과의 합일이란

우주의 운명을 결정짓는 프로젝트에

참여한다는 것을 의미합니다.

대우주의 주재자인 창조주께서

육신의 옷을 입고 프로젝트를 진행할 때

그 프로젝트에 참여하는 빛의 일꾼들 중 일부만이

본영과의 합일이 일어납니다.

땅의 일을 하는데는

상위자아 합일만 가지고도 충분합니다.

본영과의 합일을 통해서

하늘의 일이 진행이 된다면

그것은 그만큼 우주에서 중요한 프로젝트가

진행된다는 것을 의미합니다.

지구 행성의 지축의 정립 후

안전지대인 역장 안에서

인류의 의식을 교정하고

인류 의식의 깨어남을 위해

창조주께서 주관하시는 아보날의 수여가 이루어질 예정입니다.

지축의 정립 후 안전지대인 역장에서

새로운 정신문명을 꽃피우기 위해

우주의 주기에 한번 일어나고 있는
아보날의 수여를 위해
빛의 일꾼들의 본영과의 합일이 이루어지고 있습니다.

빛의 일꾼들 중
아보날의 수여에 참여할 빛의 일꾼들만이
본영과의 합일이 이루어질 예정입니다.
3년간의 역장 생활을 통해
인류의 의식은 교정될 것이며
인류의 의식은 깨어나게 될 것입니다.
지구 행성의 차원상승이 끝나고
먼 훗날 지구 행성이 자미원이 될 때
본영과의 합일을 이루지 못한 영혼들은
지구 행성을 육신의 옷을 벗고 떠나야 될 것입니다.
지구 행성이 온전한 자미원이 되었을 땐
지구 행성은 본영과의 합일을 이룬 사람만이
이 땅에서 살아갈 수 있을 것입니다.

빛의 일꾼들의 본영과의 합일을 축하합니다.
빛의 일꾼들의 건승을 빕니다.

상위자아 합일과 본영과의 합일

몽골 제국을 탄생시킨 징기스칸은
5차원에 있는 1차 상위자아와의 합일을 통해
황제가 되었습니다.
프랑스 혁명을 이끌고 제국을 탄생시킨 나폴레옹 역시
하늘의 프로그램과 함께 1차 상위자아 합일을 통해서
영웅이 되었습니다.

러시아를 철권 통치했던 스탈린도
독일을 철권 통치했던 히틀러도
음악의 천재였던 베토벤도
근대 물리학의 시조인 뉴턴도
인류가 알고 있는 대부분의 위인이나 영웅들 역시
1차 상위자아와 합일만 가지고도
그만한 일을 펼치기에 부족함이 없었습니다.

3천 년 전의 부처님이
보리수 아래에서 깨달음을 얻었을 때
지금으로 보면 9차원에 계시는
본인의 3차 상위자아와의 합일을 이루셨습니다.
부처님의 신분은
17차원의 네바돈 우주 창조주의 여성성을 대표하는 분입니다.

불교라는 가르침을 전하고
불교라는 종교 매트릭스를 설치하기 위해서
17차원에 있는 본영과의 합일이 필요 없었으며
9차원에 계시는 3차 상위자아 합일만 가지고도 충분했던 것입니다.

2천 년 전 우주의 제로 포인트를 열기 위해
이 땅에 오신 네바돈 우주의 창조주의 남성성을 상징하는
예수님 역시 3차 상위자아 합일을 이루셨습니다.
예수님이 펼치신 수많은 이적과 기적들은
3차 상위자아 합일을 이루신 예수님과
예수님이 아버지라고 부르던 창조주께서 동행하시면서
예수님이 행하신 수많은 이적과 기적들을 지원하셨습니다.
9차원의 상위자아 합일만 가지고도
그만한 일을 하기에 충분했기 때문입니다.

지금 지구 차원상승을 앞두고
지구 행성의 물질문명의 종결을 앞두고
지축의 정립을 앞두고
새 하늘과 새 땅의 출현을 앞두고
아무도 모르게
아무도 모르게
카르마 에너지장이 모두 해소된
빛의 일꾼들을 중심으로
본영과의 합일이 이루어지고 있습니다.

빛의 일꾼들의 우주적 신분은
14차원과 12차원에 본영이 있습니다.
외계 행성에서 온 빛의 일꾼들의 우주적 신분은
크게 3등분으로 구분할 수 있습니다.
13차원의 최고 관리자 그룹이 있습니다.
11차원의 중간 관리자 그룹이 있습니다.
9차원의 실무 관리자 그룹이 있습니다.

빛의 일꾼들의 상위자아 합일이 아닌
빛의 일꾼들의 본영과의 합일이
아무도 모르게 아무도 모르게
9시 메인 뉴스에 나오지 않고
하늘에 의해 진행되고 있습니다.
빛의 생명나무에서 훈련중인 빛의 일꾼들은
평소에 진동수를 올리는 과정이
3년에서 5년 전부터 진행되고 있었습니다.
카르마 에너지장이 해소되어야
몸의 진동수를 올리는 과정이 원활하게 이루어질 수 있으며
그 기간이 단축됩니다.

빛의 생명나무에 오지 않더라도
해외에 있는 빛의 일꾼들 중에 빛의 일꾼의 수뇌부들은
본영과의 합일은 아니지만
최대 3차 상위자아 합일이 이루어질 예정입니다.
하늘에 의해 본인이 눈치채지 못하도록 진행중에 있습니다.

새 하늘과 새 땅에서 살아갈

하늘 사람들에게도

몸의 진동수를 높이는 작업이 이루어지고 있습니다.

지구 행성의 차원상승 과정에서

안전지대인 역장에 들어와 생존하기 위해서는

최소 5차원에 해당하는 1차 상위자아와의 합일은 이루어져야

새 하늘과 새 땅에서 생존할 수 있습니다.

이 과정들이 아무도 모르게 아무도 모르게

하늘이 일하는 방식에 의해 진행되고 있음을 전합니다.

몸의 진동수를 높이는 과정이

재난의 과정에서 살아남을 인류들에게 진행되고 있음을 전합니다.

하늘은 눈에 보이는 변화가 시작되기 전

살사람과 죽을 사람에 대한 모든 작업이

보이지 않는 세계에서 모두 이루어진 후

색의 세계에 펼쳐지게 하는 것이

하늘이 일하는 방식입니다.

한번 시작된 자연의 변화는

폭풍처럼 휘몰아칠 것이며

속전속결로 이루어질 예정입니다.

모든 것에 대한 보이지 않는 세계에서의

준비 과정이 끝나고 나면

색의 세계에 하늘의 실체가 거침없이 드러나게 될 것입니다.

앞으로 인류에게 얼마나 큰 일들이 닥쳐올지
미루어 짐작해 보시기 바랍니다.
앞으로 얼마나 끔찍한 일들이 일어날지
상상해 보시기 바랍니다.
앞으로 얼마나 많은 이적과 기적들이 일어날지
생각해 보시기 바랍니다.
인류는 한번도 경험해 보지 않았던 것을
경험하게 될 것이며 눈으로 보게 될 것입니다.

그때를 위해 지금 빛의 생명나무에서는
의통의 시대를 열기 위해
일만 이천 도통군자를 만들기 위해
만인성불의 시대를 열기 위해
본영과의 합일이 이루어지고 있습니다.
본영과의 합일은 마지막 때에
인류를 위해 준비한 하늘의 선물이며 축복입니다.
본영과의 합일은 마지막 때에
인류를 위해 준비된 미륵들과 부처들의 출현을 의미합니다.

본영과의 합일은
창조주께서 주관하시는 아보날의 수여를 위해
빛의 일꾼들이 준비되는 마지막 행정적 절차입니다.
본영과의 합일은
지구 행성의 물질문명을 종결하기 위한
문명 종결자인 아보날 그룹의 출현을 의미합니다.

본영과의 합일은
새 하늘과 새 땅에서 살아갈 인류들의 의식을 교정하고
그들의 의식을 깨우기 위한
몬조론손 그룹(아보날 그룹)의 출현을 의미합니다.

본영과의 합일은
빛의 일꾼들의 지휘부가 완성됨을 의미합니다.
본영과의 합일은
빛의 일꾼들의 완성을 의미합니다.
본영과의 합일은
새로운 정신문명을 건설하기 위해서입니다.
본영과의 합일은
우주에 하나밖에 없는
물질세계의 파라다이스인 자미원을 건설하기 위해서입니다.

새 하늘과 새 땅에서 살아갈
하늘 사람들의 몸의 진동수를 올리는 과정이
진행되고 있음을 전합니다.
빛의 일꾼들 또한 몸의 진동수를 올리는 과정이
본격화되고 있음을 전합니다.
빛의 생명나무에서
준비되고 훈련된 빛의 일꾼들의
본영과의 합일을 축하드립니다.

본영과의 합일이 이루어지는 다양한 방식

본영과의 합일은
인류 역사상 단 한번도 일어난 적이 없습니다.
지구 행성에서와 같이 대규모의 본영과의 합일을 통해
하늘이 일을 계획하는 것도
대우주에서 한번도 일어나지 않은 일입니다.

인류의 상상력을 벗어나고 있는 일들이
하늘에 의해 준비되고 있습니다.
인간의 상상력으로는 도저히 이해할 수 없는 일들이
우주에서도 한번도 일어난 적이 없는 일들이
지구 행성에서 펼쳐지기 위한 하늘의 계획과 하늘의 뜻이
하늘에 의해 준비되고 있습니다.

본영과의 합일은
물질 체험을 하는 영혼의 입장에서 보면
일어날 수 없는 일들이 일어나는 것입니다.
영혼의 물질 체험은 1차 상위자아의 도움과 안내만으로도
충분하기 때문입니다.
인류 역사상에 등장한 수많은 영웅이나 대부분의 성인들은
5차원에 해당되는 상위자아 합일을 통해
그 일들을 모두 이루었습니다.

지구 역사를 살다간
대부분의 문명 체인저나 게임 체인저 역시
5차원에 있는 1차 상위자아 합일을 이룬 것만으로도
그 역할을 수행하기에 충분했습니다.

상위자아 합일이 아닌
본영과의 합일을 통해
하늘이 무엇인가를 준비하고 있다면
앞으로 지구 행성에 펼쳐질 자연재해나
사회 변화의 규모와 스케일이 얼마나 큰 것인지
상상해 보시기 바랍니다.

본영과의 합일은
단순하게 본영이 나에게 쑥 들어와서 활동하면 되는 것이 아닙니다.
고차원에 있는 본영의 에너지가
4차원의 진동수에 살고 있는 당신의 몸에 들어온다면
당신의 몸은 단 일분도 견디지 못하고 죽게 될 것입니다.
본영과의 합일은
본영의 에너지 파장을
인간의 몸이 견딜 수 있는 최대 파장까지 맞추는 과정을 말합니다.
이 과정은 우주 최고의 우주 공학기술인
18차원의 기술이 적용되어야 가능한 일입니다.

인간의 몸이 견딜 수 있는
몸의 진동수를 높이는 작업이 먼저 이루어져야 합니다.

인간의 몸을 구성하고 있는
색과 기와 공의 세계의 무형의 기계장치들이
본영이 가지고 있는 진동수에 견딜 수 있도록 하는 작업이
몸의 진동수를 올린다는 것이 갖는 실체입니다.
우주적 신분이 높은 사람일수록
진동수를 높이는 과정이 오래 걸리고
그만큼 고통이 따릅니다.

본영과의 합일은
다음과 같은 다양한 방법을 통해
영의식 전환장치를 통해 이루어지고 있습니다.

첫번째
비물질세계에서 에너지체로 존재하는
본영이 가진 고유한 에너지와
물질 체험을 하고 있는 아바타가 가지고 있는 고유한 에너지는
대부분 일치합니다.
프로그램을 진행하기 위하여
본영의 에너지 스펙트럼과 아바타의 에너지 스펙트럼이
차이가 많이 나는 경우가 있습니다.
쉽게 말하면
맑고 투명하고 밝은 성격을 가진 본영이
카르마 때문에 내성적이고 소심하고 어둡고 칙칙한 성격으로
참 답답하게 살고 있는 아바타와 합일을 한다는 것은
본영과 아바타 모두에게 힘든 일입니다.

본영과 아바타 사이에
성격과 기질이 너무나 차이가 나는 경우가 있습니다.
이런 경우에는 본영의 에너지를 아바타의 에너지 파장에 맞추는
보조장치가 추가로 설치됩니다.
그 정도의 차이에 따라
본영의 파장을 아바타의 에너지 파장에 맞추는
보조장치들이 1개에서 2개가 추가로 설치됩니다.
영의식 전환장치에 추가로 설치되는 보조장치로 인하여
본영의 합일이 이루어졌을 때
아바타의 정신적 충격을 완화하기 위한 장치들이
추가적으로 설치됩니다.

영의식 전환장치에 추가로 설치된 보조장치를 통해
본영의 성격과 기질을
아바타가 시간을 가지고 적응할 수 있도록 합니다.
이 과정을 통해 아바타는 시간이 지나면서
본영의 성격과 기질을 닮아가게 됩니다.
충분한 적응기간(6개월 정도)이 지나면
본영과 아바타가 온전한 합일이 이루어집니다.

두번째
본영과 합일하기 위한 영의식 전환장치가 설치될 때
본영의 에너지만으로 부족한 경우가 있습니다.
아바타가 자신의 역할과 임무를 수행할 때
순간적으로 자신의 에너지를 폭발적으로 써야 할 때가 있습니다.

이때를 대비하여 약 20% 정도의 영의식을 증폭시키는
보조장치를 추가하는 경우가 있습니다.

세번째

본영과의 합일을 하는 이유는
본영이 가지고 있는 높은 차원의 우주적 정보를
땅에 전하기 위해서입니다.
본영마다 고유한 개성이 있으며
본영마다 운반할 수 있는 우주적 정보가 다릅니다.

외계 행성에서 온 빛의 일꾼들에게 새로 들어오는 영은
사고조절자가 들어있지 않은 순수한 영입니다.
외부지원팀 소속 빛의 일꾼들은
지구 차원상승 과정에서 임무와 역할을 원활하게 수행할 수 있도록
특화된 사고조절자를 발현시킬 수 있는
보조장치를 설치하는 경우도 있습니다.

네번째

본영과의 합일을 통해
전에는 없던 달란트가 새로 생기게 되는 경우나
지금 가지고 있는 달란트를
더 업그레이드한 능력을 가지고 오는 경우가 있습니다.
빛의 일꾼들에게 새롭게 부여되는 달란트나
영적인 능력의 발현을 위해
보조장치를 설치하는 경우가 있습니다.

다섯번째

파충류의 옷을 입고 살던 영혼에게
인간이라는 외투는 매우 불편한 것입니다.
어류의 옷을 입고 물질 체험을 하던 영혼에겐
인간이라는 몸은 매우 불편한 것입니다.
외투가 달라서 생기는 단점을 극복하기 위해서
외투가 달라서 생기는 진동수의 차이를 극복하기 위해서
보조장치를 설치하는 경우가 있습니다.

자신의 행성에서 온 행성 주민들끼리
서로가 서로를 인식하기 위해서
서로가 서로에게 쉽게 공명하기 위해서
영의식 전환장치에 추가적으로 무형의 보조장치가 설치됩니다.

빛의 생명나무 회원들을 중심으로
지구 행성의 대격변을 앞두고
지구 행성의 차원상승을 앞두고
본영과의 합일을 위한
하늘의 행정적 절차가 진행되고 있음을 전합니다.
기록을 위해 이 글을
우데카 팀장이 남깁니다.

빛의 일꾼들의
본영과의 합일이 이루어지는 과정

지구 차원상승을 앞두고
지구 행성의 대격변을 앞두고
지구 행성의 지축의 정립을 앞두고
한 치 앞도 보이지 않는 현실에서
지금 무슨 일이 일어나고 있는지 아무것도 모르는 채
왜 이런 일이 일어나는지 아무것도 모르는 채
당황하고 방황하는 인류에게
한줄기 빛의 역할을 할 빛의 일꾼들에 대한
본영과의 합일을 위한 과정들이
지금 하늘에서 준비되고 계획되어 있습니다.

빛의 일꾼들에 대한 본영의 합일 과정은
다음과 같은 과정을 통해 이루어질 예정입니다.

첫번째 과정 : 셧다운(Shutdown)
갖고 있는 영 에너지를 최소화로 줄여놓고 작업이 진행됩니다.
영의식이 일시적으로 감소되면서
혼의식이 더 활동하게 되는 면이 있습니다.
부정적인 감정이 드러나게 되고
감정선과 의식선이 불안해지면서
불안과 초조, 두려움 등이 드러나게 될 예정입니다.

두번째 과정 : 공의 세계에서 공간의 확보

영은 해부학적으로는

심장 뒤편과 척추 사이에 있는 영대(靈臺)라는 공간에 있습니다.

영은 인간의 몸을 구성하는

공의 세계 6번째 층위에 존재하고 있습니다.

본영이 들어올 공의 세계에

영의식 발현장치가

하늘의 에너지체들에 의해 설치될 예정입니다.

빛의 일꾼들의 영의식 발현장치의 크기는

빛의 일꾼들의 우주적 신분에 따라

빛의 일꾼들의 차원과 역할에 따라 다릅니다.

작업 기간은 시작이 되면 3~5일이 소요됩니다.

감정선과 의식선은 작업 시작 후 7일까지

불안정한 영향을 받는 경우도 있습니다.

세번째 과정 : 영의식과 무형의 기계장치들과의 연결

영의식 발현장치 설치 이후

들어온 본영의 에너지가 잘 발현될 수 있도록

공의 세계의 무형의 기계장치와

기의 세계의 무형의 기계장치와

색의 세계의 무형의 기계장치들과의

연결작업이 진행될 예정입니다.

그리고 영의식 발현장치 내부로

빛의 일꾼들에게 주는 창조주의 빛인

빛의 생명나무의 빛이 흐르게 될 예정입니다.

빛의 생명나무의 빛이
영의식 가동장치를 통해
빛의 일꾼들의 몸에 흐르면서
본영을 맞이할 준비는 물리적으로 끝이 납니다.

네번째 과정 : 영 에너지 추가 주입
자신의 본영의 에너지 일부가 더 유입되어
영의식 발현장치를 가동(시운전)시키고 나면
빛의 일꾼들 각자의 타임라인에 맞춰
본영이 들어오게 됩니다.

다섯번째 과정 : 본영과의 합일
본영이 들어오면서 기존에 있던
빛의 일꾼들의 영은 자연스럽게 본영으로 흡수하게 됩니다.

이 과정들이 2019년 1월부터
아무도 모르게
아무도 모르게
하늘이 일하는 방식에 의해 진행될 예정입니다.
빛의 일꾼들의 건승을 빕니다.

빛의 일꾼들의 본영과의 합일 과정 실제사례
메트리카님 본영과의 합일 과정

2019년 3월 3일 오후 4시
빛의 생명나무 정규 수업 시간에
빛의 일꾼들의 본영과의 합일이 일어나는
하늘의 행정적 절차가 진행되었습니다.
본영과의 합일은 역할과 임무가 있는
빛의 일꾼들에게만 진행될 예정입니다.

18차원의 우주 연방함선의 이적과 기적팀에 의해
실시간으로 중계되고 진행되었습니다.
본영과의 합일을 앞두고
본영의 메시지가 전해졌으며
그 이후로 인간의 몸에서 이루어지는
보이지 않는 세계에서의
우주 공학기술로 진행되는 과정이
채널러팀에게 공유되었습니다.
이 글은 그 과정들을 기록한 것입니다.

지구 차원상승을 앞두고
개벽을 앞두고
대환란과 행성의 대격변을 앞두고
빛의 일꾼들의 본영과의 합일이 시작되었음을 전합니다.

의식이 깨어나고 있는 빛의 일꾼들과
준비되어져야 하고 훈련되어져야 하는 빛의 일꾼들을 위해
우데카 팀장이 이 글을 기록으로 남깁니다.

지금부터 메트리카님 본영과의 합일 과정을 시작하겠습니다.
메트리카님의 본영은 이 과정의 의미를 잘 알고 있으며
경건하고 차분하며 긴장된 에너지가 느껴집니다.

메트리카님 본영의 메시지 :
나의 아바타 메트리카여
이 순간 매우 떨리고 떨리는 순간이 드디어 왔습니다.
정말 오지 않을 것 같았던 그 시간의 흐름이
이제 끝자락을 부여잡고 있습니다.
그러나 당신은 지금 긴장하고 있군요.
나 역시 당신과 하나됨에 긴장하고 있습니다.
당신과 내가 합일이 이루어지기 전
몇 가지 당부의 말씀을 드립니다.

첫번째
나를 거부하지 마십시오.
나를 밀어내지 마십시오.
당신의 마음은 내가 여기서 다 보고 있습니다.
당신이 그런 마음으로 나를 접근하면
내가 들어갈 수 없음을 이해하셨으면 합니다.
나는 당신에게 해코지할 생각도 방해할 목적도 없습니다.

당신과 나는 온전한 하나가 되어
과거에 하늘에서 약속한 그 일을
이제 정말 시작하려는 것입니다.
이 현실적인 감각을 제대로 숙지하고 소화하기를 바랍니다.
오늘 이 작업이 이루어지고 난 후
수 주 동안 나와 당신의 관계를
재설정해 주시기 바랍니다.
나에 대한 밀어냄 없이
나와 당신이 하나의 목표와 목적을 가지고
역할을 수행할 수 있도록
당신의 의식을 전환시켜 주시기 바랍니다.

두번째

지금까지 가지고 있던 기존의 생활의 습을
내려놓아 주시기 바랍니다.
끈질기게 부여잡았던
놓아야 함을 뻔히 알면서도 놓고 싶지 않았던
에고의 저항이라 표현했던 가지들을
쓰레기통으로 버려주시기 바랍니다.
그래야만 당신과 내가 하나되는 길로
빠르게 진일보할 수 있습니다.

세번째

당신 자신에게 확신을 가지시기 바랍니다.
당신은 나의 아바타입니다.

당신이 자신감 없이 서성일 때 내가 가장 마음 아프고
당신이 머뭇거릴 때 나는 원통하고 분노하고 있습니다.
마음의 그릇을 키워 당신에 대한 확신을 가지시길 바랍니다.
당신의 꿈과 이상을 실현시킬 그릇을
확장시켜 주시기를 바랍니다.
그래야 내가 온전히 당신과 하나가 될 수 있습니다.

네번째

하늘에 대한 층을 조금 더 차원 높게 바라봐 주시기를 바랍니다.
인간의 시야가 아닌 우주적 시야로
나의 아바타 메트리카님이 이 현안을 바라봐 주시기 바랍니다
이 프로젝트를 본질적으로 이해해 주시기 바랍니다.
인간적 한계를 뛰어넘고 본영의 입장으로
나의 관점으로 접근해 주시기 바랍니다.

다섯번째

당신의 건강상태를 체크해 주시기 바랍니다.
"하늘 일을 하는 사람은 절대 죽지 않아"라는 것은 사실이지만
당신이 허약해졌다고 해서
당신을 너그럽게 치유해 줄 계획은 없습니다.
당신의 몸 관리를 필히 부탁드립니다.

이 5가지의 당부를 드리며
나 역시 당신과 만날 때까지
수 주 간의 기간 동안 준비하겠습니다.

내가 당신께 들어오는 그 날
당신과 나는 진정한 완성이며 하나되는 시작입니다.
그 날을 손꼽아 기다리겠습니다.
사랑하는 나의 아바타 메트리카님
당신은 위대한 영혼입니다.
당신을 믿어 주시기를 바랍니다.

지금부터 메트리카님의 본영과의 합일 과정
중계를 시작하겠습니다.

무형의 기계장치가 설치되기 시작합니다.
이적과 기적팀 8~10명 정도가 팀을 이루어 배속되었습니다.
우주선이 아니라 메트리카님 몸의 차원간 공간 중에
공의 세계의 층위에서 이루어지고 있는 일입니다.
거대한 장비를 들고 왔으며
심장 부위에 핀을 박고 개복하여
무형의 기계장치를 설치하게 됩니다.

본영이 머물고 있을 곳인 영대와 심장 사이에
파장을 맞추기 위한 보조장치가 설치되어야
본영의 영의식이 발현될 수 있습니다.
보조장치를 설치한 후
기존 시스템과 필요한 부분을 연결할 것입니다.
이 작업은 주변 장치들을 최소화하는 등의
복잡한 과정없이 생각보다는 쉽게 접근하고 있습니다.

심장에 부하를 주는 작업은 아니며
심장의 에너지를 낮추지 않고 이 시스템을 설치할 것이며
필요한 것들을 기존의 장치들과 연결하는 작업입니다.

첫번째 과정 : 영의식 전환장치의 설치
영의식 전환장치를 설치할 곳의 작업 공간을 확보합니다.
지금 들어오는 영의식 전환장치는
18차원 공학기술의 장치가 부착될 예정입니다.
차원 높은 영 에너지와 영의식이
전신에 영향을 미치고
의식으로 발현되기 위해서는
우주 최고차원 기술인
18차원의 우주 공학기술이 필요하기 때문입니다.
영의식 전환장치는 우주적 신분에 따라
본영의 차원에 맞게 준비된 모델 5가지 중에
하나를 설치하게 됩니다.
이 장치를 설치하는 작업은
매우 섬세하고 정교하게 이루어지며
마이크로 단위보다도 더 미세한 단위에서 작업이 이루어집니다.
부착 시간은 5~6시간 소요될 예정입니다.

두번째 과정 : 영의식 전환장치의 내부와 외부 연결 작업
영의식 전환장치의 설치가 끝나면
영의식 전환장치의 내부와 외부를 연결하는
정밀한 작업이 이루어집니다.

영의식 전환장치의 내부와 외부를 연결하는 작업은
이적과 기적팀 중에서도
호모 사피엔스의 의식구현 시스템을 창조한 경험이 있는
전문 천사팀이 맡아서 진행할 것입니다.
영의식 전환장치는 얇은 막으로 되어 있습니다.
이 막의 내부와 외부에 대한
마이크로 단위의 작업들을 하는데
8시간이 소요될 예정입니다.
영의식 전환장치는
앞으로 메트리카님 몸에서 본영의 의식을 펼치는데
하나의 인공지능처럼 작동할 것입니다.

매우 복잡한 프로그램이기에
영의식 전환장치의 내부와 외부의 연결이 끝난 후
3시간에서 5시간에 걸쳐 이 과정에 대한
정교한 테스트들이 시행될 예정입니다.
테스트는 본영과 같은 파장의 가상의 에너지를 넣어 가동해 보고
이상이 없으면 완료합니다.

세번째 과정 : 영의식 전환장치의 보조장치 추가 설치
영의식 전환장치를 설치하면 끝나는 경우도 있지만
외계 행성에서 온 사람들은
영의식 전환장치 이외에 추가적으로 보조장치를 달아야 합니다.
사람에 따라 보조장치는 1~2개 정도가 필요하나
많으면 3개까지 추가로 설치하는 경우도 있습니다.

보조장치의 개수가 늘어날수록 시간이 오래 걸리며
테스트 하는데도 시간이 오래 걸립니다.
평균적으로 이 과정까지 설치기간이 2일 정도 소요됩니다.

네번째 과정 : 영의식 전환장치와 무형의 기계장치들과의 연결 작업
영의식 전환장치가 설치된 후
공의 세계와 기의 세계 색의 세계에 있는
무형의 기계장치들과의 연결 작업이 진행됩니다.
이 작업은 14차원 15단계인 천상정부 소속
라파엘 그룹에 의해 진행됩니다.
이 과정은 6주에서 8주 정도 진행됩니다.

마지막 과정 : 다 완료되고 나면 본영이 자동으로 들어옵니다.

중계를 마칩니다.

인류의 의식 수준에서
본영과의 합일은 해탈을 이야기하는 것입니다.
인류가 막연하게 해탈이라고 알고 있는
본영과의 합일이 일어나는 것은
저절로 일어나는 것이 아닙니다.
본영과의 합일이 이루어지기 위해서
보이지 않는 세계에서 이와 같은 절차들이
우주 공학기술에 의해 일어나야 합니다.

본영과의 합일이 일어나기 위해서
보이지 않는 세계에서
어떻게 준비되고 있는지
무슨 일이 일어나고 있는지
우데카 팀장이
하늘과의 소통속에
하늘과의 조율속에
이 글을 기록으로 남깁니다.

본영과의 합일을 이룬
메트리카님의 건승을 빕니다.
본영과의 합일을 앞둔
빛의 일꾼들의 건승을 빕니다.

외계 행성에서 온 빛의 일꾼들의
본영과의 합일이 이루어지는 과정

외계 행성에서 온 빛의 일꾼들의 본영과의 합일 과정은
다음과 같습니다.

첫번째 과정 : 행성의 수신기 제거
외계 행성에서 온 빛의 일꾼들은
자신의 행성을 운영하다 행성을 멸망시킨 장본인들이며
이러한 이유 때문에
지구 행성에 들어올 때 자신의 역할을 잊지 말라고
자신의 행성이 처한 상황을 잊지 말라고
자신의 행성으로부터 일정한 정보들을 수신하고
일정한 영적 능력을 갖게 해주던
무형의 기계장치와 수신기들을 해제하는 절차가 진행될 예정입니다.

외계 행성에서 온 빛의 일꾼들에게 설치되어 있는
무형의 기계장치인 수신기는
영적인 능력의 바탕이 되는 동시에
몸에 신체적인 장애를 설치한 카르마처럼
족쇄처럼 작용하는 역할을 하였습니다.
신체에 불편함과 고통을 주었으며
의식이 제대로 구현되지 못하게 하였으며
감정장애를 일으키는 역할을 하게 하였습니다.

자신의 행성의 우주의 십자가를 지고
지구 행성에 들어온 외계 행성에서 온 빛의 일꾼들에게
변화를 앞두고 지구 차원상승 과정에서
빛의 일꾼으로서 일할 수 있는 기회를 주기 위해
의식과 감정에 모순을 일으키게 했으며
신체적인 고통과 장애를 일으키게 했던
불필요한 무형의 기계장치들을 제거하는 작업이
먼저 이루어지게 됩니다.

일반 빛의 일꾼과 외계 행성에서 온 빛의 일꾼들이
본영과 합일되는 과정들은 모든 면에서 유사합니다.
자신의 행성에서 달고 온 수신기가
1개 혹은 2개가 달려있는 경우가 있는데
이 수신기를 제거하게 됩니다.

두번째 과정 : 영의식 발현장치 설치
영이 들어올 공의 세계에 영의식 발현장치가 설치됩니다.

세번째 과정 : 영 에너지 주입 준비
본영의 차원이 높다고 무조건 밀도 높고
큰 영이 들어오는 게 아닙니다.
각자의 빛의 일꾼으로서의 역할에 따라
자신의 행성의 우주적 카르마의 내용에 따라
외계 행성에서 온 빛의 일꾼들은
기타 조건에 맞춰 하늘에 의해 등급이 정해져 있으며

본영의 우주적 카르마에 영향을 받지 않는
'무색무취한 영'이 들어오게 될 예정입니다.

네번째 과정 : 본영의 영 에너지 흡수(제거)
그동안 행성의 카르마 에너지를 지속적으로 받고 있었던
본영의 에너지는 하늘에 의해 회수됩니다.
우주의 죄인으로서
행성의 카르마를 지구 행성에서 다 풀어내야 하고
견뎌내야 했습니다.
본영의 에너지속에 아바타는 지속적으로 노출된 채로 살아왔습니다.
자신의 삶을 그토록 힘들게 했던
모순의 원인들이 모두 제거되는 절차가 진행되는 것입니다.

본영이 나간 자리에 하늘에서 준비한
무색무취한 영이 들어오게 됩니다.
영이 새로 들어온다고 해서
아바타들의 에고와 기억이 사라지거나
성격이 다른 누군가로 변하는 것이 아닙니다.
본영이 가지고 있던 우주적 카르마로 인하여
극단적이고 불균형했던 영 에너지를
균형잡힌 영 에너지로 교체해주는 역할을 하는 것입니다.
사물에 대한 왜곡없이
감정과 의식의 왜곡없이
빛의 일꾼으로서의 역할을 차질없이 수행할 수 있도록 하기 위한
하늘의 배려입니다.

다섯번째 과정 : 새로운 영 에너지 부여

회수된 본영의 에너지는 본영으로 흡수되며

본영의 부정적인 영향을 받지 않는

영 에너지를 새로 부여받아

지구 행성의 차원상승 과정에서

빛의 일꾼으로서의 역할을 수행하게 될 예정입니다.

외계 행성에서 온 빛의 일꾼들은

지구 차원상승 과정에서 겪은 경험들과 내용들은

모두 기록되어 있다가

지구 행성의 차원상승이 끝나고 공과를 인정받아

자신의 행성의 재건을 위해 자신의 행성 영단으로 돌아갈 때

지구 차원상승 과정에서의 겪은 경험치들은

본영의 사고조절자로 모두 귀속될 예정입니다.

이 과정들이

2019년 1월부터

아무도 모르게

아무도 모르게

하늘이 일하는 방식에 의해 진행될 예정입니다.

외계 행성에서 온 빛의 일꾼들에게

하늘의 기쁜 소식을

우데카 팀장이 전합니다.

외계 행성에서 온 빛의 일꾼들의 건승을 빕니다.

외계 행성에서 온 빛의 일꾼들의 본영과의 합일 과정 실제사례
사랑초님 본영과의 합일 과정

사랑초님은 칠성줄을 타고 온 외부지원팀으로
지구 차원상승 과정에 참여하고 있습니다.
사랑초님은 자신의 행성에서 카르마를 쌓는 과정에서
최고 책임자의 명령을 수행하는 행동대장의 역할을 했습니다.

상사의 명령이 부당하다는 것을 인식하였거나
자신이 내린 결정이 잘못된 결정이라는 것을 인지하였다면
멈추면 되는 것입니다.
너무나 우유부단한 성격을 가지고 있었으며
자기 행동에 대한 책임감과 신중함이 없었기 때문에
자신이 내린 결정으로 인해
행성간의 전쟁으로 이어지게 되었습니다.
그 결과 행성들간의 전쟁은 확대되었으며
결국은 자신의 행성 뿐 아니라
전쟁에 참여한 많은 행성들이 멸망하게 되는
최악의 상황을 맞이하게 되었습니다.

과학기술 문명이 발달한 상태에서 발생하는 전쟁은
모든 것을 폐허로 만들어 버리고 맙니다.
우주 전쟁을 일으켰던 카르마로 인하여
수많은 행성들을 멸망시킨 카르마로 인하여

자신의 행성을 멸망시킨 카르마로 인하여
지금은 그때와는 반대로 누구의 말도 듣지 않도록
너무나 완고한 성격으로 조물되어 태어나게 되었습니다.

남이 무슨 말을 하든
"그게 아니라~"부터 하고 말을 시작하고
다음 말을 진행하도록
그렇게 의식이 구현되도록 셋팅되었습니다.
타인이 하는 긍정적인 말이든 부정적인 말이든 상관없이
입을 삐죽거리면서 인상을 쓰면서
"그게 아니라~"라는 말로 말을 시작합니다.
여기에 억울한 감정을 발현시켜
타인과 말을 하면 할수록 억울함만 쌓이고 쌓이면서
세상을 살아가도록 프로그램되었습니다.

꼴통 중에 꼴통으로 살아가도록 프로그램되었습니다.
메타 의식구현 시스템 영점 조정으로
약 50% 정도는 그 증상이 개선이 되었지만
태어나기 전에 그런 성격으로 조물이 된 것이
온전하게 회복되는 것은 불가능한 것입니다.
"그게 아니라~"로 시작되는 부정성의 세계는
말이 통하지 않는 사람으로 살아야 했으며
스스로 타인과의 고립속에서 살아가도록
그렇게 살면서 자신의 카르마를 해소하는
눈물겨운 삶의 프로그램을 살아야 했습니다.

오늘은 이 모든 것을 뒤로 하고 새 출발을 하는 날입니다.
사랑초님의 본영과의 합일을 위한 우주적인 행사가 있는 날입니다.

지금부터 사랑초님의 본영과의 합일을 위한 절차를 시작하겠습니다.

사랑초님 본영의 메시지 :
오늘(2019년 3월 24일)은 기쁜 날입니다.
지금 이 순간 나는
사랑초님 당신에게 보낼 수 있는 내 에너지를
지구까지 보내기 위해서
가장 강한 출력을 내고 있습니다.
끊임없이 이곳에서 그곳 지구까지
당신의 심장을 향해 나의 에너지를 보내고 있습니다.
지금부터 이 시간이 모두 끝날 때까지
내 에너지가 모두 빠져나가
내가 쓰러질지언정 그것까지 각오하고
나의 마지막 남은 에너지 한 방울까지도
당신에게 보내고자 애쓰고 있습니다.

내가 당신에게 힘을 쏟아서
내가 조금씩 쓰러진다 하더라도
그 힘으로 당신은 조금씩 살아나게 될 것입니다.
그리고 당신이 우데카 팀장님과 창조주의 사랑으로
새로운 온전한 영을 받았을 때
그것이 나중에는 나와 함께할 것을 압니다.

그 굳건한 믿음으로
지금 나에게 남아 있는 나의 에너지를
나의 아바타인 사랑초님 당신에게 다 쏟아부으려 하고 있습니다.
나의 온 가슴을 열어서
당신의 심장으로 심장으로
나의 에너지를 모아서 당신에게 계속 보내고 있습니다.

당신은 그곳 지구에서 너무나 잘 자라주었습니다.
당신은 그곳 지구에서 너무나 잘 성장해 주었습니다.
당신이 지나온 시간에 대해서
당신이 건너고 건너온 그 세월에 대해서
나는 경의를 표합니다.
힘든 과정속에서 훈련 과정속에서
모진 소리를 듣고 모진 눈총을 받았지만
그것은 당신을 강하게 하기 위한 여러 가지 프로그램이었으며
그것마저 넘고 넘어 지금 이곳에 앉아있는 당신에게
나는 감사 인사를 드립니다.
잘 살아남았고 너무나 굳건한 사람으로 변해있는 당신에게
감사를 드립니다.

나는 당신을 믿습니다.
당신은 정말 아무것도 없는 물 한 모금 없는
황무지에 던져진다 할지라도
손톱에 피가 날 정도로 땅을 헤치고 헤치고
결국 물 한 모금을 발견해 낼 사람입니다.

어디선가 씨앗을 구해 심어서라도

누군가를 배부르게 먹일 사람이라는 것을 믿습니다.

당신의 독립성을 높게 높게 평가하고 있습니다.

정말 나의 아바타로서 그곳 지구에서 너무나 잘 성장해 주었고

지금도 든든하게 자기의 자리를 지키고 있고

무엇하나 소홀함 없이 거두고 챙기고

앞날을 계획하고

매 순간 순간 최선을 다하고 있다는 것을 알고 있습니다.

이제 당신에게 바라고 싶은 것이 있다면

당신은 아직도 굳건하지만 여린 측면이 있습니다.

겉으로 강해 보이지만 여리고 여린 그 마음이 또 숨어 있습니다.

그 여린 마음은 강함으로 바꾸시고

드러나는 강함은 부드러움으로 바꾸시기 바랍니다.

팀장님과 함께하는 매 순간 순간마다

지구의 차원상승 프로젝트 과정에서

당신은 정말 부드러움과 강함을 함께 배워야만 합니다.

여린 마음은 강함으로 바꾸시고

당신의 고집은 모든 사람을 포용할 수 있는 사랑으로

승화시켜 주시기 바랍니다.

나는 당신을 너무나 믿습니다.

열 사람의 장정 부럽지 않을 정도로 믿습니다.

어디에 던져두어도 살 것이며

여러 사람을 살릴 것이라는 것을 믿습니다.

강한 지도자로서의 포용력과
부드러움을 배우는 과정이 남아 있습니다.

오늘 당신의 새로운 탄생을 너무나 기쁘게 바라보고 있습니다.
우리 행성으로 다시 돌아올 때
나와 함께할 수 있고
나 또한 거듭날 수 있음에
온전한 관리자의 모습으로
행성의 한 사람의 지도자로 돌아오시기 바랍니다.
그 때 나는 당신과 기꺼이 하나가 되도록 하겠습니다.
사랑하는 나의 사랑초님
나는 이곳에서 당신을 믿고 기다리겠습니다.

지금부터 사랑초님의 본영과의 합일 과정
중계를 시작하겠습니다.

외부지원팀은 본영과의 합일을 위해
일반 빛의 일꾼들과는 다르게
영의식 전환장치에
3개에서 5개의 보조장치가 추가로 설치가 됩니다.

사랑초님의 본영과의 합일을 위한 총 소요시간은
8주 정도가 될 예정입니다.
사랑초님의 본영과의 합일 절차는 다음과 같습니다.

본영의 에너지를 발현하는 발현장치는
일반 빛의 일꾼과 똑같이 설치가 됩니다.
그리고 5가지 보조장치가 추가로 설치가 됩니다.
추가로 설치되는 보조장치는
영 에너지를 증폭시키는 장치가 아닙니다.
외부지원팀은 영의 스펙트럼이 각자 다릅니다.

보조장치 첫번째와 두번째는 새로 들어오는 무색무취한 영을
사랑초님이 가지고 있는 영의 스펙트럼으로 전환시키는 장치입니다.
지금 들어와 작동하고 있는 본영의 에너지와
무색무취한 대리 영과의 격차를 줄여주기 위한
2개의 보조장치가 추가로 설치될 예정입니다.

세번째로 설치되는 영의식 전환장치의 보조장치는
행성과 연결되는 장치입니다.
외부지원팀이 자신의 본영과 분리된다고 해서
행성과 완전히 결별하는 것은 아닙니다.
행성의 가장 기본적인 정보는
이 보조장치를 통하여 들어오게 됩니다.
나의 행성을 잊지 않도록 하며
이것으로 인하여 자기 행성의 사람들을
알아볼 수 있게 되는 것입니다.
자신의 행성의 에너지 스펙트럼을 알아볼 수 있도록 하는
영의식의 발현을 도와주는 장치입니다.

네번째로 설치되는 보조장치는
새롭게 들어오는 무색무취의 영에는
사고조절자가 부여되지는 않기 때문에
사고조절자에 해당하는 정보의 발현을 위해
네번째 보조장치가 설치됩니다.

다섯번째 보조장치는 사랑초님 개인과 관련된 보조장치입니다.

외부지원팀에게 본영을 대신하여 새롭게 들어올 대리 영은
한 번도 개봉하지 않았던 영으로 보입니다.
개봉되지 않은 영의 모습이 보입니다.
연방함선에 의해 8주간에 걸쳐
잠시도 쉬지 않고 이 작업들이 이루어질 예정입니다.

이상으로 사랑초님의 본영과의 합일 과정을 마칩니다.

본영과의 합일 과정 중 몸에 나타나는 증상

지구 행성의 차원상승 과정에서
물질문명은 종결될 것입니다.
지축의 정립 이후
살아남은 인류들은 안전지대인 역장에서
창조주께서 주관하시는 아보날의 수여를 통해
의식의 교정과 함께 의식이 깨어나게 될 것입니다.

아보날의 수여를 집행할
빛의 일꾼들의 수뇌부들에 대한 본영과의 합일이
빛의 생명나무에서 일어나고 있습니다.
본영이 내 몸으로 들어오기 위해서
영의식 전환장치가 설치됩니다.
영의식 전환장치의 설치가 끝나고 나면
본영이 들어오게 됩니다.

본영이 들어올 때 인간은 아무것도 느끼지 못합니다.
본영이 들어올 때는
신체 기능을 최저 상태로 만들어 놓고 들어오기 때문에
대부분 아무런 느낌이나 감각을 느끼지 못합니다.
본영이 들어오고 나면 3일에서 5일 정도
몸에 적응하는 시간이 필요합니다.

본영의 크기는 지금 나의 영보다는
최소 5배에서 10배 정도 큰 에너지를 가지고 있습니다.
다음은 처음으로 본영과의 합일을 이룬
이화님의 경험담입니다.

1. 몸의 변화 : 본영 합일 과정 6주 내내
온몸에 약한 감기몸살 기운이 지속적으로 나타났습니다.
지금도 지속되고 있습니다.
세포 하나 하나에 약간의 통증과 진통을 느낄 수 있었습니다.

2. 감정이 불안정해졌으며 환희, 기쁨, 즐거움의 감정보다는
부정, 슬픔, 아픔의 감정이 훨씬 더 많았습니다.
그러다 한 번은 뜨거운 에너지가
가슴으로 들어오는 것도 확연히 느꼈습니다.
그 순간 타인을 용서할 수 있을 것 같은 느낌을 받았으며
자신감의 에너지도 느낄 수 있었습니다.

3. 본영 합일 3일 전에는
감정의 심각한 교란과 함께 공포와 두려움을 느꼈으며
죽고 싶다는 생각이 몰려 왔습니다.
그 순간 "이래도, 당신의 감정이 이런 상태라도
나와 함께 갈 준비가 되어 있는가?"하는 물음을
내면의 소리를 통해 들을 수 있었습니다.
극한의 감정을 느끼는 순간
나와 함께 갈 용기가 있는가에 대한 물음이었습니다.

4. 본영이 들어오는 날 아침
"본영인 나는 당신과 함께할 준비가 되었다."는 메시지를 받았습니다.

이화님의 본영과의 합일 과정에서
보이지 않는 세계에서 기술적인 절차와 함께 일어나는
몸의 변화는 다음과 같습니다.

1. 본영의 합일은 정해진 사람이 정해진 때에
정해진 일을 할 수 있도록 하는 뚜렷한 하늘의 목표가 있습니다.
그 사람을 행복하게 하고 기분 좋게 하고
항상 웃게 만들게 하려는 것이 결코 아닙니다.

의식과 감정을 적재적소에 자유자재로 사용할 수 있게 하여
하늘의 계획과 하늘이 뜻하는 것을 오차없이 이루게 하는
뚜렷한 목적이 있습니다.
아바타가 어떠한 상황에 놓이더라도
본영과 함께 하늘과 함께 그 순간을 넘어서게 하기 위해
본영과의 합일을 하늘이 준비했습니다.
부드럽고 강인하며 공감할 줄 알고 치우치지 않는
그러면서도 모든 것을 품을 수 있는
'작은 하늘'을 만드는 것이
본영과의 합일을 하는 이유입니다.

2. 아바타에게 본영이 들어오기 전까지
아바타와 본영은 각각 작업을 진행합니다.

본영은 영 에너지의 크기와 밀도를 점검하고
사전에 계획된 프로그램을 검토하고 확인절차를 거치며
추가 또는 삭제할 프로그램에 대한 점검을 합니다.

3. 본영의 크기와 밀도에 따라
아바타의 색·기·공의 세계에 대한 작업이 진행됩니다.
색·기·공의 세계의 모든 무형의 기계장치와
무형의 기계장치들에 대한 셋팅값들을 하나도 빠짐없이 점검하고
업그레이드합니다.

인간의 몸은 자동차의 부품보다도 많은 수의 무형의 기계장치들과
다양한 셋팅값들로 구성되어 있습니다.
점검과정에서 몸의 미세진동, 통증, 두통, 어지러움증을 동반합니다.

4. 카르마 에너지장이 완전하게 해소가 되었는지에 대한
점검이 이루어집니다.
의식선과 감정선에 대한 영점 조정이 제대로 이루어졌는지에 대한
점검절차가 필수입니다.

5. 우주적 신분에 맞는 역할을 하기 위해서는
그에 상응하는 정보를 하늘로부터 받아야 하기 때문에
그것을 위해 메타 의식구현 시스템에 대한 점검작업과
업그레이드 작업이 이루어집니다.
이 과정에서 (+) 감정과 (-) 감정을 맛보게 됩니다.
의도적으로 감정을 교란시키고 극한 감정을 체험하게 합니다.

이것은 아바타의 오류를 줄이기 위해 꼭 필요한 것이며
에너지의 균형을 맞추기 위한 필수 과정입니다.

이렇게 극한 감정을 체험하면서
아바타가 극복하는데 필요한 에너지의 양과
에너지의 강도를 측정하게 되며
수많은 실험들을 통해
최적화된 감정과 의식선의 영점 조정이 일어납니다.

6. 5번의 과정은 본영이 들어와서도 계속되며
가장 중요한 작업이 됩니다.
본영의 에너지가 직접 아바타의 몸에 들어와서 작용되는 기전은
들어오기 전 사전작업과는 차이가 있습니다.

본영이 직접 들어오게 되면
본영이 들어오기 전의 사전작업과 같은
유사한 절차가 지속되어 진행됩니다.
본영이 들어와서 정착하는 동안
다시 몸의 진동수를 올리게 되고
몸의 통증이 나타나게 됩니다.
다양한 의식과 감정을 의도적으로 만들어 내고
그것에 대한 정보를 영의식이 저장하게 됩니다.
다양한 메시지와 느낌을 아바타에게 주어
아바타와 본영이 서로 소통하고 공명할 수 있는
최적의 주파수대를 결정하게 됩니다.

7. 내면의 감정과 흐름뿐만 아니라
외형적으로 발현되는 것이 있습니다.
아바타에게 자극과 반응에 대한 다양한 테스트가 진행됩니다.
주변의 상황에서 사소한 일들을 겪으면서
본영의 주도로 아바타의 인지 기능의 성능과 효율에 대한
다양한 테스트들이 이루어집니다.

아바타가 돌발적 상황에서 어떻게 반응하는지
다양한 테스트들이 이루어집니다.
사건의 전후를 아주 교묘하게 배치하며
아바타가 어떻게 인지하고 알아차리고 반응하는지를
테스트하게 됩니다.
이 과정을 수없이 반복적인 실행을 통해서
아바타와 본영이 함께할 때의
최적의 데이터들을 찾아내고 입력하게 됩니다.
이 과정을 통해 본영과 아바타와의 간격을 줄이는 작업이 이루어지며
교정된 입력값들로 인하여
아바타의 인지 능력이 증가되는 것입니다.

8. 본영이 아바타에게 들어와서 정착하고 테스트하고 수정하고
안정화되는데 걸리는 시간은 약 3주에서 4주의 시간이 소요됩니다.

9. 본영이 들어온다는 것은 넓은 의미로는
지구 차원상승의 시작을 알리는 것이고
하늘과 땅의 네트워크가 아주 긴밀해지는 것을 말합니다.

아바타에게는 엄중한 시간이며
의식의 비약적 도약이 일어나는 시기입니다.

10. 본영과의 합일이 온전하게 이루어지면
지축의 정립 전까지 자신의 능력이
지금보다 평균적으로 3배 정도는 증가하게 됩니다.
영적인 능력이 발현되기 시작하며
3배 정도의 뛰어난 능력을 발휘하게 됩니다.

본영과의 합일이 온전하게 이루어지고 나면
지축의 정립 후 안전지대인 역장 안에서는
평소보다 10배 정도의 능력을 사용할 수 있으며
10배 이상의 영적인 능력 또한 발현되기 시작할 것입니다.

본영과의 합일이 온전하게 이루어지고 나면
판단력과 분석력이 10배 이상 증가되며
관찰력과 통찰력이 좋아지며
메타(meta) 인지의 수준이 크게 향상됩니다.

본영과의 합일을 통해
인간의 한계를 벗어나는 것입니다.
본영과의 합일을 통해
성인이 되는 것입니다.
본영과의 합일을 통해
영성의 시대를 열게 되는 것입니다.

본영과의 합일을 통해

차원의 문과 차원의 벽을 넘게 됩니다.

본영과의 합일을 통해

부처나 미륵의 의식을 구현하게 되는 것입니다.

본영과의 합일을 통해

만인성불의 시대를 열게 되는 것입니다.

이화님의 본영과의 합일을 축하드립니다.

빛의 일꾼들의 본영과의 합일을 축하드립니다.

빛의 생명나무 회원들의 본영과의 합일을 축하드립니다.

본영과의 합일 후 몸에 나타나는 증상

본영은 고진동 고에너지를 가진 에너지입니다.
본영의 에너지가 몸에 들어와
아바타와 합일이 이루어지고 나면
본영은 처음에는 자신의 에너지를 약하게 하여
가동을 시작합니다.

아바타가 본영의 에너지에
잘 적응할 수 있도록 강도를 조절하면서
후속 과정을 진행하게 됩니다.
본영은 자신의 에너지가
아바타의 의식과 감정의 체계에 어떻게 반응하는지 관찰합니다.
몸에는 어떻게 반응하는지 모니터링 과정을 거치게 됩니다.
본영과의 합일 이후
인간의 몸에서 일어나는 증상은
5단계를 거치면서 나타나게 됩니다.

첫번째 단계
- 본영의 에너지가 최소한으로 작동하면서
  아바타에 대한 정보 취합의 단계
- 아바타의 의식 체계와 감정 체계에 어떤 변화가 있는지
  관찰하는 단계

- 아바타의 의식 체계를 이해하는 단계
- 문제가 있는 감정과 의식의 포인트를 본영이 직접 경험하고
  아바타에게 일어나는 변수의 내용을 파악하고
  변수를 제거하는 단계
- 이 과정이 약 3주에서 4주 동안 지속됩니다.

첫번째 단계에서 몸에 나타나는 증상
- 돌발적인 상황을 만나거나
  전혀 예상하지 못한 상황을 연출합니다.
  이 때 아바타의 감정과 의식이 어떻게 나오는지 관찰합니다.
  이 때 아바타가 이 상황을 어떻게 처리하는지 관찰합니다.
- 알 수 없는 감정을 느끼게 합니다.
- 몸에 통증은 없으며
  불안정하고 다양한 감정들을 경험하는 시기입니다.
  감정을 예민하게 만들거나
  감각 기관을 예민하게 만들어
  다양한 감정과 의식의 변화를 겪는 과정입니다.

두번째 단계
- 목적 : 본영이 가지고 온 프로그램을
  아바타를 통해 펼치기 위한 사전 작업과정입니다.
- 문제점이 발견된 아바타의 감정선과 의식선의
  수정이 이루어집니다.
- 메타 의식구현 시스템의 수정이 일어나며
  아바타에게 설치된 각종 봉인들이 해제됩니다.

- 본영과 아바타와의 영점 조정이 일어납니다.
- 순수한 공의 세계에 있는 무형의 기계장치들에 대한
  작업이 일어납니다.
- 4주에서 5주 정도의 시간이 소요됩니다.

두번째 단계 때 몸에 나타나는 증상
- 아바타의 에너지 대사율을 최저로 놓고 작업이 진행됩니다.
- 감정선과 의식선에 대한 작업 비율이 높아
  몸이 예민해지고 몸에 힘이 없고
  몸이 무겁고 가라앉게 됩니다.

세번째 단계
- 목적 : 본영의 에너지가 몸 전체에 영향을 미칠 수 있도록
  몸의 진동수를 높이는 과정이 진행됩니다.
- 본영의 영 에너지가 몸 구석구석까지 잘 흐를 수 있도록
  정밀하고 미세한 작업들이 본영에 의해 일어납니다.
- 기와 색을 지원하는 층위에서의 작업이 이루어집니다.
- 약 3주에서 4주 정도 소요됩니다.

세번째 단계 때 몸에 나타나는 증상
- 진동수를 높일 때 나타나는
  일반적인 몸의 통증이 나타납니다.
- 몸이 전체적으로 무겁고
  감기 몸살처럼 온몸이 쑤시고 아픕니다.

네번째 단계

- 목적 : 본영의 에너지의 출력값을 최대치로 높여
  아바타에게 공급하여 문제점이 있는지 파악하는 과정입니다.
- 약 2주 정도에 걸쳐 진행됩니다.
- 본영의 에너지가 아바타의 몸에 안착되는 단계입니다.
- 몸이 무겁고 전체적으로 컨디션이 좋지 않습니다.

다섯번째 단계

- 목적 : 마지막 수정 보완 단계
- 몸에 나타나는 반응은 없습니다.

일반 빛의 일꾼들은
본영과의 합일 후
12주에서 14주 정도에 걸쳐 진행됩니다.

외계 행성에서 온 영혼들은
본영과의 합일 후
16주에서 18주 정도에 걸쳐 진행됩니다.

하늘과의 소통속에
하늘과의 조율속에
우데카 팀장이 기록의 필요성이 있어
이 글을 남깁니다.

의식이 깨어난다는 것이 갖는 의미

의식은
내가 나를 인식하는 사고의 틀입니다.
의식은
내가 타인을 인식하는 생각의 방식입니다.
의식은
내가 사물을 이해하는 방식입니다.
의식은
내가 세상을 살아가는 방식입니다.
의식은
내가 진리에 공명하는 방식입니다.
의식은
나와 타인이 소통하는 방식이며
나와 세상 만물이 소통하는 방식이며
나와 우주 사이에 소통하는 방식입니다.

의식을 통해 나는 나와 소통할 수 있으며
의식을 통해 나는 타인을 이해할 수 있습니다.
의식을 통해 나와 세상은 공명할 수 있습니다.
의식을 통해 나와 우주는 연결되어 있습니다.

의식의 기원은 영 에너지입니다.

내가 나를 인식하는 것을 자의식이라고 합니다.

자의식의 기원은 내가 태어날 때

창조주로부터 받은 사고조절자입니다.

의식의 기원은

내가 우주에서 가지고 온 정보입니다.

의식은 3개의 층위를 가집니다.

가장 깊은 의식의 층위에 무의식이 있으며

중간 층위에 잠재의식이 있으며

지금을 인지하는 현재의식이 있습니다.

의식의 층위마다 기억하는 정보는 다릅니다.

의식의 층위마다 저장된 정보의 양 또한 사람마다 다릅니다.

의식의 수준을 결정하는 것은

내가 우주로부터 가지고 온 정보입니다.

내가 우주로부터 가지고 온 정보들은

사고조절자와 7개의 의식선에 저장되어 있습니다.

현재의 나의 의식 수준을 결정하는 것은

내가 가지고 온 우주의 정보들과

지금을 살고 있는 현재의식 사이에서 교환되는

정보의 양과 질입니다.

의식의 수준을 결정하는 것은
무의식과 잠재의식에 저장된 정보들이
현재의식과 얼마나 교류가 활발하게 일어나고 있는가이며
교류되는 정보의 양과 질이 높을수록
높은 의식을 구현할 수 있는 것입니다.

의식이 깨어난다는 것은
내 안에 있는 서로 다른 의식의 층위들이
서로 활발하게 정보를 교류한다는 것입니다.
의식이 깨어난다는 것은
내가 나와의 소통이 활발해진다는 것입니다.
의식이 깨어난다는 것은
타인과의 소통이 원활해진다는 것을 말합니다.
의식이 깨어난다는 것은
내가 세상 만물과의 소통이 이루어짐이
시작됨을 의미합니다.
의식이 깨어난다는 것은
나와 우주가 함께 연결되어 있으며
공명하고 있음을 이해하는 것입니다.

의식이 깨어난다는 것은
내가 나를 찾기 시작했다는 것입니다.

의식이 깨어난다는 것은

내 문제를 내가 바로 보기 시작했으며

내 문제의 본질을 바로 보고

내 문제를 내가 솔직하게 인정할 수 있다는 것입니다.

의식이 깨어난다는 것은

내가 누구인지 찾아가는 과정이 시작된 것입니다.

의식이 깨어난다는 것은

눈에 보이지 않는 것을 믿기 시작하는 것입니다.

의식이 깨어난다는 것은

눈에 보이는 것만이 전부가 아님을 인지하기 시작하는 것입니다.

의식이 깨어난다는 것은

보이지 않는 세계의 진리를 찾아가는 여정입니다.

의식이 깨어난다는 것은

논리의 세계 너머 우주의 섭리와 진리에 눈을 뜬다는 것입니다.

의식이 깨어난다는 것은

깨달음에 대한 환상을 내려놓는 것입니다.

의식이 깨어난다는 것은

내가 우주에서 가지고 온 정보를 기억하는 것입니다.

의식이 깨어난다는 것은

대우주의 정보 네트워크에 접속한다는 것을 의미합니다.

의식이 깨어난다는 것은
내 안에 가지고 있는 진리의 씨앗을 발견하는 것입니다.
의식이 깨어난다는 것은
내 안에 있는 진리의 씨앗을 잘 가꾸는 것입니다.

의식이 깨어난다는 것은
내가 진리를 만났을 때
내가 진리를 들었을 때
내가 진리를 보았을 때
내 안의 진리의 씨앗이 진리와 공명하는 것입니다.

의식이 깨어난다는 것은
머리에서 공명한 진리가 가슴으로 내려오는 과정입니다.
의식이 깨어난다는 것은
가슴으로 내려온 진리가 손과 발로 내려오는 과정입니다.
의식이 깨어난다는 것은
새로운 해석이 시작되는 것입니다.
의식이 깨어난다는 것은
화해와 용서의 공간이 생겨나는 것입니다.
의식이 깨어난다는 것은
새장에 갇힌 새가
새장의 벽을 깨고 푸른 창공을 날아가는 것입니다.

의식이 깨어난다는 것은
사고조절자를 깨운다는 것을 의미합니다.
의식이 깨어난다는 것은
땅에서 하늘의 뜻을 펼치는 것입니다.
의식이 깨어난다는 것은
하늘의 정보를 땅에 전한다는 것을 의미합니다.
의식이 깨어난다는 것은
우주적 신분에 맞는 역할과 임무가 시작됨을 의미합니다.

의식이 깨어나고 있는 빛의 일꾼들과
의식이 깨어나고 있는 하늘 사람들의
건승을 빕니다.

2018년 7월

우데카

우주의 **카르마**와
우주의 **십자가**

2019년 8월 22일 초판 1쇄 인쇄
2019년 8월 29일 초판 1쇄 펴냄
2023년 4월 20일 초판 2쇄 펴냄

지은이 | 우데카
펴낸이 | 가이아

펴낸곳 | 빛의 생명나무
등   록 | 2015년 8월 11일 제 2015-000028호
주   소 | 충북 청주시 청원구 직지대로 855 2층
전   화 | 043-223-7321
팩   스 | 043-223-7771

ISBN 979-11-89980-01-6 03200
• 잘못된 책은 바꾸어 드립니다.   • 책값은 뒤표지에 있습니다.